La frénésie du bonheur

Luc Ferry

La frénésie du bonheur

Du bonheur différé au bonheur immédiat

Éditions de L'Observatoire

ISBN : 979-10-329-2687-1
Dépôt légal : 2023, octobre

170 *bis*, boulevard du Montparnasse, 75014 Paris

« Se sacrifier pour les autres est une très mauvaise idée... »

Fabrice Midal,
dans *Devenez narcissique. Et sauvez votre peau !* (2019)

Introduction

Du bonheur différé au bonheur immédiat

Une faille dans la civilisation

« Amis, je me remets à travailler ; j'ai pris
Du papier sur ma table, une plume, et j'écris ; [...]
Je fais ce que je puis pour m'ôter du mensonge,
Du mal, de l'égoïsme et de l'erreur ; [...]
Le forçat du devoir et du travail est libre. [...]
Le travail, cette chose inexprimable, faite
De vertige, d'effort, de joug, de volonté, [...]
Nous emporte à travers l'infini, loin des maux,
Loin de la terre, loin du malheur, loin du vice [...] »

Victor Hugo, « Je travaille »

Commençons par ce qui pourrait sembler anecdotique mais qui ne l'est pas : en 2007, le slogan de campagne de Nicolas Sarkozy, « Travailler plus pour gagner plus », pouvait encore trouver un écho assez large dans l'opinion publique. Un sondage de l'Ifop réalisé en 2022 auprès des salariés démontre que, depuis lors, tout a changé. La question qu'il posait était la suivante : « **Que préférez-vous : avoir plus de temps libre ou une rémunération meilleure ?** » En 2008, 62 % des salariés préféraient travailler plus pour gagner plus et 38 % souhaitaient l'inverse ; en 2022, 61 % voudraient travailler moins quitte à gagner moins et 29 % seulement avoir un meilleur revenu en travaillant plus ! Question simple : que s'est-il passé entre 2008 et 2022 pour qu'une telle inversion de tendance devienne aussi rapidement possible ? Réponse : la pandémie, bien sûr, les confinements à répétition ayant permis à de nombreuses personnes, exonérées comme par miracle de leurs obligations professionnelles alors qu'elles n'étaient pas en vacances, de s'interroger sur le sens de leur vie. J'insiste sur cette précision : « alors qu'elles n'étaient pas en vacances », car le temps libéré par les jours fériés et les congés n'est pas de même nature que celui auquel a contraint un confinement à la maison tout à fait inhabituel en cours d'année. S'agissant des vacances, on a eu le temps d'y penser, de les préparer, on a souvent prévu d'en profiter, et pourquoi pas justement, pour travailler, mais pour soi et à son rythme : arranger sa maison, embellir le jardin, réparer ce qui doit l'être si on est resté chez soi, rattraper des lectures qu'on n'a pas eu le temps d'effectuer dans l'année, pratiquer des activités culturelles ou sportives, bref, travailler son esprit et son corps, mais hors rémunération et sans obligation émanant d'un supérieur, ce qui change tout. La pandémie a donc créé un espace de temps qui fracturait la vie de tous les jours, hors profession et hors vacances et, pour cette raison même, propice à des réflexions elles aussi peu communes, des pensées qui ouvraient une faille dans la routine du quotidien.

La question s'est bien sûr posée aux politiques : d'où a bien pu provenir la désaffection du travail salarié qui a marqué ces derniers temps toutes les tentatives d'allonger si peu que ce soit l'âge du départ à la retraite, les travaux qu'on accomplit pour « cultiver son jardin » pendant ses loisirs n'étant pas ici en cause ? Comme on pouvait s'y attendre, leurs réponses furent aussi convenues qu'indigentes. La droite a profité de ce que certains écologistes faisaient l'éloge de la paresse pour clamer *urbi et orbi* que, depuis la loi sur les 35 heures, le culte de l'oisiveté était la cause de tous nos maux. Du côté des extrêmes, surtout à gauche, on s'est empressé de renouer avec un thème éprouvé (dans tous les sens du terme...), un classique entre tous, la stigmatisation des riches qui « sucent le sang du prolétariat ». Quant au centre au pouvoir, il s'est contenté d'aligner des arguments techniques qui prouvaient selon lui l'impérative nécessité de la réforme, mais comme il avait pendant deux ans ouvert les vannes du « quoi qu'il en coûte » sans se donner la peine de faire en face la moindre économie budgétaire, de nombreux Français en ont déduit qu'on leur avait caché l'argent, que les déficits et la dette, c'était de la blague, de sorte qu'au final, le gouvernement n'a réussi qu'à se convaincre lui-même, sans jamais emporter l'adhésion d'une majorité du peuple ou même de l'Assemblée.

Je suis convaincu que nous vivons un changement d'époque, une faille dans la civilisation dont la « grande démission » (*big quit*) et la « démission tranquille » (*quiet quit*), comme disent les 50 millions d'Américains qui ont dénoncé leur contrat de travail pendant la pandémie, mais plus encore, en arrière-fond de ces démissions, la quête frénétique du bonheur personnel, l'éloge déculpabilisé du narcissisme et du souci de soi au détriment du bien commun et du souci des autres, sont les symptômes les plus profonds. Ces thèmes forment un tout assez cohérent pour nourrir aujourd'hui le succès des théories du développement personnel et de la psychologie positive. Encore faut-il, pour en comprendre l'impact dans nos démocraties, les relier à une tectonique des plaques d'une profondeur encore insoupçonnée.

Disons les choses aussi simplement que possible : si « Dieu est mort », comme le prétendait déjà Nietzsche, et si Marx l'a accompagné dans la tombe, si pour parler plus clairement, je ne crois plus ni dans la résurrection des corps, ni dans la révolution, si par conséquent je n'ai plus l'espoir d'une « seconde vie » dans un avenir radieux sur cette terre comme au ciel, alors je n'ai plus aucune raison de différer ma quête du bonheur ici et maintenant. Dans ces conditions, pourquoi devrais-je accepter de perdre ma vie pour la gagner, de la gâcher dans un travail peu valorisant et qui plus est dénué de sens, sans autre motif que d'assurer des fins de mois au demeurant difficiles ? Ma seconde vie ne prendra place ni après le Grand Soir, ni après ma mort, mais tout simplement après ma vie professionnelle, alors pas touche à ma retraite ! Si les aides de l'État me le permettent, ne fût-ce que pendant un temps, et si je peux m'organiser en quittant une grande ville pour aller m'installer dans une contrée plus accueillante afin de travailler à mon compte pour compléter ces aides, je serais bien bête de continuer comme avant, même si mon patron a le bon goût d'augmenter mon salaire de 10 % ! De là, pour parfaire ce tableau volontairement tracé à grands traits, le projet, à mon sens indécent, mais logique dans une optique rentabiliste, de légaliser les travailleurs étrangers en situation irrégulière pour offrir aux entreprises de la main-d'œuvre plus docile et meilleur marché…

Tâchons maintenant, après cette brève évocation de l'actualité, d'aller au fond des choses.

Du bonheur différé au bonheur immédiat ou du principe de réalité au principe de plaisir

Pendant des siècles, l'idée qui dominait la vie des mortels est qu'il fallait travailler avant de jouir des fruits de son travail, faire des efforts pour réaliser les objectifs qu'on avait en tête. Le travail, comme l'indique assez son étymologie probable (*tripalium*, un instrument de torture...), apparaissait certes à bien des égards comme une corvée, voire comme une punition si l'on en croit la Bible, mais on l'envisageait malgré tout comme une nécessité, non seulement pour « gagner sa vie », mais aussi pour se cultiver, apprendre, se perfectionner, devenir meilleur et, pourquoi pas, viser l'excellence dans son domaine. Même quand il était fatigant ou peu valorisant, voire les deux, il permettait au moins d'entrer en relation avec les autres, d'augmenter la richesse et la prospérité de son pays tout en assurant les besoins d'une vie familiale qui n'aurait pu s'épanouir sans lui. Comme le dit Hugo dans le poème que j'ai placé en exergue, dans le travail nous étions à la fois « forçats » et « libres », sous le joug peut-être, mais malgré tout en voie de nous émanciper des particularismes liés à l'enracinement dans le terroir, de nous affranchir de l'erreur et du mensonge. À l'école, bien que parfois lourd d'ennui, il était malgré tout le seul et unique moyen d'entrer dans le monde des adultes, de pénétrer l'univers de la connaissance et, à bien des égards, ça en valait la peine. En visant autant que faire se peut des objectifs élevés fixés par des programmes nationaux, il était un vecteur de réussite, voire la base d'un bonheur, certes différé, mais pour cette raison même plus solide et plus légitime.

Ce message n'était pas seulement celui de la Bible, qui condamne les humains à gagner leur pain à la sueur de leur front, c'était aussi celui d'une école laïque et républicaine naguère encore dominée par des valeurs méritocratiques autant que par le souci d'une excellence dont un prix prestigieux portait d'ailleurs le nom. Son enseignement constituait certes le socle d'une société qui renvoyait les joies et les loisirs à plus tard, mais qui prétendait cependant les assurer : pour les écoliers après la classe, pour les ouvriers après la retraite, pour les communistes après la révolution et pour les croyants au ciel, après l'existence terrestre !

Au lycée comme à l'usine, dans les champs comme au bureau, on invitait les humains à vivre dans le principe de réalité, un principe qui ne s'oppose pas au principe de plaisir, comme l'a cru à tort Marcuse, mais qui propose de différer la quête des satisfactions immédiates dans le but de leur donner davantage d'assise et de valeur. Pour dire les choses de manière imagée en référence à un conte bien connu, celui des *Trois Petits Cochons*, les humains partageaient la vision du troisième, celui qui diffère les plaisirs pour construire sa maison en dur, pas celle du premier qui se contente d'une maison en paille pour aller jouer au plus vite au risque de se faire dévorer par le loup ! Je ne dis pas que tout était parfait dans cette vision du monde, loin de là. Elle était parfois, sinon presque toujours, mal justifiée, inutilement pénible et répressive, liée à des inégalités peu tolérables. J'ai moi-même quitté le lycée pour cette raison, parce que la médiocrité de certains cours associée à l'autoritarisme imbécile des surveillants m'était devenue insupportable. Ce n'est pas par plaisir que j'ai, à partir de la classe de seconde, continué mes études secondaires par correspondance alors que mes parents, qui n'avaient pas fait d'études, ne pouvaient guère m'aider, mais parce qu'une atmosphère de caserne irrespirable régnait dans mon lycée et que les professeurs, à de rares exceptions près (mais il y en eut, et elles furent plus que précieuses !), m'ennuyaient à mourir. Si je me permets ici cette notation personnelle, c'est pour signifier combien je comprends qu'on ait pu faire la critique du vieux monde, qu'on ait eu parfois envie de renverser la table, de se révolter pour en dénoncer les excès et les travers. Il ne m'échappe pas non plus que certains métiers sont pénibles et qu'en général, ce sont en outre les moins bien rétribués sur le plan matériel autant que symbolique. Reste qu'au final, la valorisation du travail avait malgré tout du sens. Elle avait le mérite de fixer à l'existence humaine des objectifs aussi élevés qu'honorables parce qu'ouverts sur le monde, sur la connaissance, sur les idées de progrès et d'excellence, sur le bien commun et le souci des autres.

Or aujourd'hui, du moins dans notre vieille Europe (dans la plupart des pays émergents, en particulier en Chine et dans les pays du Sud-Est asiatique, il en va tout autrement...), cette vision du monde est en train de voler en éclats. Peu à peu, nous passons de la logique du bonheur différé à la revendication d'un bonheur immédiat, facile à acquérir ici et maintenant, si possible « en quinze leçons », avec l'aide d'un « coach » plein de gentillesse qui vous promettra une « vie parfaite[1] », sans efforts et sans délai. Or ce changement d'optique bouleverse de fond en comble notre rapport à de nombreuses dimensions de l'existence : d'abord, cela va de

1. Voir sur ces promesses l'excellent livre de Roger-Pol Droit, *Votre vie sera parfaite. Gourous et charlatans*, chez Odile Jacob (2005).

soi, au travail (« *Pourquoi devrais-je me contenter d'un travail qui ne me plaît pas s'il s'agit d'être heureux ici et maintenant ?* ») ; il bouleverse tout autant notre conception de l'éducation scolaire (« *Tant d'ennuis et d'efforts sont-ils vraiment nécessaires ? Pourquoi viser encore l'excellence alors que, comme l'affirme le ministère de l'Éducation, le "bien-être des élèves" est désormais une priorité ?* ») ; même chose s'agissant de la santé (« *Si nous n'avons qu'une vie, si le bien-être est le premier critère que la politique doit prendre en compte, ne faut-il pas la faire passer avant les libertés, avant l'économie, fût-ce au prix de confinements assortis de règles parfois surréalistes à l'image de ces autorisations de sortie qu'on se signait soi-même ?* »). C'est jusqu'à notre rapport à la réalité qui s'en trouve mis sens dessus dessous au nom de cette frénésie du bonheur qui conduit à l'invention de mondes virtuels, ces fameux « métavers » qui vont bientôt nous offrir une « seconde vie » plus joyeuse, plus réussie et plus valorisante pour notre « avatar » que dans cette « vraie réalité » dont on est de moins en moins certain qu'il faille s'y résigner dès lors « qu'il n'y a plus d'après », que cette vie terrestre est la seule qui compte pour nous ici et maintenant.

Nous allons y revenir, revenir en profondeur dans ce livre sur la déconstruction des religions du ciel et de la terre, des visions du monde qui promettaient un avenir radieux et une seconde vie aux mortels. Nous nous interrogerons sur les métamorphoses du temps présent que cette déconstruction engendre, sur ses causes et sur les conséquences de cette frénésie du bonheur qui en résulte comme sur les questions morales, politiques et spirituelles qu'elle nous pose et que je ne fais bien sûr qu'effleurer dans cette introduction.

Mais permettez-moi de préciser encore la nature de l'abîme civilisationnel et psychique qui sépare la logique du bonheur différé de celle du bonheur immédiat : le point est à mon sens crucial pour la bonne compréhension de l'époque qui s'ouvre devant nous et il implique au passage un nouveau rapport à soi, à vrai dire un souci de soi qui culmine dans un étrange éloge du narcissisme opposé à l'esprit de sacrifice.

Devenir narcissique, apprendre à vivre au présent et déconstruire l'esprit de sacrifice pour accéder au bonheur ici et maintenant.

Acquis à l'idéal de la déconstruction des grandes idéologies sacrificielles qui gâchaient selon eux notre « droit au bonheur », les ouvrages de psychologie positive et de développement personnel ne cessent en effet de plaider pour qu'on « **devienne enfin narcissique** » (*sic* !), pour qu'on se « **foute la paix** » (re-*sic*[1] !), pour qu'on « **en finisse avec l'idée de sacrifice** » (re-re-*sic*[2] !), qu'on se débarrasse au passage de la valeur travail au profit d'un droit imprescriptible à la paresse considérée comme une condition essentielle du bien-être et, pour faire bonne mesure, qu'on abandonne, cela va de soi, la quête de l'excellence à l'école (comme si

1. Ce sont là les titres de deux ouvrages de Fabrice Midal, un des représentants parmi tant d'autres de ce mouvement de bonheurisation du monde.

2. Dans un libelle de Fabrice Midal, *Devenez narcissique. Et sauvez votre peau !* (Pocket, 2019), on trouve un chapitre intitulé de manière au plus haut point significative : « **Se sacrifier pour autrui est une très mauvaise idée** ». Le fond du chapitre est hélas en phase avec son titre. J'y reviendrai dans ce qui suit.

ce n'était pas déjà fait[1]...). C'est en partant de cette conviction, à mon sens dramatiquement erronée, que l'injonction à devenir narcissique est devenue un leitmotiv omniprésent dans les discours de la frénésie du bonheur, l'éloge du personnage de Narcisse présenté comme un modèle de vie permettant d'exclure sans état d'âme la notion d'altruisme en même temps que toute espèce de morale du don de soi au profit des autres et du bien commun. C'est ainsi que, dans le livre de Fabrice Midal *Devenez narcissique. Et sauvez votre peau !* (Pocket, 2019), on trouve un chapitre intitulé : « **Narcisse, mon modèle** » ! L'auteur y expose sans rire l'ampleur de sa découverte : « **Je ne dispose pas d'une méthode prête à l'emploi,** nous dit-il, **je dispose de bien plus que cela : un modèle, Narcisse, que j'ai fait mien. Longtemps je n'ai pas osé l'avouer : je n'avais pas le courage d'affronter la pensée dominante selon laquelle le mal dont souffre notre monde est l'individualisme, l'égoïsme et, injure suprême, le narcissisme... Le réveil narcissique fut pour moi l'équivalent du baiser donné par le prince charmant à la Belle au bois dormant pour la sortir de son long sommeil.** »

Ben voyons ! Je vais revenir en profondeur dans le prochain chapitre sur la nature exacte de ce modèle, sur sa signification ancienne dans la mythologie grecque,

---

1. Voir, parmi tant d'autres, le livre de Tal Ben-Shahar intitulé de manière significative *L'Apprentissage de l'imperfection* (Belfond, 2010). Il nous invite presque à chaque page, comme après lui à peu près tous les ouvrages de psychologie et d'éducation « positives », à cesser de « vouloir être parfait », à « renoncer à l'excellence », à abandonner l'idée, bien entendu atroce, de vouloir « discipliner nos enfants », etc. À cet égard, le livre de Fabrice Midal intitulé *Foutez-vous la paix !* (Pocket, 2018) est un chef-d'œuvre de renoncement. Le fait qu'il ait connu un vif succès est un des signes inquiétants du fait qu'il surfe sur une lame de fond qu'il n'invente évidemment pas, mais dont il profite habilement...

et sur celle que la psychologie positive veut lui donner aujourd'hui en travestissant le passé de manière éhontée. Qu'il me suffise pour l'instant de faire remarquer à mon lecteur que le souci du bien commun, du collectif, est d'entrée de jeu présenté par la plupart des théoriciens du développement personnel et de la psychologie positive comme un leurre, voire comme un héritage du stalinisme et du nazisme (rien que ça !), autrement dit comme un des traits les plus détestables du totalitarisme dont notre idée républicaine, y compris à l'école, ne serait selon eux que l'héritière. Pour vous montrer que je n'invente rien, je vous suggère de méditer ce passage tout à fait typique du livre de Fabrice Midal : « **Le discours dominant, politique, économique et moral dans nos sociétés dites démocratiques nous demande encore, comme Hitler et Staline, de nous sacrifier pour le collectif, le bien commun – du système, du groupe, de la famille, de l'entreprise... Je dirais qu'évoquer les notions d'altruisme, en appeler au collectif, à la notion de devoir, ruine la possibilité d'une véritable politique éthique qui repose sur des individus libres et conscients de leur liberté.** » Hitler et Staline modèles d'altruisme, de ce souci du bien commun et de cet esprit de sacrifice avec lesquels il serait urgent de rompre tant il domine encore nos sociétés démocratiques ? Ce serait comique et je ne m'y attarderais pas une seconde si des centaines de livres, d'applications, de conférences et de séminaires ne faisaient dans le même registre l'éloge du souci de soi en nous exhortant à surtout ne pas nous perdre dans le souci des autres. À les en croire, c'est en pratiquant « l'amour de soi » qu'on sortirait de la dépression et du pessimisme qui dominent « l'individu moderne », c'est en parvenant à s'aimer soi-même comme un autre qu'on pourrait se libérer des contraintes qui nous empoisonnent la vie.

Un souci des autres qui ne passerait que par le souci de soi ?

Et si c'était très exactement l'inverse ? Si les souffrances, voire les pathologies, de ce fameux « individu moderne » qui doit prendre Narcisse pour modèle venaient justement du fait qu'il a du mal à s'évader de son ego ? Peut-être irait-il mieux s'il parvenait à s'oublier un peu, s'il trouvait une occupation tournée vers les autres. Rien n'est plus significatif à cet égard que le témoignage de ces humanitaires qui, déprimés à force de ressasser leurs soucis de privilégiés vivant dans des sociétés paisibles, ont donné du sens à leur vie en s'occupant d'autrui. À l'initiative du photographe Roger Job paraissait, en décembre 1994, un passionnant recueil de lettres que ces médecins adressaient à leurs familles, à leurs collègues ou à leurs amis, des petits textes anonymes qui ne furent pas rédigés pour être publiés, ce qui les rend d'autant moins suspects de narcissisme. Rien de grandiloquent dans ces témoignages, et pourtant sans cesse, omniprésente entre les lignes, la lancinante question du sens de la vie, du sacrifice de soi en toute humilité, par-delà toute espèce d'égocentrisme, comme dans cette lettre d'un certain Serge, qui écrit à ses parents, depuis la Somalie, en mars 1982 : « **Le travail est exténuant, mais je deviens follement heureux d'être médecin et je réalise que tout ce qui m'a fait râler pendant sept ans sert enfin à quelque chose. L'expérience que je vis ici est fantastique. Je réapprends à vivre...** » « Le paradis c'est les autres », me disait souvent sœur Emmanuelle, une formule qui servit d'ailleurs de titre à l'un de ses livres, et il me semble qu'elle n'avait pas tort. Il est vrai qu'elle incarnait l'opposé absolu de Narcisse et de son souci de soi...

Pourtant, à en croire nos théoriciens de la frénésie du bonheur, dans la perspective narcissique d'une déconstruction de l'idée d'altruisme, l'individu qui se veut libéré des carcans sacrificiels découvrirait enfin qu'il a bien plus de droits que de devoirs envers un intérêt général réduit au statut peu enviable d'un miroir aux alouettes destiné à nous interdire l'accès au bonheur. C'est dans cet esprit que Fabrice Midal – et si je le cite à nouveau ici, c'est comme un symptôme représentatif de ces courants de pensée situés au croisement de la psychologie positive et du développement personnel – nous invite à une déconstruction radicale de la notion d'action désintéressée, une illusion funeste selon lui « **promue par la morale chrétienne et renforcée par la morale de Kant** », les idées de « don pur » étant à l'en croire non seulement absurdes, mais au plus haut point nuisibles, car, précise-t-il encore, « **il est une tout autre manière, bien plus joyeuse et bien plus utile d'aider les autres : "je t'aide parce que je me suis écouté, et parce que je sais que t'aider me fait du bien", l'extrême compassion n'étant rien d'autre qu'un stade supérieur de cet intérêt pour soi-même** ». Comme l'écrit dans le même sens Jonathan Albrecht dans un autre livre à succès, *Les Cinq Piliers de la psychologie positive* : « **Soyez attentif à vous-même et faites toujours passer vos besoins avant ceux des autres !** » Grandiose, en effet, et de fait clairement aux antipodes du « don pur » et de « l'action désintéressée », ces vieilles lunes d'un autre temps, celui de cette archaïque morale républicaine, héritage du nazisme et du stalinisme, avec laquelle il est urgent d'en finir tant à l'école que dans l'espace public et politique…

Altruisme par pur égoïsme, souci des autres par souci de soi, donc, selon une vision morale du monde utilitariste dont la conséquence, en bonne logique, est tout simplement la suivante : si t'aider ne m'apporte rien, si je m'écoute et que ça ne me fait pas du bien, tu peux toujours courir ! Il m'est arrivé de m'occuper d'une personne très âgée qui avait, comme on dit, « perdu la tête ». Je l'ai fait parce que je devais le faire, parce que c'était le seul et unique moyen de conserver une part d'humanité dans sa vie, en aucun cas parce que ça me faisait du bien. En vérité, c'était tout le contraire : je trouve la grande vieillesse, quand les personnes n'ont plus conscience de ce qu'elles disent, plutôt angoissante. S'en occuper afin de tenter par tous les moyens de conserver un contact digne d'une relation encore humaine prend du temps et plombe le moral. Sûr que si j'avais écouté mon ego et les principes de psychologie positive que je viens d'évoquer, je me serais d'urgence retiré sur une plage au soleil avec un bon livre et un mojito. Si je ne l'ai pas fait, c'est parce que sans moi, cette personne aurait été placée dans une maison de retraite où je sais qu'elle aurait été infiniment malheureuse. Il n'y avait donc humainement rien d'autre à faire. J'espère que vous me pardonnerez de faire état de ce moment de vie personnelle et que vous comprendrez que ce n'est évidemment pas par immodestie, pour me donner en exemple. Je n'en tire aucune gloire, aucun mérite, simplement le sentiment, à vrai dire la conviction, que si l'on veut que notre monde conserve un minimum d'humanité, le souci des autres doit parfois l'emporter sur le souci de soi, un certain sens du sacrifice en constituant l'indispensable contrepartie. Le jour où chacun n'écoutera plus que son nombril avant de savoir s'il faut aider son prochain ou le laisser tomber, le jour où savoir si « ça me fait du bien ou pas » sera le seul et unique critère du rapport à autrui, nous vivrons dans un monde tout simplement atroce.

Les idéologies du bonheur différé reposaient, c'est exact, sur des éthiques du devoir et de l'altruisme, sur un souci du bien commun, voire comme y invite l'impératif catégorique kantien, de l'universel, ce qui supposait en effet qu'on sacrifiât parfois ses intérêts particuliers aux autres et à l'intérêt général. Était-ce vraiment si désastreux ? Était-ce un avant-goût de nazisme et de stalinisme ? J'en doute. À vrai dire je pense très exactement l'inverse, à savoir que si un désastre se profile à l'horizon, c'est celui qui nous menace quand, toute honte bue, on entame une « déconstruction » radicale des valeurs républicaines de méritocratie et de quête de l'excellence au nom d'un éloge du narcissisme et du projet de faire passer systématiquement ses besoins avant ceux des autres. Mais là encore, pas de malentendu, ni de mauvais procès, ce serait trop facile : nul n'en appelle pour autant au mépris, voire à la haine de soi. Les êtres qui se détestent eux-mêmes sont en général des dangers publics. Est-on pour autant obligé de passer de l'autre côté du cheval ? Entre se méfier de la haine de soi et s'aimer comme Narcisse, entre s'oublier au point de se maltraiter et « **faire passer toujours ses besoins devant ceux des autres** », tout individu doté d'un minimum de bon sens comprendra qu'il y a ce qu'Aristote appelait une « juste mesure », un moyen terme qu'il définissait, non comme une zone grise sans saveur ni couleur, mais au contraire une forme d'excellence.

Le narcissisme comme condition du souci des autres ? S'aimer comme on aime ses propres enfants comme condition d'une ouverture à autrui ?

Bien entendu, et nous y reviendrons aussi au prochain chapitre, nos défenseurs du « souci de soi avant les autres » tenteront de distinguer le narcissisme bien compris d'un égoïsme bestial. En faire l'apologie sans réserve ferait tout de même mauvais effet. Les partisans de la revalorisation du mythe de Narcisse vont donc y mettre quelques bémols, ils vous expliqueront qu'il ne faut pas caricaturer, « **qu'être narcissique ce n'est pas être égoïste, c'est savoir se respecter** », comme le dit Fabrice Midal. Je vais non seulement prendre en compte leurs mises au point, mais je les citerai pour que vous puissiez en juger par vous-même. Comme je vous le montrerai de manière argumentée, la philosophie utilitariste et déconstructionniste, sur ce point explicitement antichrétienne et antikantienne, qui sous-tend leur idéologie voue malgré tout par essence leur tentative à l'échec : impossible de prendre Narcisse comme modèle sans plaider pour l'égoïsme, sans faire passer de manière systématique ses préoccupations avant celles des autres, sans assurer le primat de ses intérêts particuliers sur l'intérêt général, sans dénoncer par conséquent l'altruisme comme nous venons d'ailleurs de le voir et comme le font de manière explicite et constante les idéologies de la frénésie du bonheur.

Comme l'écrit d'ailleurs Fabrice Midal, le narcissisme est inséparable d'un amour inconditionnel de sa propre personne avant toute autre considération : « **S'aimer soi-même,** assure-t-il dans son livre, **consiste à se dire "oui" avec chaleur et bienveillance, de manière ouverte,**

entièrement oui, et non pas en partie. [...] Bien peu parmi nous sont capables de s'aimer ! Il me reste moi-même du travail à accomplir sur ce chemin : la pente est toujours glissante et mon sens du devoir continue souvent à m'amener, sans m'en rendre compte, à me sacrifier au risque de me malmener. J'admets qu'il m'est parfois dur de m'aimer entièrement, de me dire un "oui" chaleureux et inconditionnel, de me faire pleinement confiance. Néanmoins il est bon que je sois, moi, mon meilleur ami. » Franchement, quand je lis de tels propos, je me pince pour être sûr que je ne rêve pas. Maudit sens du devoir et du sacrifice qui viennent de manière stupide troubler un si légitime amour de soi ! Mais encore un effort, cher Fabrice, et je suis sûr que vous parviendrez non seulement à vous « foutre la paix », pour reprendre le titre d'un de vos livres, mais mieux encore, à vous foutre des autres comme de l'an 40, et alors tout ira bien : débarrassé de tout esprit de sacrifice, de toute idée de devoir, de don de soi et de bien commun, vous pourrez enfin faire passer tous vos besoins et tous vos désirs avant ceux d'autrui. Rien d'égoïste, bien entendu, dans tout cela, seulement un juste et légitime « respect de sa personne »...

Nous verrons également au prochain chapitre, là aussi citations à l'appui, comment un des héros de la psychologie positive, Christophe André, va plus loin encore que son collègue en nous proposant de parvenir à nous aimer, non pas seulement comme le ferait un ami, mais comme un père ou une mère de famille aiment leur enfant – un idéal pour lequel il a même forgé un mot : « l'autoparentage » ou « autoparentalité ». Je ne peux pas ne pas vous dire d'entrée de jeu combien je trouve ce projet aberrant, voire délirant. Avec mes enfants, mon expérience est rigoureusement inverse : ce sont à coup sûr des êtres pour lesquels je serais capable de m'oublier sans réserve aucune, de me mettre au second plan, de faire passer leurs intérêts avant les miens au point, s'il le fallait, de donner ma vie pour eux. Je suis d'ailleurs certain que la plupart des parents qui me lisent en ce moment partageront mon sentiment. L'expérience de l'amour des enfants me paraît être par excellence, à moi qui ne suis pas croyant, celle qui nous permet d'avoir une idée concrète de ce que les chrétiens appellent « *agapè* », un amour gratuit et désintéressé au moins en ce sens que le souci de l'autre passe avant le souci de soi[1].

Ce qui est d'ores et déjà clair, sans aller plus loin pour l'instant, c'est que ces trois thèmes que je viens d'évoquer brièvement – l'éloge de Narcisse érigé en modèle, l'hostilité à l'altruisme comme à l'esprit de sacrifice associé à une déconstruction radicale des philosophies du bonheur différé – forment un tout cohérent. Pris ensemble, ils conduisent tout naturellement vers un nouveau rapport au travail, vers une espèce de sacralisation du « présentisme », vers une quête du bonheur qui suppose que l'on apprenne enfin à « savourer l'instant présent », une vision du monde qui se nourrit volontiers d'un retour, évidemment très affadi et banalisé pour ne pas fatiguer inutilement le lecteur pressé d'accéder sans retard au bonheur, vers des sagesses anciennes telles que le stoïcisme, le spinozisme et le bouddhisme – des références prestigieuses qui impressionnent ceux qui, faute de culture philosophique, n'ont

1. Est-ce parce que nous y avons intérêt, comme le pensent les matérialistes et les utilitaristes ? La question mérite bien sûr d'être posée et j'y reviendrai aussi, comme je reviendrai sur la nature très particulière, à nulle autre pareille, de ce type d'amour qui me semble rendre le projet de « l'autoparentage » d'une rare absurdité.

évidemment pas le temps d'évaluer la pertinence de la lecture qu'en donnent leurs nouveaux gourous.

« Tous les êtres humains cherchent désespérément le bonheur » (Kant)

Évitons toutefois un malentendu : il ne s'agit évidemment pas de nier le fait que les êtres humains cherchent tous à être heureux plutôt que malheureux, pas davantage de dire que cette préoccupation serait si peu que ce soit illégitime ou condamnable. Pas besoin, comme disait l'instituteur de mon enfance, de « sortir de Polytechnique » pour comprendre cette évidence. De même qu'on préfère en général être jeune, beau et riche, plutôt que vieux, laid et pauvre, j'aimerais bien savoir qui pourrait sérieusement être « contre le bonheur », contre la joie de vivre, hostile aux plaisirs de l'existence, à ce que les philosophes anciens appelaient le « souverain bien » ou la « vie bienheureuse ». Les idéologies de la frénésie du bonheur par et pour soi se réfèrent volontiers à cette sentence d'Épicure que l'on trouve dans sa *Lettre à Ménécée* : « **Il faut méditer sur ce qui procure le bonheur puisque, lui présent, nous avons tout, et lui absent, nous faisons tout pour l'avoir.** » Le problème, c'est que cette sentence est fausse, tout simplement fausse. Avec le bonheur, nous n'avons pas forcément tout, loin de là. On peut aussi être un imbécile heureux, voire un salaud content de son sort. Du reste, si on pensait vraiment que le bonheur suffit, qu'il est le seul et unique but de l'existence humaine, notre idéal pourrait aussi bien être celui d'une huître : pourvu qu'il n'y ait ni pêcheur, ni gourmand, ni vinaigre ou citron à l'horizon, on ne peut sans doute rien rêver de plus proche de « l'ataraxie », l'absence de trouble. Par contraste, il est assez clair que la lucidité ne nous plonge pas toujours dans la béatitude. Comme le disait Kant, non sans raison, « **si la Providence avait voulu que nous fussions heureux, elle ne nous aurait jamais donné l'intelligence** ». Il n'empêche : hors pathologies sévères, dépression lourde ou masochisme aigu, tout le monde, en effet, ainsi que le précise d'ailleurs Kant comme en contrepoint à l'assertion qu'on vient de lire, souhaite être heureux, moi le premier.

C'est donc par une facilité platement polémique que certains marchands de bonheur prétendent qu'il y aurait, d'un côté, des philosophes de la joie – Bouddha et Lao Tseu, Épicure, les stoïciens, Montaigne et Spinoza –, qui à l'image d'une célèbre publicité, disent « oui » à la vie et, de l'autre, les pisse-froid, les grincheux et les ronchons qui, de Kant à Freud en passant par Schopenhauer[1], lui diraient « non » pour se complaire obstinément dans le malheur. Absurde ! Simplement, ces derniers font partie de ceux, dont je suis, qui pensent que, par-delà les plaisirs, les moments de joie et les plages de sérénité que la vie fort heureusement peut nous offrir, la quête frénétique d'un bonheur présenté comme stable et durable parce qu'il ne dépendrait que de notre seul « état d'être intérieur » est une illusion funeste, pour ne pas dire une imposture. La vérité, c'est que sauf à sombrer dans un narcissisme pathologique, un égocentrisme psychotique, nos moments

1. À l'encontre d'une opinion reçue par les demi-savants, Schopenhauer fut l'un des plus chaleureux théoriciens de la joie et du bonheur, lui qui passa dix ans de sa vie à écrire un ouvrage qui devait s'intituler *Eudémonique* et qui rédigea, dans le sillage du bouddhisme qu'il fut le premier philosophe occidental à prendre au sérieux, un petit traité intitulé *L'Art d'être heureux*.

de joie dépendent avant tout des autres et de l'état du monde. L'idéal stoïcien d'une félicité centrée sur sa seule sagesse intérieure étant inaccessible, il devient vite culpabilisant et, du reste, ce n'est pas en vain qu'Épictète lui-même avait fini dans un éclair de lucidité par reconnaître qu'aucun sage stoïcien n'avait sans doute jamais existé dans le monde réel. Je suis convaincu qu'un regard lucide sur notre condition de mortels est le seul et unique moyen d'accepter sans se raconter d'histoires le caractère intrinsèquement tragique de nos existences – tragique ne voulant pas dire triste, ennuyeux ou malheureux, mais tout simplement pétri autant de joies que de déchirures et de contradictions, parce que voué en dernière instance à la mort.

Fuir le malheur, chercher la joie et la sérénité est une évidence pour tout être humain, à vrai dire pour tout être vivant, mais je montrerai dans ce livre pour quelles raisons s'imaginer qu'un bonheur durable et stable est possible indépendamment des autres et des réalités du monde, par des exercices de sagesse autocentrés, est dramatiquement illusoire. Tomber dans ce fantasme narcissique, funeste et pathogène, c'est se mentir à soi-même et mentir aux autres, la quête d'une vie bonne, libre et sensée ne se confondant nullement avec la recherche frénétique d'un bonheur indépendant de l'état de l'univers qui nous entoure et des humains qui le peuplent. Il ne s'agit pas de décourager ceux qui veulent être heureux, c'est-à-dire nous tous, mais de proposer une autre voie vers la sagesse, vers ce que j'appelle la « spiritualité laïque », vers une définition de la vie bonne qui ne s'identifie pas à la seule et unique quête obsessionnelle du bonheur.

Des causes et des conséquences de cette faille de civilisation

La question de fond, celle qui fera l'une des lignes de force de ce livre, est alors la suivante : que s'est-il passé pour que nous en arrivions là, pour que des messages faisant l'éloge sans frein du narcissisme puissent être reçus, non comme un retour à ce que Freud aurait sans aucun doute considéré comme une vision puérile de l'existence, mais comme une nouvelle voie vers la sagesse et la vie bonne ? Et par-delà les explications en termes de causalité, quelles sont les conséquences dans nos vies de la victoire tous azimuts de cette frénésie du bonheur ? C'est à ces deux questions, celle des causes et celle des conséquences, que mon livre tente de répondre, car il s'agit bel et bien d'un changement de civilisation. Face au monde qui vient, ma conviction est que notre vieille Europe devra prendre davantage modèle sur le courage des femmes iraniennes ou des manifestants chinois qui risquent leur vie au nom de la liberté, la leur et celle des autres, que sur le narcissisme infantile et l'hostilité à l'esprit de sacrifice revendiqués toute honte bue par les idéologies qui aujourd'hui font de la quête du bonheur personnel l'alpha et l'oméga de toute vie humaine. Je pense que nous devrons revaloriser les vertus du travail, pourvu bien sûr qu'il ait du sens et qu'il s'effectue dans des conditions convenables, persuadé que nous devrons défendre comme jamais des libertés menacées par les empires totalitaires et les théocraties qui ne cessent de gagner du terrain dans le monde. Notre civilisation, qui fut celle des Lumières, de la révolution scientifique, de la démocratie, des droits de l'Homme et de l'émancipation des femmes, aura besoin comme jamais de souci des autres et du bien commun, autant de valeurs que ces idéologies nous appellent de manière aberrante à « déconstruire ».

Notre vieille Europe serait-elle en déclin ?

Je constate avec effarement qu'à l'intérieur de nos démocraties comme à l'extérieur, chez leurs ennemis déclarés, le diagnostic est au fond le même : à en croire les pessimistes, notre vieille Europe, et avec elle l'Occident tout entier, serait entrée dans un processus de décadence irréversible. En France même, de nombreux penseurs, souvent parmi les plus influents ou les plus talentueux[1], nous assurent que « c'était mieux avant », que « les civilisations sont mortelles », que nous vivons l'effondrement des valeurs traditionnelles de l'humanisme, que nous sommes en pleine décadence, pour ne pas dire en voie d'extinction, et que le monde de demain, qui sera chinois, russe, coréen, iranien et indien, se moque déjà de notre affaissement dans la mollesse et la facilité. Tout en reconnaissant les défauts de notre époque (mais quelle époque n'en a pas ?), j'ai passé des décennies à nuancer pour le moins le fameux thème du « déclin de l'Occident[2] ». Comme j'aime bien aller aux faits, ne pas me contenter des jugements portés au doigt mouillé par l'air du temps, j'ai souvent cité

1. Je pense, parmi tant d'autres, aux livres de Michel Onfray, *Puissance et décadence* (Bouquins, 2022), d'Alain Finkielkraut, *La Défaite de la pensée* (Gallimard, 1987), de Douglas Murray, *L'Étrange suicide de l'Europe* (trad. L'Artilleur, 2018), de Patrick Buisson, *La Fin d'un monde* (Albin Michel, 2021)...

2. Un thème à vrai dire aussi ancien que récurrent, puis qu'il fut lancé par Spengler dans les années 1930.

dans mes livres les travaux de chercheurs sérieux qui, fidèles à l'héritage des Lumières et à l'idée de progrès, montraient, faits et arguments à l'appui, que notre monde, malgré tous ses défauts, allait quand même infiniment mieux que dans les années 1930, 1960 et même 1970 : après tout, Hitler et Staline sont morts et enterrés, la révolution culturelle chinoise aussi, qui fit près de 60 millions de morts, et la démocratie, tant bien que mal, a gagné depuis les années 1960 du terrain au cœur même de l'Europe, au Portugal, en Espagne et en Grèce, mais tout autant dans les pays de l'Est et en Amérique latine. Par-delà l'opposition entre optimistes et pessimistes, une opposition que j'ai toujours jugée caricaturale, pour ne pas dire indigente, je m'en suis tenu à l'idée que l'histoire est tragique, pleine de contradictions, et que l'époque contemporaine, comme toute autre époque, en est elle aussi pétrie, bien qu'au total plutôt en progrès par rapport aux précédentes.

Je pense que ce jugement, qui vient nuancer, voire contredire, le pessimisme de la décadence sans pour autant tomber dans un optimisme béat, a encore de quoi s'argumenter. Pourtant, je dois avouer que, pour d'autres raisons sans doute que celles qui animent en général les discours antimodernes de nos déclinologues, le doute aujourd'hui m'envahit. Quand j'observe le déferlement de ces milliers d'articles, de livres, de séminaires, d'applications et de magazines qui élèvent la quête du bonheur individuel au rang de seule et unique finalité de l'existence, qui stigmatisent l'esprit de sacrifice et font sans vergogne l'éloge du narcissisme, je me demande si une crise de la conscience européenne n'est pas en train de nous livrer pieds et poings liés à la brutalité de ces pays « illibéraux » qui s'apprêtent à dominer le monde. Je crains fort que ces nations émergentes, qui travaillent, comme on le voit dans le sillage de la guerre en Ukraine, à la recomposition d'un monde dont la dureté n'aura d'équivalent que sa haine de la démocratie occidentale, ne vont pas tirer parti de ce souci de soi mollasson et gentillet qui semble s'emparer sans résistance d'un *Homo democraticus* désormais frénétiquement préoccupé par son nombril.

Je n'ignore pas que les partisans de la psychologie positive et du développement personnel contesteront ce jugement, qu'ils rejetteront en bloc l'accusation d'égocentrisme[1]. Du reste, je m'en voudrais, et je le dis ici sans ironie aucune, de choquer ou de blesser les personnes qui pensent sincèrement que les messages de leurs « coachs du bonheur » leur font du bien. Je leur dirai seulement de prendre le temps de considérer attentivement les arguments que je vais proposer d'examiner dans ce livre en leur compagnie. Je leur ferai observer aussi qu'il existe quantité de choses qui nous font du bien sur le moment, mais qui n'en sont pas moins désastreuses au final : la drogue, l'alcool, le tabac, les excès en tous genres, de paresse, d'orgueil, de vanité, de vitesse, de jeux vidéo..., autant de transgressions qui ne manquent pas de charme au départ, mais qui à l'arrivée se payent cher. Je ne le dis pas au hasard : de nombreuses études de terrain montrent qu'une quête frénétique du bonheur conduit souvent à des déceptions, un idéal impossible à atteindre suscitant en général un fort sentiment de frustration, voire de culpabilité,

1. *Cf.*, parmi tant d'autres, l'opinion de Fabrice Midal qui « **n'en revien[t] pas quand [il entend] nos experts répéter que notre temps est celui du sujet-roi, individualiste et narcissique, d'abord soucieux de son bien-être** ». Quand on songe que ces propos sont extraits d'un livre intitulé *Devenez narcissique. Et sauvez votre peau !*, on a quelque peine à s'empêcher de rire...

et ce d'autant plus qu'un des leitmotive des marchands de bonheur est que ce dernier est accessible à tous, qu'il ne dépend que de nous, en aucun cas de l'état du monde extérieur, ce qui est d'autant plus culpabilisant que c'est à l'évidence faux, du moins pour quiconque n'est pas totalement tombé dans le narcissisme[1]. Pour parler comme Boris Cyrulnik, nous sommes souvent enclins à écouter davantage les « mangeurs de vents » plutôt que les « laboureurs », plus proches des marchands de bonheur à la va-vite que des réflexions et des travaux de fond.

L'Europe des Lumières, celle de Voltaire et des encyclopédistes, portait un idéal de civilisation qui valorisait la liberté, la lutte contre la tyrannie, contre l'obscurantisme religieux et la superstition. On y défendait le rôle émancipateur du travail, le respect des compétences, la grandeur et même la beauté de connaissances scientifiques et philosophiques qu'une éducation républicaine orientée vers l'excellence avait pour objectif de faire acquérir au plus grand nombre. Comment faire vivre et progresser cet idéal s'il devient explicitement la cible d'un narcissisme élevé sans rire au rang d'un modèle éthique, si la préoccupation du bonheur personnel devient notre seule et unique boussole, si on nous enjoint de toute part de renoncer au souci de l'intérêt général au nom d'un utilitarisme de pacotille ?

1. *Cf.* sur ce point mon livre *7 façons d'être heureux* (XO, 2016), dans le premier chapitre duquel je cite les nombreuses études qui prouvent qu'une quête obsessionnelle du bonheur rend à coup sûr malheureux.

Un sursaut est-il encore possible ? Sur quoi pourrait-il prendre pied ?

Je ne crois pas à la possibilité d'un sursaut sans spiritualité ni rapport au sacré. Mais contrairement à une opinion courante, le sacré ne se réduit pas à être l'opposé du profane, ce n'est pas, ou pas seulement, le religieux, c'est d'abord et avant tout ce pour quoi on pourrait se sacrifier, donner sa vie, autrement dit, le lieu du sacrilège et du sacrifice possible, en quoi il fut aussi le principal motif de guerre dans une histoire humaine qui en a connu trois visages essentiels : Dieu, la patrie et la révolution, des entités qui furent pendant longtemps, et dans certaines régions du monde encore aujourd'hui, les trois principales figures du sacré et par là même les trois plus grands motifs de conflits armés. La bonne nouvelle, du moins dans l'Occident démocratique, c'est qu'aujourd'hui, c'est enfin dans l'humanité elle-même que le sacré s'est incarné sous l'effet de ce que j'ai appelé la « révolution de l'amour », c'est-à-dire l'invention de la famille moderne qui conduit à la sacralisation de l'humain. Le sacré, non pas au sens théologique, mais au contraire comme le cœur d'une spiritualité laïque qui peut nous faire sortir de nous-mêmes et de notre égoïsme, a élu domicile dans les êtres humains, à commencer par ceux que nous aimons ou pourrions aimer. C'est d'abord et avant tout pour eux que nous pourrions prendre les armes s'il le fallait. Dans la spiritualité laïque dont j'ai précisé le sens, les enjeux et les contours dans mon dernier livre, la question politique cruciale n'est plus celle de la nation ou de la révolution, comme c'était le cas à droite et à gauche dans ma jeunesse, mais celle du monde que nous, les adultes, nous prendrons la responsabilité de laisser à ceux qui viennent. C'est aussi bien la question très matérielle de la dette, que celles de la guerre, de la transition écologique, de la protection sociale, de l'éducation, bref, de toute grande politique...

Est-il encore temps ? Comme je l'ai suggéré, beaucoup pensent que c'est fichu, que la décadence est irréversible. C'est dans l'espoir qu'ils se trompent que j'écris ce livre, ou pour mieux dire peut-être, dans l'espoir que son message sera entendu et, pourquoi pas, compris avant qu'il ne soit trop tard.

Chapitre I

Narcisse, modèle de vie et de sagesse ?

Du souci des autres au souci de soi

« Je suis génial, vraiment génial. J'ai tous les jours ou presque l'occasion de le constater et je ne vais pas me cacher derrière une fausse pudeur pour le taire. »

Fabrice Midal, parlant – sans rire – de lui-même dans son livre *Devenez narcissique. Et sauvez votre peau !*

Au départ, j'ai cru que c'était pour rire, qu'il s'agissait d'une plaisanterie destinée à provoquer une réaction d'hilarité chez le lecteur, mais je me suis trompé : Fabrice Midal se prend vraiment pour un génie et il le dit, ce qui est bien sûr son droit. Dans le même esprit, de nombreux ouvrages de psychologie positive et de développement personnel nous invitent avec le plus grand sérieux à nous aimer nous-mêmes comme un autre, à nous aimer comme on aime la personne dont on est tombé amoureux, celui ou celle avec lesquels on a choisi de vivre, voire, objectif suprême, comme on aime ses enfants. L'idéal serait de prendre Narcisse comme modèle de vie. Et tout content de son audace, Midal nous y raconte comment, de vilain petit canard qu'il se croyait être, il est devenu un « **cygne magnifique** » (*sic* !), conscient de sa beauté, de sa grandeur d'âme et de sa « **génialité** » (re-*sic* !). Pour justifier ces propos, dont j'imagine que leur auteur doit quand même avoir conscience qu'ils peuvent paraître délirants, Fabrice Midal s'est efforcé de donner du mythe de Narcisse tel qu'Ovide l'a exposé dans ses *Métamorphoses*, une interprétation positive. De là sa thèse selon laquelle, je le cite, « **dans la mythologie, l'art et la psychanalyse, Narcisse est une force positive nécessaire. Narcisse n'est nullement cet être égoïste, pervers, coupable de ne penser qu'à lui, mais l'homme qui apprend à se rencontrer, à se respecter, à se faire confiance. Narcisse est le symbole de la première fleur de printemps, de la vie qui s'affirme, s'épanouit** ».

Pour avoir passé quarante ans de ma vie et des milliers d'heures à étudier la mythologie grecque sous toutes ses coutures, pour avoir publié quelques dizaines d'ouvrages sur le sujet, je puis vous assurer que tout est faux, archifaux, dans cette phrase. J'irais même jusqu'à affirmer qu'on ne peut pas dire quelque chose de plus faux, qu'il n'y a pas une once de vérité dans cette lecture du mythe de Narcisse qui, disons le mot, relève tout simplement de l'imposture intellectuelle. Comme vous allez pouvoir le constater par vous-même dans ce qui suit, contrairement à ce que prétendent certains partisans de la psychologie positive (Fabrice Midal, en effet, n'est pas le seul[1]...), le mythe de Narcisse, loin d'être positif, se termine de manière atroce, non pas du tout par une vie qui « s'affirme, renaît et

1. Voir dans le numéro de *Psychologie positive* de novembre-décembre 2019 les articles consacrés à la revalorisation du narcissisme.

s'épanouit » comme au printemps, mais par la mort douloureuse d'un personnage particulièrement odieux, voué à la folie et au malheur absolu, une fin terrifiante qui s'achève dans les Enfers pour celui qui a péché par arrogance, par hubris, en voulant s'aimer lui-même comme un autre. Pour voir dans ce mythe un message de sagesse et de bonheur alors qu'Ovide lui-même ne cesse d'évoquer la folie et le malheur de Narcisse, pour y déceler une base solide du souverain bien alors que le mythe s'emploie à décrire le pire des destins, pour prétendre qu'il n'y est pas question de la mort et des Enfers, alors qu'il en est fait mention de manière on ne peut plus explicite, il faut tout simplement se moquer du monde et en particulier de son lecteur.

Mon jugement est sévère, mais il tient à un certain goût pour la vérité sans lequel je n'aurais pas choisi la voie de la philosophie, sans doute aussi à l'amour que j'éprouve depuis toujours pour la sagesse grecque telle que la mythologie nous l'a transmise ainsi qu'à mon désespoir de la voir ainsi détournée sans vergogne à des fins de propagande idéologique. Pour justifier cette critique, permettez-moi de rappeler, citations d'Ovide à l'appui, la vérité originelle de ce mythe afin que mon lecteur ne se laisse pas abuser par cette entreprise de falsification. Comme souvent, il en existe plusieurs versions, mais la plus marquante et la plus complète est bien, là-dessus au moins nous sommes d'accord, celle que nous rapporte Ovide dans le livre III de ses *Métamorphoses*. Elle tient en quelques pages et mon lecteur pourra sans peine vérifier la validité de ce que je vais lui en dire. En toute hypothèse, toutes les versions du mythe se terminent de manière pitoyable pour le malheureux Narcisse, dont l'histoire est destinée à dissuader les humains de sombrer dans ce qu'on appellera après lui le « narcissisme », défaut suprême selon la sagesse grecque.

Retour à la véritable signification du génial récit d'Ovide

Narcisse est le fils du dieu d'un fleuve, le Céphise, et d'une nymphe, la belle Liriopé. Dès sa naissance, le bébé est ravissant et Liriopé va au plus vite consulter le plus grand de tous les devins, le célèbre Tirésias, afin de savoir si son enfant aura une vie longue et belle. Tirésias lui répond (comme font toujours les oracles) de manière « sibylline » (Sibylle était elle-même une célèbre prêtresse dont les propos étaient particulièrement obscurs, difficiles à interpréter) : certes, le petit pourra vivre vieux, mais à une condition, c'est qu'il « ne se connaisse pas » ou, comme le disent des traductions anciennes, plus fidèles au sens du mythe, qu'il « ne se regarde pas », qu'il « ne se contemple pas ». Car s'il se « connaît », s'il se « regarde », sa vie sera marquée par la folie et sa fin sera pitoyable. Comme toujours avec les paroles sibyllines des oracles, les parents ne comprennent pas un traître mot à ce que vient de leur dire Tirésias, sauf que bientôt, comme le précise Ovide, la suite de l'histoire va donner raison au devin. On ne tarde pas, en effet, à découvrir que Narcisse est affublé d'un trait de caractère particulièrement déplaisant : il est doux comme un agneau et beau comme un dieu au-dehors, mais dur et égocentrique au-dedans, de sorte que les jeunes filles qui tombent amoureuses de lui sont toutes éconduites de manière aussi brutale que désagréable.

L'une d'entre elles, une nymphe, la gentille Écho, va même en mourir. Séduite au premier regard, elle tente d'engager un dialogue avec Narcisse, de lui dire son amour, mais Héra, qui lui reproche de lui avoir menti sur les infidélités de Zeus, son mari, l'a affublée d'une terrible malédiction : quand elle s'efforce de parler, Écho ne peut rien faire d'autre que répéter les derniers mots qu'elle vient d'entendre de la bouche d'un autre. Narcisse, comme toujours intéressé par son seul ego, lui tourne le dos avec mépris et méchanceté. Écho, pleine de honte et de chagrin, se sauve dans la forêt. Peu à peu, elle dépérit, tant et si bien qu'il ne reste d'elle plus rien d'autre qu'un gémissement plaintif et désincarné que les montagnes répercutent de manière sinistre dans les vallées. Son corps a peu à peu disparu, on n'entend plus que la voix de la malheureuse qui répète inlassablement les derniers sons qu'elle a entendus.

À force de voir leurs avances refusées de manière si brutale, les jeunes filles éconduites crient vengeance. On entend alors la voix d'une nymphe qui, au milieu de ses amies, crie vers le ciel : « **Puisse Narcisse tomber lui aussi fou amoureux et ne jamais pouvoir posséder l'objet de son amour !** » Et c'est bel et bien ce qui va lui arriver grâce à l'intervention divine de Némésis, une des filles de Nyx, la nuit, qui a entendu l'appel des jeunes filles. Némésis, comme les Érinyes, est une divinité du châtiment et de la vengeance. Elle se dit, comme Tirésias, que Narcisse aurait pu vivre bien et fort longtemps s'il n'était pas tombé dans la folie, s'il n'était pas amoureux de sa petite personne, « s'il ne se connaissait pas », « ne se contemplait pas »... Or voilà justement qu'un jour de grande chaleur où Narcisse parcourt la forêt à la poursuite de quelque gibier, Némésis fait en sorte que, saisi par la soif, il s'approche d'une source. Un peu en contrebas, l'eau forme une petite mare que rien, jamais, n'est venu troubler. Il n'y a pas un souffle de vent, l'onde est comme un miroir. Narcisse s'y penche pour se désaltérer, mais apercevant sa propre image se refléter dans l'eau, il en tombe tout à coup fou amoureux. Alors on le voit qui se parle comme si son reflet était l'incarnation d'un autre, celle d'un possible amant. Saisi par un terrifiant délire, il essaie désespérément de s'embrasser, de s'enlacer, mais comme le voulait la nymphe, il ne parvient jamais à se saisir lui-même, l'objet de son amour lui échappe.

Narcisse tend alors ses bras vers la cime des arbres et s'écrie, désespéré (je cite Ovide) : « **Jamais amant, ô forêt, n'aura subi un sort plus cruel. Vous devez bien le savoir, vous qui avez offert si souvent à l'amour un refuge opportun. Vous dont la vie compte tant de siècles, vous souvenez-vous d'avoir jamais vu au cours de cette immense durée un amant dépérir comme moi ? Un être me charme et je le vois, mais cet être qui me charme et que je vois, je ne puis l'atteindre !** » – évidemment, puisque c'est de lui-même qu'il s'agit, ou pour mieux dire, de son reflet dans l'eau ! Comme modèle de bonheur parfait, de sagesse et de vie heureuse, on peut faire mieux ! Tout à son amour impossible pour sa propre image, le malheureux fou se laisse peu à peu dépérir, incapable qu'il est de regarder autre chose que son visage au point de ne plus pouvoir tout simplement s'en détacher pour se nourrir. Désormais tout à fait insensible à autrui comme au reste du monde, il ne voit et ne pense plus à rien d'autre qu'à son pitoyable reflet. La vie le quitte tout doucement et à l'endroit où il meurt pousse une petite fleur blanche à laquelle on donnera son nom.

Fabrice Midal s'efforce, à l'encontre de tout le texte d'Ovide, mais aussi de toute la sagesse grecque, de présenter malgré tout ce mythe comme positif, il va même jusqu'à prétendre qu'en réalité, Narcisse ne meurt pas, qu'il n'y est d'ailleurs jamais question de la mort et des Enfers (ce qui, comme vous allez pouvoir le constater dans un instant, est factuellement faux, pour ne pas dire délirant). Là encore je cite Fabrice Midal : « **Meurt-il vraiment ? Dans la mythologie grecque, la mort des héros est soit leur annihilation, soit le début de leur descente aux Enfers. Or il n'est pas question d'Enfers dans le mythe de Narcisse. La splendeur de la légende grecque est en réalité celle de la métamorphose et de la renaissance, non pas celle de la mort et de la disparition. De l'épanouissement dans une fleur qui revient chaque année aux premiers jours du printemps et signe la fin de l'hiver pour que s'épanouisse la nature. Une fleur qui est le symbole de l'éclosion de la vie.** »

Comment peut-on écrire pareille sottise, pareille contre-vérité ? D'abord Narcisse n'est pas un héros, il n'en a aucune des qualités, il n'est ni Ulysse, ni Hector, ni Achille, ni aucun héros grec, à vrai dire il en est aux antipodes à tous égards et le qualifier de tel est absurde. Ensuite, que mon lecteur en juge par lui-même en lisant le texte d'Ovide : bien évidemment, il y est explicitement question de la mort de Narcisse et de sa descente aux Enfers. On peut même dire que c'est non seulement la conclusion du mythe, mais sa principale leçon, comme y insiste Ovide en soulignant comment, au moment de traverser le Styx, l'un des quatre fleuves de ces Enfers que les mortels doivent franchir avec la barque de Charon pour gagner leur dernière demeure, le malheureux, tout entier aux prises avec son délire, est encore en train de faire tout son possible pour contempler son visage dans l'eau qui coule... Mais pour ne pas en rester à une querelle d'interprétation (à vrai dire, ce n'est pas d'interprétation qu'il s'agit, comme tente de le faire croire Fabrice Midal, mais beaucoup plus platement de vérité factuelle ou de falsification) et afin que mon lecteur puisse en juger par lui-même, voici le texte d'Ovide que je cite dans la traduction ancienne de l'abbé Banier dont je conserve en partie l'orthographe (l'usage ancien des majuscules...). Je précise que dans ce passage, qui décrit à la fois la folie et le malheur de ce sinistre personnage, c'est à lui-même que Narcisse s'adresse, c'est à sa propre image dont il est tombé amoureux comme s'il s'agissait d'une autre personne qu'il parle, et c'est elle qu'il essaie de saisir en s'imaginant dans sa folie qu'il s'agit de son amant :

« **"Ce qui met le comble à ma douleur, c'est que sans en être séparé par de vastes Mers, par des chemins inaccessibles, ou par des Montagnes, ou par des Forêts, l'eau d'une Fontaine, qui seule m'éloigne de lui, s'oppose à mon bonheur, et ce qui me jette dans le dernier désespoir, c'est qu'il me paraît que celui que j'aime répond à ma passion. En effet, toutes les fois que j'ai approché ma bouche de cette Fontaine, il s'est avancé pour me baiser ; mais hélas, les moindres obstacles sont funestes aux Amants ! Qui que vous soyez, sortez du fond de l'Eau, puisque vous êtes tendrement aimé : Pourquoi vous jouez-vous ainsi de moi, en vous éloignant lorsque je m'approche de vous ? Ma jeunesse et ma beauté ne doivent pas vous engager à me fuir. J'ai inspiré de la tendresse à un grand nombre de belles Nymphes. Mais il y a de l'ingratitude à me plaindre ; l'air gracieux dont vous me regardez me donne de l'espérance, et je vois que lorsque je vous tends les bras,** vous me tendez les vôtres [...] La douleur commence à m'abattre ; je sens mes forces diminuer, et je vois que je vais périr à la fleur de mon âge [...]"

Toujours séduit par la même erreur, Narcisse se retourna encore une fois vers son ombre ; il répandit des pleurs, et ses larmes en troublant l'eau ternirent son image. Comme il crut la voir s'éloigner, "Pourquoi me fuyez-vous, dit-il, demeurez, je vous en conjure, n'abandonnez pas ainsi une Personne qui vous adore : S'il ne m'est pas permis de vous approcher, ne vous dérobez pas du moins à un Amant infortuné." Pendant qu'il se plaignait ainsi, il déchira sa robe et se frappa la poitrine [...] Un moment après, lorsque, l'eau s'étant éclaircie, il vit les marques des coups qu'il venait de se donner, il ne lui fut plus possible de supporter l'excès de sa douleur ; l'ardeur de son amour le consume peu à peu, ainsi qu'on voit la cire se fondre lorsqu'on l'approche du feu, ou la rosée se dissiper aux premiers rayons du Soleil [...]. Cette étrange folie l'accompagna jusques dans les Enfers, où il se regardait encore dans les eaux du Styx. »

Pardonnez-moi d'y insister : comme leçon de sagesse et de bonheur, on peut trouver mieux ! Il faut beaucoup d'audace dans l'imposture pour parvenir à en faire un mythe positif, pour nier au passage qu'il n'est question ni de la mort de Narcisse, ni des Enfers où il se trouve plongé après son décès alors qu'Ovide nous en parle de manière on ne peut plus claire. Quant à la fleur dans laquelle le malheureux se réincarne, elle ne désigne en rien le retour de la vie. C'est évidemment tout l'inverse, comme en témoigne l'étymologie : Narcisse vient de *narkè* qui, en grec, désigne la torpeur, le lourd sommeil du drogué (le mot a notamment donné « narcotique » en français). Comme souvent dans la mythologie, le personnage principal d'un mythe (qui n'est pas pour autant un héros !), une fois mort et descendu aux Enfers, est métamorphosé par les dieux, parfois par Zeus lui-même, afin qu'on se souvienne de son triste sort. C'est par exemple le cas d'Asclépios, métamorphosé en constellation du Serpentaire, ou encore de la nymphe Syrinx, métamorphosée en un roseau dont l'affreux satyre qui la poursuivait (en fait il s'agissait de Pan lui-même) fera une flûte à laquelle Debussy consacrera un célèbre morceau de musique. Du reste, c'est évidemment pour cette raison qu'Ovide dédie un chapitre à Narcisse dans un livre consacré aux « métamorphoses ».

Comme tant d'autres, Narcisse est donc métamorphosé, en l'occurrence en une fleur qui symbolise, non pas du tout le renouveau de la vie, encore moins son épanouissement, mais l'éternel sommeil de la mort, une leçon que chaque printemps rappellera aux mortels afin que, surtout, nous ne prenions pas modèle sur sa folie. Car la morale du mythe, à l'inverse exact de ce que prétend Fabrice Midal, est bel et bien la suivante : beau dehors, moche dedans, Narcisse est le contre-modèle du sage, le contre-modèle de cette sagesse qu'incarnera la figure de Socrate, un homme dont la laideur est aussi légendaire que la beauté de Narcisse. Mais s'il est laid au-dehors, Socrate est beau au-dedans. Sa disgrâce physique possède une signification philosophique : elle nous rappelle que l'apparence sensible n'est pas l'essentiel, que ce qui compte, c'est la richesse intérieure, le dedans plus que le dehors, et qu'il ne faut pas se fier aux apparences. Alors que Narcisse à l'air splendide et Socrate effrayant de laideur, la vérité est inverse. Narcisse est si égoïste qu'il va en devenir fou et connaître une fin atroce, tandis que Socrate, qui connaîtra une fin aussi courageuse qu'édifiante, est le meilleur des hommes, sage et ouvert aux autres, comme en témoigne son goût du dialogue et de la vérité. La philosophie se considérera elle-même comme une forme de lutte constante, parfois douloureuse (la mort de Socrate en témoigne), contre les apparences au nom du vrai, comme une tentative d'éclairer l'humanité, en quoi elle est peut-être bien plus vivante et plus précieuse que jamais, du moins quand elle nous éloigne du narcissisme et qu'elle préfère la vérité au mensonge…

Narcisse dénié en paroles, mais assumé en fait…

Moins enclins à travestir l'évidente réalité du mythe ou, comme on voudra, un peu plus malins, d'autres tenants de la psychologie positive ont tenté de s'exempter du défaut de narcissisme… tout en tombant dedans à pieds joints ! C'est ainsi que dans ses *Antisèches du bonheur* (Harper Collins, 2020), Jonathan Lehmann, un autre porte-parole de la quête frénétique du bonheur et de l'amour de soi, s'est efforcé de donner du mythe une interprétation opposée à celle de Fabrice Midal… mais pour autant, comme vous allez pouvoir le constater dans un instant, tout aussi fausse. Lehmann assimile en effet le narcissisme tel que le mythe nous en donne l'idée dans la version d'Ovide, à une des catégories fondamentales de l'addiction, comme si Narcisse était un vaniteux, un homme qui veut à tout prix être aimé par les autres, un orgueilleux qui se place dans la dépendance du regard d'autrui. Dans une tentative pour laver son plaidoyer pour l'amour de soi (en réalité tout à fait semblable à celui de Fabrice

Midal) de l'accusation de narcissisme, Lehmann en vient à travestir le sens du mythe de manière tout aussi grotesque, mais en sens inverse, ce qui ne manque pas d'humour si l'on considère que ces deux tenants de la psychologie positive n'en sont pas moins d'accord sur l'amour sans limites et sans tâche qu'il faut à tout prix se porter à soi-même. À vrai dire, les efforts que fait Lehmann pour démontrer que le mythe de Narcisse ne serait qu'une des variantes de l'addiction seraient presque touchants s'ils n'étaient eux aussi absurdes :

« **Nous avons tous tendance, écrit-il, à essayer sans cesse et en vain de combler le vide en nous. D'un côté par des activités et des produits susceptibles d'anesthésier momentanément notre sentiment de manque [...]. D'un autre côté, à travers l'attention que nous porteront les autres [...]. Conceptuellement, on peut classer ces deux types de remplissage dans deux catégories : l'addiction et le narcissisme. Nous pouvons définir l'addiction comme tout comportement à répétition qui nous fera du mal sur le long terme. Et le narcissisme comme une demande d'attention relative à l'image que nous nous forgeons de nous-mêmes auprès des autres, en d'autres termes à une demande d'approbation extérieure de notre personne. Comme l'addiction, le narcissisme cherche sans cesse de quoi se nourrir** », en quoi selon Lehmann, « **l'amour de soi n'est pas du narcissisme, il en est l'inverse puisqu'il ne cherche plus d'approbation à l'extérieur** ».

La thèse est évidemment fausse. À la limite, elle pourrait s'appliquer au personnage de Don Juan tel que l'a dépeint Molière, et du reste, c'est en ce sens que Hegel l'avait compris : à l'en croire, Don Juan est une espèce de drogué qui se croit libre alors qu'il est en réalité dans la dépendance des autres, plongé dans une logique consumériste incessante qui s'avère être au final l'inverse de la vraie liberté. Reste que cette thèse ne s'applique en aucun cas à Narcisse. Loin de dépendre des autres, de leur regard, de leur approbation ou de leur amour, sa principale caractéristique réside, à l'encontre exact de ce que dit Lehmann, dans le fait qu'il s'en moque comme de son premier verre de lait, attendu qu'il n'aime que lui-même et ne regarde que lui-même. À aucun moment Narcisse ne s'intéresse si peu que ce soit au jugement que les nymphes portent sur lui, il n'a jamais, à la différence de Don Juan, la moindre relation d'amour avec une femme (ni du reste avec un homme). Ce qu'on pense de lui ne l'intéresse pas, car ce qui l'intéresse, c'est son nombril, son visage, ce reflet dans l'eau dont il est tombé amoureux. Narcisse est tout sauf vaniteux. Égoïste et méchant, il ne cherche jamais la reconnaissance de qui que ce soit, la malédiction de Némésis accomplissant le destin que lui prévoyait Tirésias dès sa naissance, celui qui consiste à sombrer dans l'amour de sa petite personne.

Le plus comique dans l'affaire, c'est que c'est là très exactement ce que Lehmann nous invite à faire, la seule différence avec Fabrice Midal étant qu'il comprend quand même que se réclamer de Narcisse pourrait hypothéquer le discours sur le souci de soi dont il vante les mérites auprès de ses malheureux disciples. Écoutons Jonathan Lehmann parlant de son amour soi-disant non narcissique pour lui-même : « **Concrètement, comment je fais pour m'aimer vraiment, pour arrêter de me juger, pour moins dépendre de mon narcissisme et de mes addictions ? D'abord en décidant que je m'aime. En me le répétant. En me regardant droit dans les yeux dans la glace et en me disant à voix haute que je m'aime. Que je m'aime, putain !**

Oui, Oui. Comme on dit en anglais : ***whatever it takes.*** **Sans raison. Parce que je le vaux bien. L'amour de soi est une pratique qui se décline en actes. C'est un travail quotidien. Je pratique l'amour de ma personne en effectuant chaque jour des actions tournées vers moi-même, c'est-à-dire vers mon corps et mon mental. »** Pas du tout narcissique, comme on voit ! Même l'image du miroir y est ! Mais Jonathan Lehmann y insiste sans rire, sans se rendre compte que pour ceux qui se soucient un tant soit peu du sort des autres, qui pensent que l'amour véritable a besoin d'altérité et de différence, ses déclarations, loin de nous offrir une image de la sagesse, donnent plutôt envie de vomir :

« **Je sais que je m'aime quand je me réjouis d'être en ma compagnie. Je sais que je m'aime quand je me rends compte que j'ai tissé un rapport intime avec ma propre personne, que je peux me parler et me faire rire tout seul, que j'entretiens un dialogue bienveillant dans la durée au lieu de me parler sporadiquement pour me dire que je suis trop cool ou trop nul. Je sais que je m'aime quand je commence à considérer les occasions que la vie me donne d'être face à moi-même, non plus comme des moments d'angoisse, mais comme des instants privilégiés. »**

Ne croyez surtout pas qu'il y aurait dans ces propos au comble du narcissisme quoi que ce soit d'original. Du reste, la stratégie des marchands de bonheur est toujours la même : ils commencent toujours par se prendre eux-mêmes en exemple. Pour appâter le client, ils expliquent, avec une fausse modestie peaufinée avec soin, qu'ils sont, comme vous et moi, très imparfaits, qu'eux aussi ont commencé par être malheureux, peu sûrs d'eux, qu'ils ont traversé bien des épreuves, qu'ils connaissent les tourments de l'angoisse, du manque d'estime de soi, etc. Fort heureusement, ils ont trouvé la voie, une voie dont ils vont nous faire le présent car ce qui vaut pour eux vaudra sans aucun doute pour nous aussi, pourvu du moins que nous les imitions, que nous leur fassions confiance, tactique de gourou bien connue et qui, hélas, fonctionne assez bien. Quant à leurs conseils touchant les vertus de l'amour de soi, on les trouve sous toutes les formes possibles et imaginables dans la quasi-totalité des livres et magazines de « sagesse », à foison dans les journaux féminins du genre « santé-bien-être » comme dans ce numéro de *Fourchette et bikini* (quel titre !) consacré au développement personnel qui résume au fond toutes les niaiseries qu'on peut trouver sur ce sujet sous forme de dix conseils destinés à nous permettre de développer notre amour de nous-mêmes : « **Abandonner toute forme de critique de soi. Être bienveillante envers soi-même. S'encourager et se complimenter. Se réconcilier avec ses défauts. Prendre soin de son corps. Se pardonner. Oser être authentique. S'écouter soi-même. Orienter son regard vers le positif. Se délester des relations malveillantes** », etc.

Et si l'on va consulter la rubrique « S'écouter soi-même » (les autres peuvent toujours courir…), on trouve encore ces recommandations édifiantes, et surtout pas du tout narcissiques : « **Pour être en paix avec soi-même, il faut rester attentive à ses besoins et trouver ce qui est source de satisfaction pour vous. Il s'agit d'apprendre à se connaître et à écouter son instinct. Posez-vous des questions comme : "Qu'est-ce que tu aimes faire ?" ou "Comment adapter aux besoins actuels ma situation de vie ?" Si cela vous aide, n'hésitez pas à faire une liste de vos envies, de vos besoins et de ce que vous ne souhaitez pas. Être alignée avec vos désirs**

est la base de l'amour de soi. » C'est aujourd'hui par milliers que se comptent les livres, les cahiers d'exercices, les applications, les conférences, les magazines ou les séminaires qui vous conseillent de vous « donner de l'amour à vous-même ». Mais dans le genre, la palme revient quand même au plus connu des psychologues positifs français, Christophe André, qui nous invite bien entendu à nous aimer nous-mêmes, mais toutefois avec ce cran supplémentaire dans le narcissisme qui consiste à s'aimer si possible comme on aime un de ses enfants.

S'aimer soi-même comme un autre, voire comme ses propres enfants

De fait, Christophe André s'est fait l'un des principaux porte-parole de cette idée « d'autoparentalité » ou « d'autoparentage ». Ses livres rencontrent un grand succès, non seulement parce qu'ils font du bonheur la finalité ultime de l'existence, ce qui est merveilleusement en phase avec l'individualisme contemporain, mais aussi parce qu'ils expliquent *urbi et orbi* que la félicité suprême est accessible à tout un chacun, attendu qu'elle passe d'abord et avant tout par un travail, non sur ce qui nous transcende et nous dépasse, pas même sur le réel extérieur à nous, mais sur soi-même et en soi-même. Selon cette idéologie pétrie de gentillesse, non seulement le bonheur ne dépend pas de l'état du monde extérieur, mais il ne dépend en vérité que de notre capacité à « **entrer en amitié avec nous-mêmes** », selon une formule que Christophe André affectionne tout particulièrement. C'est ainsi que dans son livre *Imparfaits, libres et heureux* (Odile Jacob, 2006), dont le sous-titre trace clairement le programme (« *Pratiques* *de l'estime de soi* »), on trouve un chapitre significatif de cette nouvelle vision de la vie bonne selon laquelle le bonheur résiderait dans la mise en harmonie « amicale » de soi avec soi. « Être son meilleur ami », voilà le secret, et c'est d'ailleurs le titre du passage de son livre où le psychologue nous invite très sérieusement à nous comporter vis-à-vis de nous-mêmes comme si nous étions nos propres parents :

« **La bonne estime de soi est finalement plus proche de l'amitié qu'elle ne l'est de l'amour : seule l'amitié arrive à associer *exigence* (ne pas laisser ses amis faire n'importe quoi) et *bienveillance* (ne pas les juger, mais vouloir les aider), *présence* (on est attentif et disponible pour eux) et *tolérance* (on accepte leurs travers et leurs défauts). Estime et affection, n'est-ce pas ce qui caractérise l'amitié ? Un ami ou une amie, c'est précisément une personne pour laquelle nous ressentons ces deux sentiments. Et il est probable que la relation amicale représente un très bon modèle possible de rapport à soi. Ou bien il faudrait que cet amour envers nous-mêmes soit de la même nature que celui des parents envers leurs enfants : sans condition et infiniment bienveillant. Certaines thérapies explorent aujourd'hui cette piste de l'autoparentage avec des premiers résultats prometteurs...** »

S'aimer soi-même comme on aime ses enfants ? Tel est bien, selon Christophe André, l'idéal de la psychologie positive, un idéal que Fabrice Midal, on n'en sera pas étonné, partage avec son confrère en frénésie du bonheur : « **Je me suis aimé comme je suis,** nous confie-t-il à l'issue de son plaidoyer pour la revalorisation de Narcisse, **de la même manière que des parents aiment leur enfant comme il est** », un idéal dont je vous avoue, pour avoir moi-même des enfants, que si je parvenais un jour à le partager, à m'aimer comme je les aime, cela ne signifierait certainement pas que je suis enfin devenu sage, encore moins que je suis heureux, mais tout simplement que je suis bon pour l'hôpital psychiatrique...

Pourquoi prétendre qu'il serait sage de s'aimer soi-même comme on aime un de ses enfants est un non-sens, tout le contraire d'un pas vers le bonheur et la sagesse...

Si l'expérience de l'amour que j'ai pour mes filles m'a en effet convaincu d'une chose, c'est bien que je ne risque pas de m'aimer comme je les aime, et c'est à mon sens une bonne nouvelle pour ma santé mentale. Pour tout dire, comme sans doute beaucoup d'autres parents, je donnerais, sans joie, mais sans hésiter non plus s'il le fallait, ma vie pour elles, ce qui renvoie à une nouvelle forme de sortie de soi, à une transcendance « horizontale » d'humain à humain dont j'ai montré dans mes précédents livres qu'elle était liée à l'incarnation du sacré dans l'humanité, à ce que j'ai appelé la « révolution de l'amour », un héritage de l'invention du mariage d'amour et de la famille moderne en Occident. Sans même entrer dans des considérations philosophiques approfondies, tous les adultes qui ont des enfants et qui les aiment – ce qui est quand même le cas général – comprendront ce que je vais écrire ici : ces petits êtres nous arrachent des sentiments qui dépassent toutes les autres formes d'amour ou d'amitié qu'on a pu connaître au cours de sa vie. Il faut ne pas avoir eu d'enfants, ne pas avoir connu cette expérience si particulière et pourtant si banale, pour ne pas s'en être aperçu. Certains prétendront que l'amour des enfants est « animal », intéressé au sens darwinien du terme, au sens où nous aurions intérêt à transmettre nos gènes à une descendance, une objection rituelle dans les doctrines utilitaristes et matérialistes, mais faible, car lourdement métaphysique, si l'on y réfléchit un peu sérieusement[1]. Quoi qu'il en soit, permettez-moi

1. L'esprit de sacrifice et l'amour des enfants ne sont-ils pas tout sauf désintéressés ? C'est une objection classique, bien connue, qui vient immédiatement à l'esprit du matérialiste et de l'utilitariste. Le problème, c'est que cette argumentation, qui a toutes les apparences de la rationalité, n'est en réalité, comme l'a montré magistralement Karl Popper dans le sillage de Kant, qu'un sophisme. Dès qu'on entreprend de l'exposer, il se développe de manière aussi prévisible que les coups d'une partie d'échec déjà jouée. Il repose sur l'idée que le libre arbitre n'étant que pure illusion, toutes nos actions sont forcément motivées par des causes efficientes, donc par des intérêts conscients ou inconscients. Pourtant, à l'encontre d'une idée souvent reçue par les scientifiques, et plus généralement par les penseurs qui se veulent rationalistes, à commencer par les héritiers de Spinoza, ce déterminisme qui nie toute possibilité d'une action libre et désintéressée n'a pourtant rien de rationnel. C'est en réalité une idéologie typiquement métaphysique dont les prétentions à la scientificité sont tout à fait exorbitantes. Pour être réellement scientifique, une assertion quelle qu'elle soit doit en effet pouvoir être testée expérimentalement, donc le cas échéant contredite par une expérience réelle et, comme le dit Popper, « falsifiable ». Or, ainsi qu'il l'écrit fort intelligemment dans les premières lignes de son livre *Le Réalisme et la Science* (Hermann, 1990), « **la théorie selon laquelle “toutes les actions sont égoïstes, motivées par l'intérêt”, est très répandue : il en existe des versions dans le behaviorisme, la psychanalyse, la psychologie individuelle, l'utilitarisme, le marxisme vulgaire et la sociologie de la connaissance. Or il est pourtant clair que cette théorie, et avec elle toutes ses variantes, n'est pas falsifiable : aucun exemple d'action altruiste ne peut réfuter l'idée selon laquelle il en existerait une motivation égoïste cachée** ». En d'autres termes, la proposition selon laquelle toutes nos actions seraient déterminées par des causes échappant le cas échéant à notre volonté consciente, donc par des intérêts avoués ou inavouables, est par définition non falsifiable, impossible à tester, à contredire par quelque expérimentation que ce soit, et par conséquent,

de m'en tenir à une simple description phénoménologique de cet amour à nul autre pareil. De fait, on a beau avoir aimé ses parents, ses frères, sœurs et ses amis, être, comme on dit si bien, « tombé » amoureux d'hommes ou de femmes, reste que l'amour des enfants est singulier, à nul autre pareil, et je voudrais ici dire pourquoi, car c'est là une expérience qui peut échapper même à des personnes d'une grande intelligence.

Je pense en l'occurrence à Milan Kundera, pourtant l'un des plus grands écrivains de notre temps, qui s'est souvent irrité de l'emphase mise sur l'amour des enfants au motif que, dans nos sociétés modernes et occidentales, ils seraient devenus, mais selon lui bien à tort, les seuls êtres dignes d'intérêt et de compassion. Dans un de ses livres, *La Lenteur*, Véra, sa femme, interroge son mari sur la famine qui dévasta la Somalie au début des années 1990 : « **Est-ce qu'il y a aussi des vieux qui meurent dans ce pays ?** » La réponse de Kundera vient, évidemment ironique, à vrai dire moqueuse : « **Non, non, ce qui a été si intéressant dans cette famine-là, ce qui l'a rendue unique parmi les millions de famines qui ont eu lieu sur cette terre, c'est qu'elle fauchait seulement les enfants. Nous n'avons vu aucun adulte souffrir sur l'écran même si nous avons regardé les informations tous les jours, précisément pour confirmer cette circonstance jamais vue**[1]**.** » Du reste, ajoute le grand écrivain, c'est en bonne logique qu'on a confié aussi à des enfants le soin de réunir les fameux sacs de riz adressés en grande pompe aux petits Somaliens : la vision sentimentale du monde, abstraite et médiatique,

---

au sens propre du terme, il s'agit d'une opinion méta-physique, située au-delà de la physique et comme telle non scientifique.

1. Milan Kundera, *La Lenteur*, Gallimard, 1995, p. 20.

baigne dans l'infantilisme et le jeunisme, des travers fâcheux où sombrent aujourd'hui les sociétés modernes. Victoire de la niaiserie, donc, si l'on en croit Kundera.

Je pense exactement l'inverse. J'opposerai volontiers à ses moqueries pessimistes les quelques pages que Hans Jonas a consacrées à l'enfance dans son livre *Le Principe responsabilité*, des pages qui, toute révérence gardée, me semblent infiniment plus justes et plus profondes que l'ironie, talentueuse, mais fausse, pratiquée par Kundera. Jonas voyait en effet dans l'amour des enfants le modèle permettant de saisir dans son essence la plus pure la source de toute responsabilité pour autrui, et ce pour une raison simple, beaucoup moins niaise que ne le pense Kundera : le petit enfant est non seulement vulnérable, fragile, mais sa vulnérabilité est pour ainsi dire une « vulnérabilité a priori pour autrui » en ce sens que sa vie ne peut se poursuivre sans l'aide des adultes. Elle fait donc signe en tant que telle, sans passer par le détour d'aucun raisonnement, vers une réponse immédiate de leur part. Avant toute demande explicite (comment le nourrisson pourrait-il demander quoi que ce soit ?), elle incarne ce que le souci de l'autre, et pas seulement de soi, a de plus profond, une responsabilité qui ne saurait être compensée, comme dans le monde des adultes, par une quelconque réciprocité. Voilà pourquoi, comme l'écrit Jonas, les États ont envers les enfants qui dépendent ou pourraient dépendre d'eux « **une responsabilité bien différente de celle du bien-être des citoyens en général** ». Et il poursuit : « **L'infanticide est un crime comme n'importe quel autre meurtre, mais un enfant qui meurt de faim, c'est-à-dire un enfant dont on accepte qu'il meure de faim, est un péché contre la première et la plus fondamentale de toutes les responsabilités qui puissent**

exister pour l'homme comme tel[1]. » J'ajouterais que dans l'optique universaliste qui est heureusement celle de l'action humanitaire, l'enfant incarne par excellence la catégorie abstraite de la victime : non seulement sa responsabilité n'est pas engagée dans les conflits dont il meurt, mais son appartenance à quelque communauté que ce soit est encore problématique, elle n'est en réalité que celle de ses parents, en quoi il n'en est en rien responsable.

À cet égard, l'intervention en Somalie à laquelle Kundera fait référence, malgré l'échec politique et militaire qui fut largement souligné à l'époque, est exemplaire. Aucune solidarité communautaire ne reliait les Occidentaux aux Somaliens. De fait, on ne voit, dans l'histoire de l'action humanitaire depuis ses origines, guère d'autre exemple d'intervention qui soit à ce point exempte de toute espèce de lien de type traditionnel, ethnique ou religieux, en quoi son échec politique et militaire ne doit pas conduire à occulter le succès humanitaire[2]. Au début du siècle dernier, il est plus que probable que les Somaliens seraient tous morts dans l'indifférence générale alors que plusieurs centaines de milliers d'entre eux furent sauvés, la sympathie qu'éprouvent tous les parents du monde entier pour le sort des enfants ayant eu un effet sans aucun doute aussi efficace que bénéfique. Prétendre appliquer cet amour à la fois illimité et au départ non réciproque à sa petite personne est non seulement ridicule, en réalité

1. *Le Principe responsabilité*, Éditions du Cerf, 1990, p. 185. Pour autant, je ne partage pas la prétendue « démonstration » de Jonas touchant le caractère « ontologique » du devoir de responsabilité face à l'enfant.

2. Comme l'a souligné, à maintes reprises et à juste titre, Mario Bettati.

fort heureusement impossible, mais en admettant même que quelqu'un puisse y parvenir, ce serait à coup sûr le signe d'un dérangement mental au plus haut point inquiétant et ce d'autant plus que cet appel à l'amour de soi s'adosse en général à un mépris souverain du jugement d'autrui.

Le jugement des autres, on s'en tape, seul ce que je pense moi-même de moi-même doit m'intéresser...

Dans un livre qui fait figure de texte sacré dans la littérature dédiée à la quête du bonheur, un ouvrage d'autant plus intouchable qu'il se réclame d'une sagesse à la fois ancienne et non occidentale, le Graal en quelque sorte – je parle du livre de Don Miguel Ruiz intitulé *Les Quatre Accords toltèques* (Jouvence, 1999) –, on lit parmi les conseils donnés à ses disciples par le gourou : « **Quoi qu'il arrive, n'en faites pas une affaire personnelle !** » À première vue, cet « accord toltèque » ne manque pas de sagesse. Il est vrai qu'on a parfois une tendance paranoïde à prendre un conseil tout simplement amical pour une critique, une plaisanterie pour une méchanceté, une remarque sur son attitude pour un désaveu pénible. S'agissant des mots et des jugements qui nous paraissent déplaisants ou injustes, il n'est pas mauvais d'apprendre à laisser passer et, comme on dit si bien, « à ne pas en faire une histoire ». Et c'est vrai aussi, il est bon de savoir parfois se moquer du « qu'en-dira-t-on », de garder ses distances face au regard des autres. S'il ne s'agissait que de cela dans ce « deuxième accord toltèque », je ne trouverais rien à y redire.

Est-on pour autant obligé, là encore, de passer de l'autre côté du cheval ? Comme toujours dans les idéologies qui épousent l'idéal narcissique, c'est à un éloge de l'individu isolé, totalement séparé des autres, que Don Miguel Ruiz en vient à adosser ce précepte de sagesse, comme si se libérer de toute relation avec autrui et vivre dans sa bulle était le meilleur moyen de parvenir à une légitime et raisonnable estime de soi : « **Chacun vit dans son propre rêve, dans sa propre tête** », écrit le gentil chaman, cet isolement (qui serait pour moi, cela dit au passage, une image de l'enfer) étant pour lui un idéal à conquérir. Et il poursuit dans son éloge de ce monde où les individus n'ont selon lui plus aucun lien entre eux : « **Chacun est dans un monde totalement différent de celui dans lequel vous vivez. Lorsque nous faisons de tout une affaire personnelle, nous partons du principe que l'autre sait ce qu'il y a dans notre monde et nous essayons d'opposer le nôtre au leur [...]. Or peu m'importe ce que vous pensez de moi. Je ne prends rien de ce qui m'est dit de façon personnelle. Ce que vous pensez, ce que vous ressentez, c'est votre problème, pas le mien. C'est votre façon de voir le monde. Cela ne me touche pas personnellement, parce que vous n'êtes confronté qu'à vous-mêmes, pas à moi.** »

Ces propos ne me semblent ni vrais, ni sages. Non, trois fois non, nous ne sommes pas enfermés dans une bulle hermétique. Le réel existe, nous vivons dans le même monde, sur une même planète dont on commence d'ailleurs à comprendre qu'elle est assez petite, dans un monde commun, nous parlons la même langue quand nous vivons dans la même société, et quand ce n'est pas le cas, les langues humaines n'en restent pas moins traduisibles les unes dans les autres. À part les grands psychotiques, nous ne sommes pas enfermés dans la prison d'un esprit hermétique dont les autres ne sauraient rien, nous communiquons en permanence avec eux, nous les écoutons et nous les entendons. Nous baignons dans une histoire commune, celle de notre pays, mais aussi celle du monde, cette « *Weltgeschichte* » dont parlait Hegel qui nous relie les uns aux autres. Disons les choses plus clairement encore : il est heureux qu'assez souvent nous nous intéressions aux autres, à ce qu'ils pensent et à ce qu'ils disent, que nous nous souciions d'eux et du bien commun, que nous tentions si possible d'y prendre notre part, une dimension d'intersubjectivité qui apparemment échappe à nos gourous du bonheur.

Comme on pouvait s'y attendre, ce qui fonde cet éloge du repli sur soi, ce souverain mépris de ce que les autres peuvent dire et penser de nous, c'est le fait que le sage, le vrai, s'adore lui-même tellement qu'il ne se soucie plus du regard des autres. Où l'on retrouve ce narcissisme qui vous invite à vous aimer « tel que vous êtes », surtout sans jamais chercher à vous perfectionner, à vous améliorer en tenant compte de ce que peuvent vous dire vos proches, qu'ils soient d'ailleurs vos amis ou vos ennemis. Comme l'écrit le promoteur de la sagesse toltèque, « **vous aimez toute chose parce que vous vous aimez vous-même. Parce que vous vous appréciez tel que vous êtes, parce que vous êtes satisfait de vous-même [...]. Dans cet état de bonheur vous faites l'amour en permanence avec tout ce que vous percevez. Quoi que les gens fassent, quoi qu'ils ressentent, n'en faites pas une affaire personnelle. S'ils vous disent combien vous êtes merveilleux, ce n'est pas à cause de vous. Vous savez déjà que vous êtes**

merveilleux. Il n'est pas nécessaire de croire ceux qui vous le disent ».

Comme aurait pu dire le regretté Jean d'Ormesson, pour la modestie, le sieur Ruiz ne craint personne. Je suis content pour lui qu'il sache déjà, tout seul comme un grand, combien il est merveilleux. Pour ma part, j'éprouve souvent le sentiment inverse, la conviction qu'il me reste d'infinis progrès à accomplir dans bien des domaines, et que ce chemin de perfectibilité, pour escarpé et rocailleux qu'il soit, en vaut la peine (je cite ici à dessein les mots du mythe de la caverne de Platon, une sagesse qui vaut bien celles de nos narcisses...). Quand j'entends les autres me faire des reproches, je me force à les écouter, je tente d'en tirer profit. Je ne dis pas que c'est facile, que ça fait plaisir, ni même que j'y arrive toujours, mais je dois avouer qu'il est rare qu'il n'y ait pas une part de vérité dans les critiques qu'on m'adresse, rare, même quand elles me semblent injustes, qu'il n'y ait pas quelque chose de positif à en tirer...

Dans la foulée de ce souci de soi qui, au lieu de s'en tenir à dénoncer les méfaits de la haine de soi, finit par justifier le mépris du jugement d'autrui, l'un des principes les plus fondamentaux de la psychologie positive devient limpide : il postule que le bonheur est un bien accessible pour tous attendu qu'il ne dépend plus ni des autres, ni de l'état du monde extérieur, mais uniquement, comme le prétendaient déjà les stoïciens, de notre vie intérieure, de notre « mental », comme disent aujourd'hui les idéologues de la quête frénétique du bonheur. En quoi tout le monde doit pouvoir y accéder, ce qui, cela dit au passage, élargit considérablement la clientèle possible des gourous par rapport à la psychanalyse traditionnelle à laquelle ils reprochent de ne s'être intéressée qu'aux personnes en quelque façon « malades[1] ». Tâchons maintenant de voir en quoi ces promesses de bonheur par soi, centrées sur le seul état d'être intérieur, relèvent tout simplement de l'imposture, en quoi elles s'avèrent au final profondément dangereuses.

1. Comme y insiste sans cesse Martin Seligman, comme dans le préambule de son livre *Vivre la psychologie positive* (Pocket, 2013) : « **Au cours du dernier demi-siècle, la psychologie s'est surtout préoccupée d'un seul thème, la maladie mentale [...]. L'heure est enfin venue d'une science qui cherche à comprendre les émotions positives, à construire et renforcer nos forces et nos vertus et à fournir des orientations pour découvrir ce qu'Aristote appelait la "vie bonne".** »

Chapitre II

Un bonheur qui ne dépendrait que de notre état d'être intérieur

Et les autres, et le réel ?

Dans le sillage de Narcisse, de l'invitation à s'aimer soi-même comme un autre, voire comme un de ses enfants, c'est en effet un vieux thème stoïcien que la psychologie positive tente de remettre au goût du jour (toutefois en le coupant, comme nous le verrons plus loin et comme l'individualisme moderne l'exige, de la dimension cosmologique de transcendance et de sortie de soi qui lui donnait sa véritable signification dans la philosophie antique) : atteindre le vrai bonheur, le souverain bien, supposerait que l'on fasse le partage entre ce qui dépend de nous et ce qui n'en dépend pas, que l'on comprenne enfin que notre félicité la plus parfaite ne tient en rien à ce qui appartient au monde extérieur. Il faut donc apprendre à « lâcher prise » face à ce qui n'est pas de notre ressort, à se concentrer sur notre seul « état d'être intérieur », ainsi que l'explique Frédéric Lenoir dans son livre intitulé *La Sagesse expliquée à ceux qui la cherchent* (Seuil, 2018 – on notera au passage que ce titre suggère que l'auteur du livre détient les clefs de la sagesse : comment pourrait-il en effet nous l'expliquer s'il ne la détenait pas déjà lui-même ?) :

« **Le bonheur du sage ne dépend plus principalement des événements toujours aléatoires du monde extérieur,**

mais de l'harmonie de notre monde intérieur. C'est parce qu'il a su trouver la paix ou la joie en lui-même qu'il est heureux. Plutôt que de vouloir adapter le monde à ses désirs, le sage consacre ses efforts à se changer lui-même. C'est par ce renversement que le bonheur devient possible. L'obstacle au bonheur n'est pas la réalité, mais la représentation que nous avons de cette dernière. Une même réalité peut être perçue différemment par deux personnes, l'une s'en félicitera, l'autre en sera malheureuse. »

Et Frédéric Lenoir de prendre l'exemple d'une maladie mortelle qui plongera l'un dans le désespoir, mais sera pour l'autre l'occasion d'approfondir sa quête de la paix intérieure. Ici encore, je pense exactement l'inverse, à savoir que pour quiconque n'est pas prisonnier de l'individualisme narcissique, de l'amour de sa seule personne, l'état du monde extérieur, en particulier de ceux qui le peuplent et que nous aimons ou pourrions à tout le moins aimer, est tout simplement crucial : impossible d'être heureux quand ceux que nous aimons sont malades ou malheureux. J'ai bien conscience, ce faisant, de dire une énorme banalité, mais le bon sens, même en philosophie, ne m'a jamais effrayé et, pour tout vous dire, l'idée qu'on pourrait se réjouir d'une maladie mortelle et, pire encore, être heureux dans un monde de terreur et d'horreur, me paraît en manquer à un point rare. C'est pourtant ce que Frédéric Lenoir, dans la logique du passage qu'on vient de lire, n'hésite pas à affirmer dans son petit livre intitulé *Du bonheur, un voyage philosophique*, en citant à titre d'illustration ces paroles d'Etty Hillesum, une fort malheureuse et brillante philosophe assassinée à Auschwitz en 1943, à l'âge de 29 ans :

« Quand on a une vie intérieure, peu importe, sans doute, de quel côté des grilles du camp on se trouve [...]. J'ai déjà subi mille morts dans mille camps de concentration. Tout m'est connu. Aucune information nouvelle ne m'angoisse plus. D'une façon ou d'une autre, je sais déjà tout. Et pourtant, je trouve une vie belle et riche de sens. À chaque instant. [...] Le grand obstacle, c'est toujours la représentation et non la réalité. »

Et commentant ces propos sur le mode de la résignation et de l'*amor fati* spinoziste, Frédéric Lenoir nous confie ceci :

« Comme beaucoup, j'ai été bouleversé par les lettres que la jeune Hollandaise Etty Hillesum a écrites lorsqu'elle était dans le camp de concentration de Westerbork, juste avant d'être déportée et de mourir à Auschwitz. Elle affirme que ses bourreaux ne peuvent atteindre sa paix et sa joie intérieure. En voici la raison [Frédéric Lenoir cite alors Hillesum] : "La vie et la mort, la souffrance et la joie, les ampoules des pieds meurtris, le jasmin derrière la maison, les persécutions, les atrocités sans nombre, tout, tout est en moi et forme un ensemble puissant, je l'accepte comme une totalité indivisible." Je disais plus haut que la sagesse est un idéal sans doute inaccessible, le témoignage d'Etty Hillesum montre qu'il peut parfois être atteint. »

La résignation ? Pourquoi pas, à la limite, si toute révolte est vraiment impossible, mais la joie ? On me permettra d'en douter. Dans la suite de ce passage, Frédéric Lenoir me reproche (gentiment) d'avoir déclaré qu'Etty Hillesum était « psychotique[1] ». Je n'ai bien

1. « J'ai cité Etty Hillesum et mon ami Luc Ferry m'a répondu qu'elle était "psychotique". Je crois au contraire qu'elle assumait avec une

évidemment jamais proféré une pareille insanité. J'ai une grande admiration pour cette jeune philosophe et j'ai dit tout à fait autre chose, à savoir qu'il faudrait être psychotique pour être heureux dans un camp d'extermination et qu'en conséquence, je ne croyais pas, à vrai dire pas une seconde, qu'Etty Hillesum, malgré ce qu'elle dit et ce qu'elle a tenté, ait réussi à être heureuse dans cet enfer sur terre. Seul le chef de camp (et encore, s'il s'agit vraiment d'un pervers hors normes...), ou à défaut un paranoïaque particulièrement atteint, aurait pu y trouver quelque joie. Sûrement pas un sage, même s'il a lu Spinoza. Pour dire les choses plus simplement encore : je ne crois pas un mot de cette pseudo-sagesse mi-stoïcienne, mi-spinoziste, qui prétend qu'on peut rester de marbre, voire continuer à baigner dans la joie la plus pure, au milieu de l'horreur absolue et, du reste, comme je l'ai dit plus haut, Épictète lui-même, dans un éclair de lucidité, avouait qu'à son avis, « **aucun sage stoïcien n'avait jamais existé** ».

Je suis convaincu que nos moments de bonheur, ou pour mieux dire de joie et de sérénité (car le bonheur serait un état stable et durable auquel aucun humain ne saurait accéder définitivement, j'y reviendrai et dirai pourquoi dans la suite de ce livre), dépendent avant

parfaite lucidité le réel, tout le réel, dans un regard de sagesse et d'amour qui lui faisait supporter l'insupportable. » Je pense en effet qu'elle faisait l'impossible pour supporter l'insupportable, mais de là à dire qu'elle avait trouvé le bonheur à Auschwitz parce que, comme nous y invite Spinoza, elle acceptait dans la joie et la bonne humeur le réel, tout le réel, « avec ses hauts et ses bas », il y a un abîme, celui qui sépare le délire de la réalité, l'idéologie du simple bon sens. Je ne crois évidemment pas qu'Etty Hilsum était psychotique, je crois tout simplement qu'elle faisait tout pour survivre, tout pour résister à l'effondrement et que, comme tous les prisonniers du camp, elle ne vivait évidemment pas dans la joie spinoziste ni dans l'*amor fati* nietszchéen, mais dans un malheur indicible.

tout de l'état du monde extérieur, et en particulier de celui des êtres que nous aimons, de sorte que les propos d'Hillesum, pour bouleversants qu'ils soient, ne me paraissent en rien traduire une expérience réelle des camps, seulement une dénégation sur laquelle aucun d'entre nous n'a le droit de porter le moindre jugement de valeur – ce qui ne fait pas d'elle pour autant une psychotique, seulement une personne infiniment malheureuse qui tente, vaille que vaille, d'exorciser l'horreur. Permettez-moi d'insister, mais je ne peux me départir de cette idée que, de temps à autre, la philosophie aurait quelque intérêt à faire place à un peu de bon sens, un bon sens qui me semble en l'occurrence avoir été singulièrement mis de côté.

Reste que ce thème du bonheur par soi-seul, liée à notre harmonie intérieure sans aucun lien avec l'état du monde, tente de se légitimer en évoquant des sagesses anciennes, en particulier le spinozisme et le stoïcisme, des doctrines qui nous recommanderaient d'accepter le réel tel qu'il est, voire de l'aimer comme il va, avec ses hauts et ses bas, ce qui vient compléter l'idée que le bonheur ne dépendrait que de notre état d'être intérieur. Comme l'écrit Lenoir dans *La Sagesse expliquée à ceux qui la cherchent* :

« **Le bonheur, ce n'est plus simplement aimer la vie qu'on mène, mais c'est aimer la vie tout court. Aimer la vie avec ses hauts et ses bas, ses moments favorables et défavorables, son lot de joies et de tristesses. [...] C'est aimer ce qui est** », et pour transmuter nos douleurs en sérénité, « **il n'y a pas trente-six mille façons d'y parvenir** », nous explique alors le maître en sagesse spinoziste : « **Il s'agit uniquement de dire "oui" à la vie, c'est-à-dire de l'aimer et d'accepter le réel tel qu'il est et non tel que nous voudrions qu'il soit. C'est un**

chemin d'acceptation, de consentement, qui suppose un amour inconditionnel de la vie […]. C'est la porte d'entrée à toute sagesse, à toute existence profondément et durablement heureuse, quels que soient les événements qui surviendront […]. C'est aimer la vie avec ses hauts et ses bas, ses moments agréables, ses joies et ses peines. »

Dire « oui » à la vie en toute circonstance, « avec ses hauts et ses bas » ? Sûrement pas !

Là encore, décidément, je suis au regret de le dire à nouveau : je pense exactement l'inverse, à savoir que la sagesse, mais avec elle tout simplement la dignité humaine, commencent le jour où on est capable de dire « non » au réel, non à l'injustice et à l'ignominie, ce qui suppose qu'on ne se résigne jamais, qu'on n'accepte jamais l'inacceptable, qu'à l'image d'un Churchill et d'un de Gaulle, on refuse de se coucher devant l'abjection, un refus qui n'a aucun sens dans le déterminisme dogmatique d'Épictète ou de Spinoza[1]. Là encore, j'ai bien conscience de défendre une banalité, mais parfois, du moins à ce qu'il me semble, le philosophe doit aussi être capable de remettre l'Église au milieu du village. Or c'est bel et bien à cette résignation, pourtant parfois indigne, que les théoriciens du bonheur par l'amour du réel quel qu'il soit nous invitent. Frédéric Lenoir y revient avec insistance dans chacun de ses livres, comme dans ce passage édifiant

1. Voir sur ce point ma critique radicale du déterminisme spinoziste dans mon livre *La Vie heureuse. Sagesses anciennes et spiritualité laïque* (Éditions de l'Observatoire, 2022).

de sa *Sagesse expliquée à ceux qui la cherchent*, un passage qui suit directement ceux qu'il consacre à Etty Hillesum et que nous venons de lire :

« À la manière des Anciens, Nietzsche prône un consentement joyeux à tout ce qui est, sans exception. Il nous invite à dire "oui", "*Ja sagen*", à aimer le destin : *amor fati*. [...] Dire "oui" à la vie doit se comprendre de manière globale, comme je viens de l'évoquer : c'est aimer la vie avec toutes ses couleurs, toutes ses tonalités, tous ses contrastes. Si on est fermement ancré dans ce regard, alors, lorsque survient une terrible épreuve comme la torture, on la considérera autrement. Il ne s'agira pas de l'aimer, et de se réjouir de cette douleur, mais de la considérer, aussi pénible soit-elle, comme faisant partie d'un ensemble. Nous disons "oui" à l'ensemble, à l'entièreté de notre vie, et donc aussi à ce supplice. »

Je vous invite à noter soigneusement dans ces propos le « sans exception » qui suit l'injonction à aimer le réel *en entier*, une locution sans laquelle l'appel à se résigner à la totalité de ce qui est n'aurait en effet aucun sens. Si le « consentement joyeux » ne valait que quand le réel est aimable, à l'exception de ce qui ne l'est pas, la recommandation serait superflue, elle ne serait qu'un lieu commun sans intérêt. Les propos de mon camarade me font irrésistiblement penser à ceux de Plutarque, que j'ai cités dans un autre livre et dont je dois vous avouer, toute révérence gardée, que je les trouve d'une absurdité qui me paraît aux antipodes de toute espèce de sagesse :

« L'homme qui a dit : "Je t'ai prévenu, ô destin ! et je suis à l'abri de toutes tes incursions", cet homme fait reposer sa confiance et sa sérénité, non pas sur des remparts de pierre, mais sur des principes qui sont à

la disposition de celui qui veut les consulter [...]. On objectera qu'il est préférable de "reposer sur un lit de roses", selon l'expression de Sénèque, plutôt que d'être allongé tout nu sur un chevalet de torture. Eh bien justement, non ! Si l'on est plus vertueux en supportant le chevalet et si la constance dans l'épreuve est supérieure à la frivolité dans les plaisirs, la torture sera pour nous un bien. »

On me pardonnera d'être à nouveau si banal et si peu sage que j'avoue préférer quand même le lit de roses au chevalet de torture, mais il est vrai, pardon d'y revenir une dernière fois, qu'un certain penchant pour le bon sens ne m'a jamais détourné de la recherche de ce que je crois être la vérité. *Nobody's perfect...* Pour tout vous dire, je ne vois aucune raison, si j'ose dire « raisonnable », d'aimer le réel quand il est détestable, inique ou atroce. Mon père, qui fut un grand résistant, qui s'est évadé quatre fois des camps nazis, n'aimait ni le nazisme, ni ce qu'il a vu d'abominable dans les camps, des prisonniers dévorés vivants par des chiens, des Allemands jouant au football avec des nourrissons, des êtres humains fusillés par centaines quand ils arrivaient dans ces camps au motif qu'ils n'étaient pas de la bonne race aryenne... Si on lui avait dit que, selon certains livres de philosophie, la sagesse consistait à aimer tout ce qui est « avec ses hauts et ses bas », et ce « sans exception aucune », il en aurait conclu qu'il s'agissait d'une sagesse de « collabo ». On me dira que le réel n'est pas toujours aussi tragique que dans un camp nazi ? Dans le 6e arrondissement de Paris, sans doute, mais dans le reste du monde, les atrocités ne manquent hélas pas et, du reste, sans aller jusqu'à des exemples extrêmes, il y a suffisamment de souffrances, de meurtres sordides, de misère et d'injustice dans nos paisibles démocraties pour que l'invitation à tout aimer, à ne s'intéresser qu'à son harmonie intérieure, puisse être jugée plus obscène que sage par ceux qui ont conservé encore un peu l'esprit de la Résistance...

Bien entendu, comme toujours après avoir énoncé une thèse d'un radicalisme absolu (aimer le monde tel qu'il est, sans exception, même quand il est ignoble, etc.), ce qui suscite davantage l'attention qu'une vérité banale, un petit coup de volant destiné à revenir sur l'autoroute du bon sens est indispensable. Le spinoziste qui niait toute espèce de libre arbitre, le nietzschéen qui nous invitait à pratiquer l'*amor fati* sans mollir et le stoïcien qui nous affirmait que rien d'extérieur à nous ne dépend de nous et qu'on peut être aussi heureux dans une salle de torture que sur un lit de roses, réintroduisent *in extremis* une petite marge de manœuvre, un mince espace de libre arbitre, ce qui leur permet de retrouver au passage le sens commun qu'ils avaient soigneusement évacué quand il s'agissait d'accepter toutes les horreurs du monde dans la joie et la bonne humeur : « **Lorsque nous pouvons agir pour aider une personne, soulager une souffrance, lutter contre une injustice,** nous rassure l'ami Frédéric, **la sagesse nous invite à le faire [...]. Mais lorsque nous ne pouvons rien faire, lorsque nous sommes confrontés à une force extérieure sur laquelle nous n'avons aucune prise, mieux vaut accepter joyeusement ce qui est plutôt que d'entrer dans le déni.** » Bon Dieu, mais c'est bien sûr ! comme disait l'inspecteur Bourrel dans une série télévisée de mon enfance. Pas besoin, en effet, de sortir de Polytechnique ni d'avoir lu Spinoza pour comprendre que quand on peut on peut et quand on ne peut pas on ne peut pas, et que si on peut il faut, et si on ne peut pas, il ne faut pas, un truisme dont on notera qu'il n'a plus rien à voir, ni avec la radicalité affichée au départ sous l'égide de l'*amor fati* de Nietzsche et du déterminisme absolu de Spinoza, ni, voire encore moins si possible, avec la distinction stoïcienne entre ce qui dépend de nous et ce qui n'en dépend pas, une distinction qui conduisait pourtant de manière radicale à postuler que les seuls changements qu'on puisse accomplir au cours de nos existences sont ceux qui touchent notre vie intérieure à l'exclusion de tout ce qui relève du monde extérieur.

Comme je l'ai déjà suggéré, mais permettez-moi d'y insister car c'est essentiel, ces formules incantatoires, ces invitations à aimer le réel « tout entier » répétées à l'infini dans les manuels de félicité parfaite, n'auraient de sens que si elles ne valaient pas que par beau temps, quand tout va bien. Il faut aussi, et même surtout, qu'elles s'appliquent quand les circonstances sont pénibles, voire atroces, dans un camp de la mort, dans une période de deuil, face à une maladie incurable, à la mort d'un enfant tout autant qu'à une terrasse de café, dans la douceur du printemps, quand la vie est bonne et belle. Mais tout à coup, correctif oblige, on se retrouve dans un lieu commun sans portée (il faut faire ce qu'on peut quand on peut et ne pas chercher à le faire quand on ne peut pas le faire : en effet !), à mille lieues du fameux « *ja sagen* » dont on nous vantait les mérites au départ, à cent coudées du grandiose et radical « oui à la vie » sur le mode de l'*amor fati* ou de « l'amour intellectuel de Dieu » de Spinoza, de l'amour de ce qui est là, bon ou mauvais, atroce ou délicieux, inique ou plein de bonté, mais en tout cas là, présent devant nous. Il nous fallait tout à l'heure apprendre à aimer le réel en toute circonstance afin de s'efforcer de toujours « savourer l'instant présent », et voilà que d'un seul coup d'un seul, retour au sens commun oblige, maintenant, « c'est selon »...

Souci de soi ancien et souci de soi moderne. Une erreur de Foucault dénoncée par Pierre Hadot et reprise par les marchands de bonheur : chez les Anciens, le souci de soi invitait à la sortie de soi vers la transcendance du cosmos, pas à l'individualisme narcissique !

Dans la tentative d'impressionner le lecteur par un retour à quelque sagesse ancienne censée nous délivrer, depuis le fond des âges, un message spirituel d'amour du réel, il y a souvent de la tactique, pour ne pas dire de l'imposture. C'est ainsi que Foucault, dans son *Histoire de la sexualité*, avait déjà tenté, bien avant qu'on ne parlât de psychologie positive et de développement personnel, d'enraciner la logique du souci de soi moderne, individualiste et narcissique, dans la philosophie grecque afin de lui donner une indéniable légitimité. Le problème, c'est que cette tentative est tout simplement fallacieuse, qu'elle repose sur une falsification de la véritable signification du souci de soi antique. Car malgré ce qu'on vient de lire des propos de stoïciens, leur doctrine, à la différence du narcissisme contemporain, ne justifiait le souci de soi que dans la perspective d'une sortie de soi vers une transcendance cosmique que la quête du bonheur telle que la présentent nos idéologues d'aujourd'hui a totalement occultée. Malgré l'apparence, il existe en effet une différence fondamentale entre la version antique des philosophies du bonheur et la réinterprétation moderne qu'en donnent Foucault et la psychologie positive à sa suite.

C'est en effet à Foucault que revient d'avoir popularisé cette notion de « souci de soi », qui consonne si bien avec l'atmosphère individualiste et désenchantée qui caractérise le monde actuel, c'est vers elle, déjà, qu'il nous proposait de faire retour afin d'y puiser les ingrédients d'une merveilleuse recette, celle de l'authenticité et de « l'application à soi-même », une alchimie qui s'impose selon lui après la « mort de Dieu » si l'on veut parvenir au souverain bien. Sans le savoir, il préparait le terrain aux thèmes majeurs de la psychologie positive et du développement personnel. Comme y insiste le dernier tome de son *Histoire de la sexualité*, c'est en effet dans l'eudémonisme grec et romain qu'il prétendait puiser les idées les plus fondamentales touchant la nécessité de cette « harmonisation de soi avec soi », qui seule pourrait nous conduire vers la vie bonne. Selon une thèse qu'il développe tout au long de ce livre – et si je vous propose de nous y arrêter un instant, c'est parce que cela éclaire à merveille la revalorisation du narcissisme que nous venons d'évoquer –, la « **culture de soi** » aurait déjà été omniprésente dans le monde antique, non seulement dans le fameux « **connais-toi toi-même** » (*gnôthi seauton*) qui figure au fronton du temple d'Apollon à Delphes avant d'être repris par Socrate, mais plus généralement dans ce que les Grecs appelaient « ***épiméleia héautou*** » et les Latins la « ***cura sui*** », des formules que l'on peut en effet traduire par « souci de soi » ou « attention à soi ».

Cette injonction, Foucault est convaincu, et je le cite, de la « **rencontrer dans beaucoup de doctrines philosophiques anciennes** ». Il la voit (ou croit la voir : en fait nous verrons qu'il se trompe du tout au tout) chez les platoniciens et les épicuriens, mais plus encore chez les stoïciens, dont le fondateur de l'école, Zénon de Citium, affirmait déjà que « **ceux qui veulent se sauver doivent vivre en se soignant sans cesse** », en prenant chaque jour soin et souci de leur propre personne. Voici ce qu'en dit Foucault dans un chapitre tout entier consacré à cette exigence du souci de soi par laquelle les Anciens auraient selon lui annoncé la période actuelle :

« **On sait l'ampleur prise, chez Sénèque, par le thème de l'application à soi-même : c'est pour se consacrer à celle-ci qu'il faut selon lui renoncer aux autres occupations : ainsi pourrait-on se rendre "vacant pour soi-même" (*sibi vacare*). Mais cette "vacance" prend la forme d'une activité multiple qui demande qu'on ne perde pas de temps et qu'on ne ménage pas sa peine pour "se faire soi-même", "se transformer soi-même", "revenir à soi". *Se formare, sibi vindicare, se facere, se ad studia revocare, sibi applicare, suum fieri, in se redere, ad se recurrere, secum morari* : Sénèque dispose de tout un vocabulaire pour désigner les formes différentes que doivent prendre le souci de soi et la hâte avec laquelle on cherche à se rejoindre soi-même (*ad se properare*[1]).** »

En méditant ces expressions (qu'il est sans doute inutile de traduire : elles sont assez parlantes en français

1. *Histoire de la sexualité*, t. III, *Le Souci de soi*, Gallimard, « Tel », 1984, p. 64-65. Ou encore ceci dans le même sens, p. 57 : « **Ce qui se marque dans les textes du premier siècle [...], c'est l'insistance sur l'attention qu'il convient de porter à soi-même, c'est la modalité, l'ampleur, la permanence, l'exactitude de la vigilance qui est demandée ; c'est l'inquiétude à propos de tous les troubles du corps et de l'âme qu'il faut éviter par un régime austère ; c'est l'importance qu'il y a à se respecter soi-même, non pas simplement dans son statut, mais dans son être raisonnable.** »

même pour qui n'a pas étudié le latin), on mesure à quel point elles peuvent donner, en effet, le sentiment d'être proches de l'individualisme contemporain, de cette attention à soi postdéconstructionniste qui prépare la frénésie du bonheur à laquelle nous assistons aujourd'hui. La psychologie positive ne s'y est d'ailleurs pas trompée, les publications qui en font la promotion consacrant régulièrement des articles aux sagesses antiques, grecques, romaines ou orientales, et tout particulièrement bien sûr, comme chez Foucault, au stoïcisme[1].

Si Foucault en était resté à l'idée que l'Antiquité gréco-romaine faisait une place importante aux examens de conscience, aux exercices de sagesse et à la connaissance de soi conçue comme un moyen d'entrer en contact avec la transcendance du cosmos, personne n'aurait rien trouvé à y redire. Ce qui fait problème dans sa lecture du monde antique, c'est que, déconstruction oblige, il sépare le souci de soi de celui d'un cosmos que le marteau de Nietzsche, son maître à penser après Heidegger, a fait exploser depuis belle lurette. Le souci de soi est donc chez lui, contrairement à ce qui a lieu en réalité chez les Anciens, coupé de la sortie de soi, ce qui revient à isoler l'immanence à l'ego

1. *Cf.* à titre d'exemple le magazine *Psychologie positive* de septembre-octobre 2016 qui contient, à côté de l'inévitable entretien avec Christophe André, un long dossier sur les stoïciens, supposés détenir tout simplement la « clef du bonheur ». Rien que ça ! Le dossier en question comprend le compte rendu, jour par jour, d'une « semaine stoïcienne », où l'auteur de l'article fait état de sa mise en œuvre scrupuleuse des principes du stoïcisme. Il y affirme au passage que « **divers témoignages de prisonniers de guerre qui avaient trouvé refuge dans le stoïcisme démontrent que cette philosophie peut même aider à supporter la torture et l'isolement prolongé** ». C'est dire si elle peut être a fortiori utile par beau temps à la ménagère de plus de 50 ans, cœur de cible du papier en question…

de la transcendance cosmique en l'absence de laquelle cette immanence perd toute signification. Cette coupure constitue une erreur d'interprétation colossale sur le sens véritable de la culture de soi antique, une bévue évidente pour quiconque s'intéresse un tant soit peu sérieusement aux mondes grec et romain, attendu que les différentes figures de l'introspection ne sont chez les grands penseurs de l'Antiquité que des préalables à l'objectif ultime de se mettre en harmonie, non pas seulement avec soi, mais par-dessus tout avec la transcendance de l'univers, en harmonie avec l'harmonie cosmique.

Comme l'écrit fort justement Pierre Hadot dans un excellent article consacré aux erreurs de Foucault sur le sens réel du souci de soi grec, « **Sénèque ne trouve pas sa joie dans "Sénèque", mais en transcendant Sénèque, en découvrant qu'il a en lui une raison, partie de la Raison universelle, intérieure à tous les hommes et au cosmos lui-même**[1] ». De là la critique radicale qu'Hadot adresse à l'interprétation foucaldienne, une critique qui vaut la peine d'être sérieusement méditée tant elle montre combien le narcissisme contemporain, dont Foucault se retrouve prisonnier en tant que disciple de la déconstruction nietzschéenne de la métaphysique, est en réalité aux antipodes du rapport grec à la transcendance de l'harmonie cosmique : « **D'un point de vue historique,** écrit Hadot, **il est difficile d'admettre que la pratique philosophique des stoïciens et des platoniciens n'ait été qu'un rapport à soi, une culture de soi, un plaisir pris à soi-même. Le contenu psychique de ces exercices me semble tout autre.**

1. *Cf. Exercices de sagesse et philosophie antique*, Albin Michel, 2002, p. 305 *sqq.*

Le sentiment d'appartenance à un Tout me semble en être l'élément essentiel : appartenance au Tout de la communauté humaine, appartenance au Tout cosmique [...]. Il est par exemple inexact de parler "d'écriture de soi" comme le fait Foucault. Non seulement on ne s'écrit pas soi-même, mais l'écriture ne constitue pas le soi : comme les autres exercices spirituels, elle fait au contraire changer le moi de niveau, elle l'universalise [...]. L'intériorisation est dépassement de soi et universalisation. »

On dira peut-être qu'avec l'épicurisme, l'individualisme contemporain pourrait à tout le moins trouver un ancêtre plus crédible qu'avec le platonisme ou le stoïcisme. Pourtant, il n'en est rien, et même dans le cas de l'épicurisme, le rapport à l'univers transcendant le moi est omniprésent dans les exercices spirituels. Dans le jardin d'Épicure, comme le souligne à nouveau Hadot, la fameuse pratique de l'examen de conscience « ne peut pas se définir seulement comme une culture de soi, comme un simple rapport de soi à soi, comme un plaisir qu'on trouverait dans son propre moi. L'épicurien n'a pas peur d'avouer qu'il a besoin d'autre chose que lui-même pour satisfaire ses désirs et trouver son plaisir : il lui faut la nourriture corporelle, les plaisirs de l'amour, mais aussi une théorie physique de l'univers pour supprimer la crainte des dieux et de la mort ». Sans cette théorie physique, à laquelle on accède par les voies d'une raison qui nous fait en quelque façon « sortir de nous-mêmes », il est impossible de parvenir à la fameuse sagesse du « quadruple remède », du *tetrapharmakos* : impossible 1) de se débarrasser de la crainte des dieux, 2) de la crainte de la mort, 3) de comprendre la différence entre les désirs naturels et les désirs artificiels et 4) de saisir en quoi les douleurs sont en général passagères et les biens les plus précieux finalement assez faciles à obtenir.

Chez les stoïciens, que Foucault ne cesse d'invoquer comme les principaux théoriciens de l'eudémonisme, l'attention prise à soi-même n'a en réalité qu'un seul et unique but : préparer avec humilité, en travaillant cette raison qui est en chacun de nous, l'accueil de la transcendance radicale du cosmos afin de parvenir à se mettre en harmonie avec elle. Voyez, parmi mille autres passages que je pourrais citer, ce que Cicéron en disait dans le commentaire de la pensée stoïcienne qui figure dans son ouvrage intitulé *Des fins des biens et des maux* : « **Celui qui veut vivre en accord avec la nature doit partir de la vision d'ensemble du monde et de la Providence.** » Or cette vision d'ensemble, c'est grâce à la raison qui est en nous (d'où l'utilité d'un souci de soi rationaliste et non narcissique) que nous pouvons la conquérir. « **Celui qui veut vivre en accord avec la nature** » : tel est bien, en effet, à l'opposé de cet égotisme néostendhalien où se complaît Foucault, le but suprême de l'éthique comme de la doctrine du salut. Il s'agit avant tout de s'ajuster, ou pour mieux dire, de « s'ajointer » à l'ordre naturel du monde, au cosmos, ce pour quoi celui qui veut vivre en accord avec la nature doit d'abord partir de la *théoria*, d'une contemplation rationnelle et globale de l'ordre cosmique, afin de savoir comment y trouver sa juste place. Comme l'écrit encore Cicéron, toujours en commentant la sagesse stoïcienne, « **on ne saurait porter des jugements vrais sur les biens et les maux sans connaître le système entier de la nature** ». Et pour y parvenir, il faut chercher en soi, dans sa raison, de quoi comprendre à quelles conditions l'être humain peut en quelque sorte

« sortir de lui », faire abstraction de son petit ego pour se mettre en accord avec cette nature universelle.

Quant à l'*épistrophè eis héauton*, le « se tourner vers soi-même », comme à propos du fameux « connais-toi toi-même », Foucault se trompe si possible davantage encore en en faisant une preuve de l'anticipation d'une éthique moderne de l'authenticité :

« Il faut, écrit-il, garder à l'esprit que la fin principale qu'on doit se proposer est à chercher en soi-même, dans le rapport de soi à soi. Cette conversion implique un déplacement du regard : il ne faut pas que celui-ci se disperse dans une curiosité oiseuse, que ce soit celle des agitations quotidiennes ou celle qui cherche à découvrir les secrets de la nature les plus éloignés de l'existence humaine et de ce qui importe pour elle [...]. La *conversio ad se* est aussi une trajectoire, une trajectoire grâce à laquelle, échappant à toutes les dépendances et à tous les asservissements, on finit par se rejoindre soi-même. » Le but de la conversion à soi serait ainsi de parvenir « à jouir de soi comme d'une chose qu'on a à la fois en sa possession et sous les yeux [...], et l'expérience de soi qui se forme dans cette possession n'est pas simplement celle d'une force maîtrisée, ou d'une puissance prête à se révolter, c'est celle d'un plaisir qu'on prend à soi-même. Celui qui est parvenu à avoir finalement accès à lui-même est, pour soi, un objet de plaisir. Non seulement on se contente de ce qu'on est et on accepte de s'y borner, mais on se plaît à soi-même. »

Cette lecture narcissique, qui établit le lien entre souci de soi et quête du plaisir, est si évidemment fausse sur un plan historique, philosophique et philologique qu'on a peine à comprendre comment Foucault a pu à ce point divaguer. À l'opposé de ce qu'il écrit, la formule delphique n'a rien à voir, rigoureusement rien, avec une philosophie individualiste de l'introspection. C'est en réalité tout le contraire. Elle signifie, comme je l'ai montré ailleurs et comme on le voit dans tous les mythes grecs qui stigmatisent l'hubris, cette démesure arrogante dont l'homme prométhéen est le modèle, qu'il faut connaître sa juste place dans l'ordre cosmique : « Sache qui tu es et où tu es dans le monde et surtout ne te prends pas, comme le fit Tantale, pour un dieu ! » : voilà ce que nous recommande le fameux « connais-toi toi-même ». Et c'est bien sûr dans cette optique qu'il est immédiatement complété par une autre formule, « **Rien de trop !** » (***méden agan !***), une injonction directement accolée au « **connais-toi toi-même !** » sur le fronton du temple. Elle rappelle que la plus grande faute consiste à se prendre pour ce qu'on n'est pas, pour plus qu'on n'est en réalité, à vouloir accaparer plus que sa part, à chercher à occuper dans l'ordre cosmique une place qui n'est pas la sienne, une place supérieure à celle qui nous revient en fonction de notre nature. S'il s'agit de « se connaître soi-même », ce n'est donc pas, comme dans une psychanalyse, pour tenter d'aller mieux, de se réconcilier avec soi en parvenant à résoudre les conflits qui nous déchirent et suscitent l'angoisse, mais pour trouver en soi, dans sa raison, les moyens d'identifier sa juste place dans le cosmos afin de s'y ajuster comme le fait Ulysse quand il comprend que son destin se trouve à Ithaque. Autrement dit, à l'opposé du narcissisme et de l'égotisme contemporains, l'impératif delphique signifie : ne pèche pas par hubris, ne tombe pas dans l'arrogance et la démesure. Si Tantale est puni, c'est parce qu'il s'est pris pour l'égal des dieux, parce qu'il a péché par orgueil ; il n'est pas à sa place, il est « trop », si je puis dire, et les dieux l'y remettent brutalement par un terrible châtiment[1].

Je ne développe pas davantage ici ces thèmes platoniciens, stoïciens ou épicuriens qui montrent à l'envi combien la réduction de leur pensée à un souci de soi individualiste est fausse. En gommant le rapport à la transcendance du cosmos, en insistant seulement sur

1. L'interprétation du « connais-toi toi-même », du *gnôthi seauton*, par Socrate contredit plus encore sa lecture foucaldienne en termes de souci de soi puisqu'elle constitue en réalité un simple moment de transition entre deux transcendances : celle des idées vraies que nous avons, selon Platon, contemplées avant la naissance, et celle de ces mêmes idées vraies que le sage va redécouvrir au terme du chemin qui sort de la caverne. On ne saurait donc se tromper davantage sur le sens grec et romain du souci de soi. Non seulement il ne vise pas la « *conversio ad se* », mais c'est exactement l'inverse : il n'a pas d'autre objet que de trouver en nous de quoi nous arracher à nous-mêmes pour entrer en relation avec le cosmos comme avec les vérités qui nous transcendent de toute part. Que ce soit sur le temple de Delphes ou dans la philosophie de Platon, le « connais-toi toi-même » est une invitation à sortir de soi pour entrer en rapport avec ce qui est supérieur et extérieur à notre moi individuel. Dans cette culture commune qu'est la mythologie grecque, il signifie très clairement : « Sache qui tu es, ne te prends pas pour ce que tu n'es pas, ne pèche pas par hubris, par orgueil et démesure, et souviens-toi que tu n'es qu'une infime poussière dans l'ordre cosmique créé par Zeus. » Chez Platon, comme on le voit dans le *Ménon*, lorsque Socrate invite le petit esclave à « retourner en lui-même », à se connaître lui-même, ce n'est pas pour en rester là, pour jouir de soi narcissiquement, mais, tout au contraire, pour découvrir une vérité transcendante, celle du théorème de Pythagore, un raisonnement mathématique vrai que, selon la théorie platonicienne de la vérité, tout être humain a connu avant sa naissance, puis oublié et qu'il peut retrouver par l'introspection, ce qui ne signifie évidemment pas que la vérité soit seulement en lui, mais bel et bien dans le ciel des idées transcendantes. Dans la théorie platonicienne de la vérité, le moment du souci de soi, de l'introspection, du « connais-toi toi-même » n'est donc bien qu'un moment de transition entre une vérité transcendante qu'on a déjà connue et une vérité qu'on cherche à retrouver en soi, mais qui n'en existe pas moins radicalement hors de nous.

la conversion au « moi profond », nos modernes marchands de bonheur se mettent seulement en phase avec, en amont, la déconstruction des idoles au marteau qui caractérise la pensée de celui que Foucault n'a cessé de considérer comme son véritable maître, à savoir Nietzsche[1], mais aussi, en aval, avec la quête frénétique et narcissique du bonheur que porteront plus tard la psychologie positive et les théories du développement personnel, des doctrines qui au demeurant sont déjà en germe aux États-Unis au moment où Foucault écrit ses livres. Ce qui m'importe ici, ce n'est pas son erreur en tant que telle, c'est le lien dont elle témoigne au grand jour entre la déconstruction des transcendances (la critique nietzschéenne des idoles), la naissance de l'individualisme démocratico-narcissique (quand il n'y a plus ni transcendances, ni règles de morales[2], il reste au moins une « esthétique de l'existence », pour ne pas dire plus simplement : une esthétique du nombril), et l'émergence dans nos sociétés libérales de la

1. Dans un entretien accordé au *Magazine littéraire* le 1er mars 1968, Foucault n'avait d'ailleurs pas hésité à reconnaître sa dette à l'égard des grands déconstructeurs allemands, en particulier à l'égard de Nietzsche et de Heidegger : « **[Heidegger] a toujours été pour moi le philosophe essentiel, tout mon devenir philosophique a été déterminé par la lecture de Heidegger, mais je reconnais que c'est Nietzsche qui l'a emporté.** » Et il ajoutait : « **Je suis simplement nietzschéen, j'essaie dans la mesure du possible, sur un certain nombre de points, de voir avec l'aide des textes de Nietzsche, mais aussi avec des thèses antinietzschéennes, qui sont tout de même nietzschéennes, ce que l'on peut faire dans tel ou tel domaine. Je ne cherche rien d'autre, mais cela je le cherche bien.** »

2. Comme l'écrit Foucault avec une évidente satisfaction : « **Si je me suis intéressé à l'Antiquité, c'est que, pour toute une série de raisons, l'idée d'une morale comme obéissance à un code de règles est en train, maintenant, de disparaître, a déjà disparu. Et à cette absence de morale répond, doit répondre, une recherche qui est celle d'une esthétique de l'existence** » (*Dits et écrits*, vol. II, Gallimard, p. 1551).

quête frénétique et désespérée du bonheur[1]. Comme je le montrerai au prochain chapitre, c'est sur ce triple fond que le lien se fait dans ces idéologies contemporaines entre le retour aux Anciens et les modernes idéologies de la bonheurisation du monde, qui nous invitent à « lâcher prise », à aimer le réel tel qu'il est, à savourer l'instant présent (« *carpe diem* ») et à nous aimer nous-mêmes tels que nous sommes, au lieu de chercher à nous améliorer, à viser l'excellence au nom de la perfectibilité.

Rien d'étonnant, du reste, au fait que ce narcissisme nous vienne d'outre-Atlantique[2], du pays où Foucault devint une star, où l'individualisme néolibéral est roi, puisque la déconstruction des transcendances est, comme nous le verrons au chapitre suivant, l'effet majeur de l'histoire du capitalisme schumpétérien renforcé par le gauchisme culturel selon un paradoxe qui mérite réflexion. N'était la différence fondamentale que nous avons soulignée entre le souci de soi contemporain et celui des Anciens qui préparait à la sortie de soi vers le cosmos, un lien puissant s'est noué entre la déconstruction, au XXe siècle, des grands récits et un certain retour à ce que les sagesses antiques, une fois coupées de leur dimension de transcendance cosmologique, pouvaient offrir à un individualisme orienté vers le bonheur « par soi ». Ce qui est clair, c'est que

1. Là encore, citons Foucault, qui assigne au « souci de soi » la mission de permettre « **aux individus d'effectuer, seuls ou avec d'autres, un certain nombre d'opérations sur leur corps et sur leur âme, leurs pensées, leurs conduites, leurs modes d'être ; de se transformer pour atteindre un certain état de bonheur** » (*Techniques de soi*, *op. cit.*, p. 1604).

2. *Cf.* sur ce point le livre d'Edgar Cabanas et Eva Illouz, *Happycratie. Comment l'industrie du bonheur a pris le contrôle de nos vies* (Premier Parallèle, 2018).

cette frénésie du bonheur est née sur fond d'une déconstruction des grands récits qui donnaient un sens à l'existence humaine à partir d'un lien au sacré, à la transcendance. C'est donc maintenant aux causes et aux conséquences de cette grande déconstruction que je vous propose de nous intéresser dans le chapitre qui vient.

Chapitre III

Déconstruction des grands récits et quête du bonheur

Des causes et des conséquences de la « déconstruction »

« L'autre jour, chez René Fortuny, un imbécile a dit : "Le but, c'est quand même d'être heureux". En rentrant dans la voiture, j'ai dit à Nancy : "As-tu déjà entendu remarque plus médiocre ?" Sur ce, Nancy répond finement : "Et le but, ce serait quoi, selon toi ?" Pour elle, le bonheur est légitime... »

Yasmina Reza, *Une désolation*

« La place qui est faite à la connaissance de soi-même devient plus importante : la tâche de s'éprouver, de s'examiner, de se contrôler dans une série d'exercices bien définis place la question de la vérité – de la vérité de ce que l'on est et de ce qu'on est capable de faire – au cœur de la constitution du sujet moral. »

Michel Foucault,
Histoire de la sexualité,
t. III, *Le Souci de soi*

La déconstruction, tout au long du XXe siècle, des grands récits et des grandes causes transcendantes qui donnaient du sens à la vie individuelle autant que collective, aura eu pour effet majeur que le ciel semble désormais vide à une large majorité de nos concitoyens. Et si, comme le dit la chanson, « il n'y a plus d'après à Saint-Germain-des-Prés », ni paradis, ni avenir radieux qui pourraient justifier qu'on sacrifie quelque chose du présent pour profiter dans l'avenir d'une vie plus épanouie, c'est ici et maintenant, pas dans un autre monde ni dans une société à reconstruire, que nous devons trouver notre bonheur. Qu'on les aime ou non, qu'on regrette leur disparition ou qu'on s'en réjouisse, il est indéniable que les trois grandes idéologies sacrificielles qui dominaient l'Europe du XIXe et du XXe siècle, le nationalisme, le communisme et le christianisme, ont pour le moins perdu de leur superbe.

Je l'ai signalé en introduction, mais permettez-moi d'y revenir encore un instant pour éviter un malentendu : mes propos pourraient laisser penser que j'entonne à mon tour, comme la plupart de mes collègues, l'air de la décadence et du déclin. Le fait que les grands récits sacrificiels aient déserté le paysage spirituel de l'Occident ne signifie pourtant pas à mes yeux que toute forme de transcendance et de sacré ait disparu. Ceux qui m'ont lu savent que je défends l'idée d'une spiritualité laïque, une vision du monde qui repose sur une transcendance « horizontale », celle de la « révolution de l'amour » et de la « sacralisation de l'humain ». J'ai développé cette idée dans mes précédents livres[1], je n'y reviens donc pas ici. Je vous propose d'aller plus loin,

1. En particulier dans le dernier, *La Vie heureuse. Sagesses anciennes et spiritualité laïque*, *op. cit.*

d'analyser dans ce chapitre la nature, les causes et les conséquences de la grande déconstruction des transcendances « verticales », qui naguère encore englobaient « d'en haut » la vie des individus, ce qui à mon sens suppose l'examen de trois grandes questions :

1) En quoi a consisté au juste la déconstruction des valeurs et des autorités traditionnelles, celle des principes qui impliquaient, par-delà le souci de soi, un souci du bien commun et de l'intérêt général ?

2) Quelles en sont les causes, pour quelles raisons de fond le gauchisme culturel (la « Pensée 68 ») est-il paradoxalement venu renforcer la logique de la destruction créatrice, ou pour mieux dire, de l'innovation destructrice, qui constitue l'essence intime de ce capitalisme mondialisé dont il prétendait pourtant faire la critique radicale ?

3) Enfin, *last but not least*, quelles sont les conséquences majeures de cette lame de fond dans nos vies de tous les jours, quelles métamorphoses du temps présent engendre-t-elle – des bouleversements dont l'analyse approfondie fera l'objet des prochains chapitres, mais que je voudrais repérer dès celui-ci ?

J'ai souvent cité cette sentence de Hegel selon laquelle la philosophie est d'abord et avant tout « **son temps saisi dans des pensées** » (*ihre Zeit in Gedanken erfasst*). Elle me semble plus juste que jamais. Avant de se lancer dans des diatribes moralisatrices, comme on aime tant le faire dans le monde intellectuel depuis Voltaire, il est bon de commencer par comprendre le réel de son époque. Et si l'on veut en « saisir » aujourd'hui la nature essentielle, si l'on veut en particulier comprendre pourquoi la frénésie du bonheur « ici et maintenant » occupe désormais le dessus du panier, pourquoi aussi elle nous est venue des États-Unis, le pays par excellence de la « destruction créatrice », mais aussi celui dans lequel la French Theory (la « Pensée 68 ») a reçu l'écho le plus large et le plus favorable, il est indispensable d'avoir une vue claire des motifs qui l'ont favorisée. Or, comme je vais le montrer maintenant, ils sont d'une profondeur abyssale, ils n'ont rien d'évident ni d'anecdotique.

I

La lame de fond de la déconstruction des grands récits sacrificiels

Nationalisme, communisme et christianisme

Lors d'une conférence prononcée en automne 2022 à São Paulo devant un parterre d'universitaires, de politiques et de chefs d'entreprise, un des participants me demande de développer une idée qu'il m'a déjà entendu exposer, mais de manière trop rapide : « Vous parliez, me dit-il, d'une séquence à trois temps, portée par une lame de fond qui serait la clef de compréhension de notre monde occidental, pouvez-vous nous en dire plus ? » Je me rends compte qu'en effet, j'ai parfois évoqué les trois temps de cette séquence dans mes conférences, j'en ai parlé au passage dans mon dernier livre, *La Vie heureuse*, mais sans jamais vraiment l'exposer de manière approfondie. Or elle me paraît de plus en plus opérationnelle. J'ai pour tout dire acquis la conviction qu'elle n'était pas « une », mais « la » clef de compréhension du monde narcissique qui tend à devenir le nôtre en Occident, de l'univers social, politique, moral et spirituel dans lequel nos enfants vont vivre. Et comme je les aime, je voudrais qu'ils comprennent, et nous avec eux, ce qui les attend afin qu'ils puissent trouver leur place, choisir leur destinée et, le cas échéant, corriger le tir s'il est encore temps.

C'est d'abord le patriotisme à l'ancienne qui a subi une érosion sans équivalent dans notre histoire. Quand je dis « à l'ancienne », j'entends parler d'un rapport à l'idée de nation, en l'occurrence à la France, qui supposait qu'on fût le cas échéant prêt à donner sa vie pour elle. J'ai eu, il y a peu, une discussion sur ce sujet avec un de nos généraux. Il me faisait observer que dans ses troupes, et dans son cœur, le patriotisme était toujours bien vivant. Sans doute existe-t-il encore, et c'est heureux, dans une grande partie de l'armée, mais dans le reste du pays ? Pour y réfléchir, songez un instant à ce que fut le patriotisme pendant la Première Guerre mondiale. Pensez, par exemple, à la fameuse « offensive Nivelle » d'avril 1917 sur le tristement célèbre Chemin des dames. Permettez-moi de vous rappeler en quelques mots l'essentiel de ce drame. Le Chemin des dames est en réalité un plateau, un vaste espace de terrain situé entre deux vallées, celles de l'Aisne et de l'Ailette. Depuis 1914, il était occupé par les Allemands, qui avaient pris soin d'y aménager des souterrains et d'y installer de nombreux nids de mitrailleuses habilement camouflés. Le général Nivelle, contre l'avis de la plupart de ses collègues, veut à tout prix y ouvrir un passage afin que ses soldats puissent traverser le plateau pour rejoindre d'autres troupes françaises. Le 16 avril à 6 heures du matin, l'offensive est lancée et, comme le dira peu après un député à l'Assemblée nationale, à 7 heures, elle est déjà perdue !

Résultat : 200 000 morts en à peine deux mois côté français, probablement autant côté allemand, le tout sans aucun effet notable sur le déroulement d'une guerre dont tout le monde reconnaît aujourd'hui, suivant en cela les analyses prophétiques de Jaurès, qu'elle était absurde et qu'elle aurait pu et dû être évitée. Au total, ce sont, au nom du patriotisme et du nationalisme, 400 000 jeunes hommes, parfois encore des gamins, qui sont morts pour rien, dans des conditions effroyables (on oublie toujours de parler de l'horreur des blessures, de l'agonie des blessés qui meurent entre deux tranchées sans que leurs camarades puissent leur porter secours, des exécutions sommaires, des tortures infligées aux prisonniers, etc.). Quoi qu'on en pense, qu'on trouve ce patriotisme admirable ou stupide, qu'on en ait la nostalgie ou qu'on se réjouisse de sa disparition, qui peut sérieusement croire qu'une telle boucherie serait encore possible dans notre vieille Europe, entre deux démocraties pacifiques, habituées à la paix, au respect des droits de l'Homme et soucieuses avant tout de prospérité économique et sociale ? Disons les choses clairement : aucune famille ne l'accepterait plus, et si nous sommes encore nombreux à aimer notre pays, à aimer la France, ce n'est certainement plus en ce sens mortifère qui allait encore de soi au début du siècle dernier.

C'est ensuite à l'effondrement de l'idée révolutionnaire que nous venons d'assister – et quoi qu'on en pense (du mal en ce qui me concerne étant donné les dizaines de millions de morts que cette idée funeste a provoqués, depuis la Terreur de 1793 jusqu'à la révolution culturelle chinoise), cette idée définissait malgré tout une cause supérieure aux individus, un idéal transcendant qui donnait du sens à la vie, une grande cause qui pouvait séduire une bonne partie de la jeunesse, de la classe ouvrière, mais aussi du monde intellectuel dans les années 1970 encore. Or, pour ne parler que de lui, le communisme est passé en France, entre 1950 et aujourd'hui, de 25 % de l'électorat à 2 %. Je suis convaincu qu'on ne mesure pas encore l'effet de cet effondrement, non seulement sur l'ensemble de la gauche (le Parti socialiste a fini par se réduire lui aussi comme peau de chagrin tant son destin était lié à celui de son frère ennemi), mais sur l'ensemble d'une vie politique qui, orpheline de « grands desseins », semble se satisfaire de n'être plus qu'une affaire de gestion au jour le jour. Enfin, troisième vision du monde porteuse de sens et de transcendance, c'est le catholicisme qui a subi une érosion tout aussi impressionnante : aujourd'hui, seuls 4 % des Français vont à la messe le dimanche alors qu'ils étaient plus de 30 % en 1950 et encore 15 % en 1980 ; 95 % des Français étaient baptisés en 1950 (ce qui, au passage, veut dire aussi beaucoup de communistes !), ils ne sont plus que 30 %, tandis que l'Église elle-même s'étiole à une vitesse vertigineuse : 45 000 prêtres en 1960, 25 000 en 1990, 6 000 en 2014, et, à ce rythme, combien en 2030 ?

Dans ces conditions, il faut avouer qu'on a quelque peine à défendre la notion de sacrifice pour une grande cause, l'idée de prendre sur soi pour préparer cette vie future que les grands récits qui peuplaient l'univers moral, politique et spirituel du siècle dernier nous faisaient miroiter il y a peu encore. De là à prétendre que, s'il n'y a rien à attendre de l'avenir, la logique du *carpe diem* et de la frénésie du bonheur doit prendre la place laissée vacante, qu'un renoncement plein et entier à l'esprit de sacrifice s'impose, il n'y a qu'un pas, un pas que franchissent allègrement les marchands d'un bonheur enfin non différé.

II

Les causes de la déconstruction

L'alliance paradoxale du capitalisme et du gauchisme culturel

Revenons maintenant aux sources de cette lame de fond. Elle est d'abord liée à l'histoire du capitalisme, à l'émergence de sociétés dominées par un impératif d'innovation permanente et, par là même, de rupture incessante avec les traditions. Mais comme toujours, la réalité historique est plus complexe, et en un sens plus intéressante qu'on ne pourrait le penser à première vue. Depuis leur apparition dans les années 1830, ce sont en effet, non pas un, mais bel et bien deux visages antithétiques de la bourgeoisie qui ont vu le jour, l'un conservateur, l'autre innovant, voire « révolutionnaire » si l'on en croit les mots mêmes de Marx[1]. Cette date n'est pas choisie au hasard. Il s'agit d'un repère symbolique doté d'une signification historique forte. Il évoque d'abord les « Trois Glorieuses », les journées révolutionnaires qui vont mettre fin au règne du roi le plus réactionnaire, le plus bêtement contre-révolutionnaire

1. On oublie souvent que Marx considérait le capitalisme comme un système de « révolution permanente », en quoi la thèse de Schumpeter sur la destruction créatrice n'est en un sens, du moins sur ce point précis mais essentiel, qu'un prolongement de celle de Marx.

que la France ait connu, Charles X, l'ancien comte d'Artois. Mais c'est aussi au cours de l'année 1830 que naît Monsieur Prudhomme, le personnage de théâtre inventé par Henry Monnier dans les *Scènes populaires dessinées à la plume*[1], au moment même où Guizot devient ministre. Or Prudhomme et Guizot vont incarner pour les siècles à venir les deux visages opposés du bourgeois : d'un côté le notable provincial, grassouillet, conservateur et niais, qui défend bec et ongles les valeurs de la tradition, de l'autre le libéral passionné d'innovation.

Tâchons, pour mieux comprendre les tenants et aboutissants de la grande déconstruction, d'en tracer brièvement le portrait.

Le double visage, conservateur et révolutionnaire, de la bourgeoisie depuis 1830

De Guizot, l'imagerie populaire n'a souvent gardé qu'une sentence à tonalité mercantile, le fameux « enrichissez-vous ! ». C'est oublier qu'il fut d'abord et avant tout un écrivain de talent doublé d'un excellent historien. André Guizot, son père, proche des Girondins, fut condamné à mort pendant la Terreur, tandis que sa mère, grande lectrice de Rousseau, obligea son fils, suivant en cela les principes exposés dans l'*Émile*, à apprendre un métier manuel, en l'occurrence la menuiserie, ce qui ne l'empêcha pas d'acquérir une solide formation d'humaniste. Il traduisit l'*Histoire de*

1. Les traits du personnage seront développés plus tard dans *Grandeur et décadence de Monsieur Joseph Prudhomme* (1852), puis dans les *Mémoires de Monsieur Joseph Prudhomme* (1857).

la décadence et de la chute de l'Empire romain, l'ouvrage majeur de Gibbon, fut le brillant titulaire de la chaire d'histoire de la Sorbonne, une situation que son opposition aux ultras et à Charles X lui fera d'ailleurs perdre un peu plus tard. S'il est élu député libéral en 1830, puis nommé ministre de l'Intérieur la même année, c'est en 1831, en tant que nouveau ministre de l'Instruction publique, qu'il va pouvoir donner toute la mesure de sa passion pour l'innovation. C'est en effet grâce à la loi Guizot de 1833 que sont créées en France les écoles normales d'instituteurs chargées de la formation des maîtres ainsi que le corps de l'inspection, mais surtout, c'est par cette loi que sont instaurées pour la première fois dans notre histoire des écoles primaires dans toutes les communes de plus de 500 habitants, une révolution d'une modernité incomparable à l'époque. En outre, Guizot œuvrera toute sa vie au développement des études supérieures, en particulier de la philosophie et de l'histoire.

Il est donc l'opposé parfait de cette autre incarnation de la bourgeoisie que représente la même année Joseph Prudhomme, le personnage burlesque créé par Monnier qui rejette les innovations « dangereuses » et défend les « vraies valeurs », celles de la tradition portées par une classe sociale qui entend bien faire avancer ses pions entre une « aristocratie décadente » et une « démocratie subversive ». Dans ses *Mémoires*, le désormais célèbre Monsieur Prudhomme (la pièce de Monnier avait connu un formidable succès, en particulier auprès de la jeunesse « bohème » qui venait de « coloniser » certains quartiers de Paris) en est du reste conscient et fier : « **On a dit,** déclare-t-il dès les premières lignes, **que j'étais le type du bourgeois ; je ne repousse pas cette qualification, bien au contraire : qui donc a plus**

droit de parler à ce siècle de bourgeois que le bourgeois lui-même ? Car vous avez beau faire et beau dire, tout est bourgeois aujourd'hui. L'aristocratie n'existe plus, la démocratie n'existe pas encore, il n'y a que la bourgeoisie ! », et celle qu'il représente à merveille est aux antipodes de celle, inventive et audacieuse, qu'incarne Guizot. C'est ce que comprend aussitôt Verlaine qui, dans un de ses plus fameux *Poèmes saturniens*, décrit Monsieur Prudhomme comme l'archétype du crétin insensible à l'art et à la poésie, comme le bourgeois imbécile hostile à tout ce qui pourrait être un tant soit peu innovant, et par suite subversif à ses yeux : « **Que lui fait l'astre d'or, que lui fait la charmille / Où l'oiseau chante à l'ombre, et que lui font les cieux [...] ? / Monsieur Prudhomme songe à marier sa fille / avec monsieur Machin, un jeune homme cossu. / Il est juste-milieu, botaniste et pansu. / Quant aux faiseurs de vers, ces vauriens, ces maroufles, / Ces fainéants barbus, mal peignés, il les a / Plus en horreur que son éternel coryza [...].** » Prudhomme, aux yeux de Verlaine, constitue le modèle de cette droite provinciale qui enfile des perles, des poncifs que « l'humour fumiste » porté par les jeunes bohèmes se plaît à tourner en dérision, des lieux communs dont Monnier émaille à plaisir les propos sentencieux de son personnage. En voici d'ailleurs quelques exemples fameux qui font hurler de rire dans les « camaraderies » et les « brasseries de femmes » parisiennes où se réunit cette jeunesse : « **Le char de l'État navigue sur un volcan** » ; « **La stratégie consiste à continuer à tirer pour faire croire à l'ennemi qu'on a encore des munitions** » ; « **C'est l'ambition qui perd les hommes : si Napoléon était resté officier d'artillerie, il serait encore sur le trône** » ; « **Ce sabre est le plus beau jour de ma vie** [remerciement pour un cadeau d'anniversaire] » ; « **La nature est prévoyante : elle fait pousser la pomme en Normandie sachant que c'est dans cette région qu'on boit le plus de cidre** » ; « **Un soldat doit être prêt à mourir pour sa patrie. Même au prix de sa vie** », etc., etc.

Par contraste, Marx, dans le *Manifeste du Parti communiste* (1848), perçoit, et ce bien avant Schumpeter, qu'une autre figure de la bourgeoisie vient de faire son entrée en scène, non pas celle du notable de province encroûté dans les valeurs de sa classe sociale, mais celle de Guizot, le représentant de la logique libérale, à proprement parler « révolutionnaire », de l'« innovation pour l'innovation », une donnée nouvelle, inséparable de la naissance d'une société de compétition et de consommation. C'est alors, non en garant, mais au contraire en destructeur implacable des traditions que Marx décrit le bourgeois : « **La bourgeoisie, écrit-il, a joué dans l'histoire un rôle éminemment révolutionnaire. Partout où elle a conquis le pouvoir, elle a détruit les relations féodales. La bourgeoisie ne peut exister sans révolutionner en permanence les instruments de production, donc l'organisation de la production et l'ensemble de l'organisation sociale**[1]. » On peut penser aujourd'hui que c'est bien ce visage de la bourgeoisie qui a fini par l'emporter sur l'autre : Elon Musk ou Mark Zuckerberg sont, et ce jusque dans leurs manières ostensiblement jeunes et antibourgeoises, aux antipodes de Monsieur Prudhomme, leurs jeans et leurs T-shirts en témoignant *urbi et orbi*. C'est d'ailleurs de ce bourgeois « révolutionnaire » dont parle Marx que les bohèmes barbus et chevelus de Théophile Gautier, Gérard de Nerval ou Paul Verlaine finiront par se

1. *Le Manifeste du Parti communiste* (1948).

rapprocher, ce qui constitue une des principales clefs de compréhension de l'histoire de l'art moderne, et plus encore contemporain : l'artiste se dit volontiers « de gauche », à tout le moins anarchiste et révolutionnaire, parce qu'il « transgresse » et « subvertit » les règles de la figuration et de la tonalité établies par l'Académie et les classiques, mais l'acheteur, lui, est un grand capitaine d'industrie, donc un libéral et un homme de droite[1]. C'est dans cette optique que la réconciliation du bohème et du bourgeois se fera bientôt au sein du concept commun d'innovation et de rupture avec la tradition, à gauche dans la figure du « bobo », à droite dans celle de l'entrepreneur passionné de créativité et de technologies de pointe, tous deux communiant dans un amour aussi élitiste que peu populaire pour les « audaces » dont témoigne l'art contemporain. À titre d'exemple, on rappellera que c'est Pompidou qui fait entrer Picasso de son vivant au Louvre et Chirac qui offre l'Ircam à Boulez...

Quand la Pensée 68, ancêtre du wokisme, fait le jeu du capitalisme ou comment la déconstruction fut le fait d'un capitalisme conforté par la vague du gauchisme culturel...

Pour autant, la bourgeoisie « réactionnaire » n'a évidemment pas disparu. À vrai dire, le bourgeois d'aujourd'hui retient toujours plus ou moins quelque chose des deux figures originelles, celle du conservatisme

1. Je sais qu'il y a des patrons de gauche, mais comme le dit Gabin dans une réplique célèbre, s'il y a aussi des poissons volants, ils ne constituent pas la majorité du genre !

qui tend à revenir en arrière face à la logique de progrès qu'il juge funestes[1], et celle de l'innovation qui se veut toujours, y compris souvent à tort, « progressiste ». C'est d'ailleurs dans une perspective conservatrice que la droite s'est souvent plu à croire que la déconstruction des valeurs et des autorités traditionnelles était le fait, non du capitalisme d'innovation héritier de Guizot, mais de ce qu'on a appelé au milieu du XIXe siècle « la vie de bohème[2] », une aventure qui commence elle aussi dans les années 1830, se poursuit dans l'art moderne, puis contemporain, avant de s'achever avec la « Pensée 68 » qui accompagne et justifie le joyeux mois de mai. De fait, il est incontestable que la bohème fut elle aussi un des visages du libéralisme, un des aspects de la grande déconstruction qui allait marquer la fin du XIXe siècle et l'histoire culturelle du XXe. C'est du reste très exactement dans cet esprit que Monnier invente son personnage pour le tourner en dérision. Mais ne nous y trompons pas, les bohèmes ne furent des déconstructeurs qu'en appoint au capitalisme d'innovation. En vérité, si le village de mon enfance a changé davantage en cinquante ans qu'en cinq cents ans, ni Picasso, ni Braque, ni Schönberg ni Guy Debord, ni a fortiori Dany Cohn-Bendit n'en sont responsables. C'est le mouvement du capitalisme mondialisé qui est derrière l'apparence de déconstruction bohémienne, avant-gardiste ou pseudo-révolutionnaire. De ce point de vue, les bohèmes et les gauchistes n'ont été que les

1. En quoi le conservatisme, pour n'être pas toujours réactionnaire, tend malgré tout sans cesse à le devenir…

2. J'ai consacré mon livre *L'Invention de la vie de bohème* (2012) au récit de cette fabuleuse histoire des premiers groupes de jeunes bohèmes, Fumistes, Hirsutes, Jmenfoutistes, Vilains Bonhommes, Incohérents, etc., etc. entre 1830 et 1900.

adjuvants des bourgeois, pour ne pas dire les cocus de l'histoire. Car sous leurs pavés, ce ne fut pas la plage ensoleillée qui couvait, mais la mondialisation libérale qui prenait son essor.

À preuve le fait que mes « camarades » soixante-huitards se sont tous, ou peu s'en faut, reconvertis dans le business ou dans la social-démocratie bon chic bon genre, quand ils ne sont pas tout simplement passés à droite, voire, comme certains d'entre eux, à l'extrême droite. La société de consommation n'est plus leur ennemie depuis belle lurette. Marx avait raison au moins sur ce point : le capitalisme, c'est la révolution permanente, et les bohêmes, les déconstructeurs qui se voulaient « de gauche », lui ont merveilleusement servi la soupe en faisant table rase de traditions qui ne servaient plus au final qu'à freiner le mouvement de la consommation universelle... Je vais revenir sur ce point crucial, mais on notera déjà qu'en général, le peuple *old school*, celui de cette France profonde qu'on dit aujourd'hui « périphérique », ne se reconnaît guère (c'est un euphémisme) dans cet héritage paradoxal[1] de la bohème du XIXe siècle qu'est l'art contemporain, pas davantage que dans cette bourgeoisie « révolutionnaire » incarnée aujourd'hui par les GAFAMI qui bouleversent le monde par leurs innovations aussi incompréhensibles que menaçantes pour ceux qui n'appartiennent ni à l'univers des jeunes *geeks*

1. Paradoxal, parce que, comme je le montre dans mon livre sur l'invention de la vie de bohème, les bohèmes du XIXe siècle étaient avant tout des romantiques désireux de réenchanter le monde en recourant notamment à l'humour fumiste, ceux du XXe, à l'image de Tzara, Picasso ou Breton, sont plutôt des communistes qui se voient comme l'avant-garde de la révolution prolétarienne, ce qui, il faut bien l'avouer, est moins comique et moins joyeux...

ni à ce qu'on appelle l'« élite » (je pense en particulier aux métavers et à l'IA générative dont je vous parlerai dans un prochain chapitre).

La vérité, c'est que la bourgeoisie est aujourd'hui largement schizophrène, les deux visages que je viens d'évoquer cohabitant tant bien que mal dans le même personnage : souvent conservateur sur le plan moral et sociétal, donc sur le plan politique plutôt de droite, le bourgeois moderne est un innovateur compulsif dans le domaine de l'art, du commerce et de l'économie. On m'objectera qu'il y a quand même des patrons de gauche, j'avoue pourtant voir peu de grands capitaines d'industrie à la Nupes, au PCF où parmi les électeurs de Sandrine Rousseau… Mais allons plus loin et considérons maintenant plus en profondeur les trois raisons pour lesquelles les sociétés capitalistes sont vouées à la déconstruction des traditions, des grands récits et des grandes causes transcendantes qui nourrissaient l'humanité des temps anciens sur un plan moral et spirituel.

Pour trois raisons de fond, les sociétés capitalistes sont vouées à la déconstruction des traditions

La première raison est liée à la logique de la croissance qui domine par essence même l'économie libérale, une logique qui l'oppose à tous égards à celle de la coutume qui régnait au sein de sociétés traditionnelles dans lesquelles l'innovation était tout simplement prohibée. Dans ces sociétés qu'on n'appelait naguère encore « primitives », ce sont en effet les coutumes ancestrales qui étaient avant tout valorisées, voire sacralisées, des règles et des habitudes qui pendant des siècles invitaient les individus à porter les mêmes types de vêtements, à utiliser les mêmes outils, les mêmes armes pour la chasse ou la guerre, à célébrer les mêmes cérémonies et les mêmes rituels transmis de génération en génération sans que rien fût autorisé à changer. Les anthropologues parlaient pour cette raison de « sociétés sans histoire ». C'était sans doute excessif sur un plan factuel, il y avait forcément quelques changements au fil du temps, mais quant au principe, c'était tout à fait juste. Pour en donner un exemple, dans les tribus amérindiennes que décrivait Pierre Clastres en ethnologue, la coutume était bel et bien vécue comme un héritage remontant à un passé immémorial, celui des ancêtres qui se confondent, si l'on remonte dans le temps, avec les dieux. La dimension de l'avenir, de l'innovation, de la réforme, pour ne rien dire de la révolution, y était soigneusement verrouillée et celui qui bravait l'interdit risquait tout simplement la mort.

À l'opposé de ces sociétés, ce qui alimente la croissance dans une économie libérale tient à l'invention incessante de nouveautés dans tous les domaines de la production capitaliste : les produits, bien entendu, mais aussi l'organisation du travail, la conquête de nouveaux marchés, les nouvelles méthodes de production, la gestion du personnel, les nouveaux moyens de transport, l'informatisation, les nouvelles sources de matières premières, etc., etc. Ajoutons qu'il existe aussi des innovations « globales », des mutations « multiusages », comme disent les économistes, des innovations qui bouleversent littéralement nos modes de vie et suscitent de nouvelles manières de produire et de consommer, donc de nouveaux vecteurs de croissance et d'emploi. L'exemple de l'Internet est évidemment l'un des plus frappants dans la période récente. Il a changé de fond en comble la donne sur le plan économique et social dans une infinité de domaines, de la librairie au tourisme, de la publicité à l'information en passant par toutes les formes de vente en ligne et de téléchargement légal ou illégal. Celui des métavers et de l'IA générative va représenter une nouvelle mutation du même ordre, plus importante encore que l'invention du smartphone[1]. Le capitalisme est bien, comme nous avons vu que Marx déjà l'avait perçu, une société de révolution permanente qui ouvre des perspectives sans doute enthousiasmantes pour les « gagnants », mais infiniment angoissantes pour les autres, pour ceux qui sont attachés à leur pré carré, à leur coin du passé ou à leurs statuts en voie d'extinction et qui, on peut le comprendre, ne perçoivent que les effets délétères de l'innovation dans leurs existences bouleversées.

---

1. Rendons à César ce qui lui revient et citons, pour mémoire, ce que Schumpeter écrivait déjà au sujet de la logique de l'innovation ou, comme il disait lui-même, de la « destruction créatrice », dans les années 40 du siècle dernier : « **L'impulsion fondamentale qui maintient en mouvement la machine capitaliste est imprimée par les nouveaux objets de consommation, les nouvelles méthodes de production et de transport, les nouveaux marchés, les nouveaux types d'organisation industrielle – tous éléments créés par l'initiative capitaliste [...]. L'ouverture de nouveaux marchés nationaux ou extérieurs et le développement des organisations productives constituent d'autres exemples du même processus de mutation industrielle – si l'on me passe cette expression biologique – qui révolutionne incessamment de l'intérieur la structure économique en détruisant continuellement ses éléments vieillis et en créant continuellement des éléments neufs. Ce processus de "destruction créatrice" constitue la donnée fondamentale du capitalisme : c'est en elle que consiste, en dernière analyse, le capitalisme, et toute entreprise capitaliste doit, bon gré mal gré, s'y adapter.** » Le plus frappant, dans ce résumé que Schumpeter donne de sa propre théorie, c'est qu'il associe à juste titre innovation et destruction, ce qui explique au passage les éléments de frein, d'inquiétude et de réticence liés à la destruction de traditions, qui formaient un cocon rassurant, mais aussi des « avantages acquis » auxquels, comme on sait, les syndicats sont, par nature même – c'est une de leurs missions – attachés.

La deuxième raison pour laquelle le capitalisme ne peut pas ne pas déconstruire les héritages du passé tient au fait qu'il se mondialise et que la mondialisation accélère mécaniquement la logique de la compétition, donc l'obligation d'innover pour rester dans la course. Comme j'ai eu l'occasion de l'expliquer de manière approfondie dans un précédent livre (que je me borne à résumer ici de la façon la plus brève possible), il existe deux mondialisations ou, pour mieux dire, deux âges de la mondialisation. La première, celle des Lumières, de la révolution philosophique et scientifique du XVIIIe siècle, s'adressait à tous les êtres humains, qu'ils fussent riches ou pauvres, aristocrates ou roturiers, français ou étrangers. De fait, les vérités scientifiques valent pour tout le monde, elles traversent les classes sociales et les frontières. Dans ce premier âge, la mondialisation pouvait encore apparaître comme dotée d'une finalité grandiose, elle visait le progrès humain, l'émancipation et le bonheur de l'humanité. Celle que nous vivons aujourd'hui, induite par la concurrence globalisée, est bien différente. Contrairement à celle des Lumières, sa finalité est devenue pour le moins opaque, pour ne pas dire invisible.

Plus personne ne peut dire en toute certitude que nous savons où nous allons, que nous maîtrisons consciemment le cours de l'histoire, encore moins qu'il va forcément vers le mieux. Ce sont désormais les grandes entreprises qui font bouger le monde, qui le transforment bien davantage que les politiques, les GAFAMI et leurs équivalents chinois, les BATXH, pour ne donner que cet exemple, étant plus puissants et même plus riches que bien des États. Ils inventent sans cesse de nouveaux objets, de nouveaux modes de consommation, voire de nouveaux modes de vie (télétravail, réseaux sociaux, métavers, commerce en ligne, plateformes de streaming, de visioconférence, de jeux vidéo, logiciels d'intelligence artificielle, etc.), de sorte qu'ils modifient en profondeur le paysage mondial. Mais les patrons de ces oligopoles, pour reprendre la fameuse phrase de Marx, « **font l'Histoire sans savoir l'Histoire qu'ils font** », attendu qu'ils incarnent la multiplicité presque infinie des vecteurs de l'Histoire sans être pour autant sa résultante visible et prévisible. Quant aux politiques, du moins ceux des démocraties, pris entre les contraintes intérieures de leurs opinions publiques et les contraintes extérieures de la mondialisation, ils voient leur pouvoir réel s'amenuiser comme peau de chagrin d'année en année.

Enfin, la troisième raison, pour être à certains égards plus perverse, n'en donne pas moins tout son sens à la nécessité, pour une société capitaliste, d'en finir autant que possible avec les valeurs et les autorités traditionnelles, ce dont l'art contemporain s'est chargé dans le domaine de la culture en déconstruisant la figuration et la tonalité. On pourrait la désigner d'une expression marcusienne, la « désublimation répressive », mais en un sens malgré tout différent de celui que lui donnait Marcuse : il fallait en effet que les valeurs et les autorités traditionnelles fussent détruites, ou à tout le moins déconstruites, pour que nous, et surtout nos enfants, nous puissions entrer dans l'ère de l'hyperconsommation sans laquelle le capitalisme mondialisé ne pouvait pas tourner à plein régime. Pourquoi ? Parce que, tout simplement, ce que Freud désignait comme le processus de « sublimation », en substance la création de valeurs religieuses, morales, esthétiques et spirituelles, calmait la libido et freinait par là même le désir incessant de consommer toujours plus. Si nous avions encore les valeurs de nos grands-parents, il est clair que nous ne consommerions pas autant que le requiert l'univers moderne. Si mon arrière-grand-mère revenait sur cette terre et qu'elle voyait un grand centre commercial américanisé, a fortiori un élevage industriel, elle trouverait cela – je puis vous l'assurer, je l'ai bien connue – dégoulinant de bêtise et d'obscénité. Elle penserait que cette incitation permanente à une consommation débridée nous écarte des vraies valeurs, des devoirs envers autrui, mais aussi des devoirs envers soi-même.

De la déconstruction dans le domaine de la vie intellectuelle

C'est dès lors dans la sphère de cette superstructure de l'économie qu'est si souvent l'histoire de la pensée que la « déconstruction », revendiquée d'abord par la philosophie contemporaine, puis par le gauchisme culturel, a eu lieu. Bien avant même Heidegger et son disciple français le plus connu aux États-Unis, Jacques Derrida, qui popularisa auprès des étudiants américains la notion de « déconstruction », Nietzsche explique dans un passage célèbre de son œuvre qu'il faut « **philosopher au marteau** » afin de « **déconstruire** » les illusions de la philosophie classique et de la religion. Heidegger, malgré tout ce qui l'oppose à Nietzsche, lui emboîtera le pas sur ce point, son projet prenant tout entier l'allure de ce qu'il appelle lui-même « **déconstruction de la métaphysique** » (« *Abbau der Metaphysik* »). En reprenant son vocabulaire, Derrida deviendra aux États-Unis le pape du féminisme différentialiste et du politiquement correct, l'ancêtre du wokisme actuel. Il y expliquera devant des parterres d'étudiants fascinés par la « French Theory » (en vérité, une jargonneuse et bien peu féconde resucée de Heidegger) comment il faut « déconstruire » ce qu'il appelle le « **phallo-logo-centrisme** ».

Décortiquons le jargon derridien, aujourd'hui repris jusque dans la sphère politique par une Sandrine Rousseau qui se félicite de vivre avec un « homme déconstruit » : déconstruire le « phallus », c'est d'abord s'attaquer à la domination du « mâle blanc hétérosexuel » sur les femmes, les homosexuels et les « racisés », en quoi la déconstruction va devenir le « *flagship* » du féminisme radical, des LGBT autant que des idéologies trans, non binaires ou décoloniales ; déconstruire le « logos », c'est s'attaquer au visage que lui ont donné le capitalisme et le monde de la technique dans l'économie moderne, à savoir celui de la rentabilité à tout prix associée à un projet total, sinon totalitaire, de domination technicienne du monde humain autant que naturel ; quant à la « centralité », il s'agit bien entendu de la prétention de l'Occident, masculin, blanc et capitaliste, à coloniser le reste du monde. En quoi la « **déconstruction du phallo-logo-centrisme** » contient en condensé tous les ingrédients de la *cancel culture* qu'on retrouvera aujourd'hui dans toutes les variantes du wokisme, chez les fondamentalistes verts, les antifas, les décoloniaux, les écoféministes et les indigénistes : anticapitalisme radical, écologie « profonde », décroissance, théorie critique de la race et dénonciation de l'universalisme républicain comme « *colorblind* », aveugle aux couleurs, et comme tel nouveau visage du racisme incapable de pratiquer une pourtant nécessaire discrimination positive, bref, le cœur du cœur de « l'intersectionnalité » ou « convergence des luttes ».

Le paradoxe, bien sûr, comme nous l'avions déjà pressenti et expliqué, Alain Renaut et moi, dans notre livre *La Pensée 68*, en 1985, c'est que les grands artisans de la déconstruction, à commencer par Foucault et Derrida, des penseurs qui furent pourtant parmi les plus éminents compagnons de route des diverses variantes de la gauche radicale, n'ont jamais pris conscience du fait que leur projet philosophique faisait en réalité le jeu, non de la critique de l'aliénation pour laquelle ils pensaient plaider, mais bel et bien de la consommation de masse requise par le capitalisme mondialisé, la désublimation hyper-consumériste étant bel et bien la première conséquence de l'érosion des valeurs traditionnelles. C'est un fait, pas un jugement de valeur : la génération Z, malgré ses accents « décroissantistes », est en Occident la plus consumériste de toute l'histoire de l'humanité. Retirez leurs smartphones, un des objets pourtant les plus polluants au monde si l'on prend en compte son cycle de vie complet, aux jeunes militants écologistes qui crèvent les pneus des belles voitures dans les rues de Paris, qui taguent les œuvres d'art dans les musées ou détruisent les parcours de golf au nom de la décroissance, et ils se mettent à suffoquer d'horreur...

On pourrait donner de cette logique de l'innovation déconstructrice bien d'autres exemples dans la vie de tous les jours, et non plus seulement dans une sphère culturelle, politique ou philosophique dont on pourrait m'objecter qu'elle reste encore élitiste. Pour évoquer un sentiment à la fois personnel et commun, j'ai déjà suggéré comment le village de mon enfance, avec ses lavoirs et ses charrettes de foin tirées par des chevaux, avait changé davantage en cinquante ans qu'en cinq cents ans. Pour évoquer un autre indice, et non des moindres, c'est aussi la condition féminine de cette époque pourtant pas si lointaine qui a changé elle aussi, du moins en Europe, davantage en cinquante ans qu'en cinq cents ans. Quand je dis à mes filles que jusqu'au milieu des années 1970, en France, une épouse, sauf contrat de mariage spécifique, devait demander l'autorisation à son mari pour ouvrir un compte en banque ou pour prendre la pilule, cela leur évoque davantage Jurassik Park que leur vie d'aujourd'hui. Et si j'ajoute que le dernier canton de Suisse – pourtant un pays moderne et démocratique – à accorder le droit de vote aux femmes ne le fait qu'en avril 1991, elles risquent fort de tomber de leur chaise... Dans le même registre, mais pour inverser les rôles entre jeunes et vieux, si on avait dit à nos grands-pères qu'il y aurait un jour des femmes amirales, générales ou même pilotes de chasse, ils auraient sans doute bien ri.

Mille autres illustrations de ces innovations/déconstructions viennent encore à l'esprit, notamment dans le domaine de la science et de la technique, des innovations qui, à l'image de celles que je viens d'évoquer, sont parfois positives, parfois négatives – ce qui prouve au passage que le jugement moral est souvent trop simple, voire simpliste. Car l'innovation offre sans aucun doute autant, sinon plus d'aspects positifs que négatifs. Il n'est qu'à songer pour s'en convaincre aux progrès de la médecine ou encore à ceux de l'espérance de vie depuis 1900 ! Ce qui est clair, à tout le moins, et c'est là où je veux en venir, c'est que la deuxième moitié du XXe siècle aura fonctionné sur les traditions, les grands récits et les grandes transcendances verticales, en même temps que sur les objets de consommation, les emplois et les modes de vie passés, comme un acide surpuissant, une érosion aujourd'hui si profonde que nous n'en avons, à la limite, plus même conscience – ce qui ne l'aura pas empêchée d'avoir été aussi, dans bien des domaines, ceux des technologies, des sciences, de la médecine, mais aussi dans le domaine social et, osons le mot, de la démocratie, un siècle de progrès à nul autre pareil. Pour éviter un malentendu qui viendrait hypothéquer la compréhension de ce qui va suivre, je le précise une dernière fois : bien que je redoute notre déclin face aux empires illibéraux qui s'allient aujourd'hui contre l'Occident dans le sillage de la guerre en Ukraine, je ne suis pas un partisan du « c'était mieux avant ». J'essaie d'abord de comprendre avant de juger, et si je tire la sonnette d'alarme à propos de la frénésie du bonheur, c'est parce qu'elle risque de nous désarmer par son narcissisme bêta face au monde qui vient...

III

Les conséquences de la grande déconstruction

De l'individualisme démocratique à l'individualisme narcissique

Si les grands récits sont aujourd'hui en déclin sous l'effet de la logique de cette déconstruction universelle, il est assez logique que nous finissions par prendre conscience du fait que nous sommes désormais seuls face à nous-mêmes, seuls face à un destin qui n'est plus guidé par la référence à des transcendances qu'on pourrait dire

« verticales » parce qu'elles s'adossaient à des entités (Dieu, la nation, la révolution...) extérieures et supérieures à l'individu, à de grandes causes qui pouvaient, en prenant leur source d'en haut et hors de nous, donner du sens à nos engagements et par là même à nos vies. De fait, si je résume une dernière fois ce que nous venons de voir, l'érosion des grands récits devait inévitablement, c'est l'essence même de ce troisième moment de la séquence, celui des conséquences, conduire à ce « souci de soi », à cet individu narcissique en quête frénétique de bonheur dont Foucault faisait bien à tort l'apologie dans son *Histoire de la sexualité*. Si nous n'avons qu'une seule vie, et l'effondrement des grandes religions de salut terrestre comme céleste nous incite désormais à le penser, c'est ici et maintenant qu'il faut la vivre dans la joie, pas après la révolution ou l'existence terrestre. Et dans ces conditions, il serait stupide de perdre cette vie si brève et si unique dans le seul but de la « gagner » par un travail pénible et sans intérêt, les paradis terrestres ou célestes du bonheur remis à plus tard n'étant que chausse-trappes.

De là les métamorphoses les plus fondamentales du temps présent sur lesquelles je vais revenir dans ce qui suit, des changements qui affectent aujourd'hui notre rapport au réel, au tourisme, à l'éducation, à la politique, à la maladie, à la fin de vie, au travail, bref, à tous les aspects de nos vies quotidiennes ou peu s'en faut. On peut parier sans grand risque de se tromper que ces évolutions, portées par la lame de fond que je tente ici de décrire, ne font chez nous que pointer le nez[1], au risque, parfois, d'un isolement funeste des individus.

1. J'écris à dessein « chez nous », car sous d'autres cieux, dans le Sud-Est asiatique ou en Chine notamment, elles sont loin de jouir de la même faveur que dans notre vieille Europe endormie.

Narcisse, privé de ce satellite vertical que constituaient les grands récits, est un individu en risque d'isolement...

De fait, les chiffres fournis par les enquêtes d'opinion portant sur la montée en puissance du sentiment de solitude dans nos sociétés polarisées sur la quête frénétique du bonheur sont impressionnants. Si, par méthode et pour ne pas en donner une interprétation biaisée, nous remontons aux enquêtes faites avant la pandémie et les confinements qui, bien évidemment, ont fortement accentué ce sentiment, elles dénotent déjà un sérieux problème. Selon une étude de la Croix-Rouge française publiée en 2019, « **en France, 6 millions de personnes sont touchées par l'isolement social. Souvent lié à un "accident de la vie" ou au vieillissement, ce fléau moderne touche tout le monde : des jeunes, des familles monoparentales ou non, des enfants, des personnes âgées, entraînant un cruel sentiment d'abandon et de repli sur soi** ». Selon un article publié en 2018 par Cécile Van de Velde, chercheuse à l'université de Montréal, donc là encore avant la pandémie, « **la solitude a récemment fait son entrée en politique : un premier ministère de la Solitude a été créé au Royaume-Uni en 2018, suivi, quelques semaines plus tard, d'une proposition similaire en Russie. Si la question sociale de la solitude est loin d'être nouvelle, son institution en enjeu de politiques publiques est récente et entérine un réel changement d'échelle dans la façon d'appréhender ce phénomène. Longtemps considérée comme insaisissable, subjective et diffuse, exigeant exclusivement des actions locales et ciblées, elle est de plus en plus envisagée comme un fait social à part entière, et**

donc comme un objet légitime de politiques publiques à la fois nationales et transversales : la solitude, expérience intime par excellence, peut désormais relever d'un ministère d'État ».

Dans la suite de son article, Cécile Van de Velde évoque la difficile question des causes de cette situation. Elle cite alors les travaux de Durkheim, et d'après ce qu'il en dit dans son livre sur le suicide, elles seraient intrinsèquement liées à la logique de la modernité, à l'érosion des structures traditionnelles de solidarités associatives et familiales. Selon Halbwachs, qu'elle cite aussi, ce sont les changements de vie inhérents à la flexibilité du monde de l'entreprise qui seraient à l'origine de la solitude, la perte d'un emploi créant un vide destructeur au sein duquel l'individu, seul et désemparé, peut être tenté par le suicide. Dans la période récente, le débat qui oppose ceux qui pensent que le numérique sépare les individus et ceux qui tiennent au contraire qu'il constitue, notamment avec les plateformes de visioconférence, un facteur de lien social, a pris la place de ces analyses sociologiques déjà anciennes, et Cécile Van de Velde, prudente, conclut à l'impossibilité de trancher leur discussion, les opinions opposées ayant chacune de bons arguments à faire valoir.

Si l'on considère maintenant les enquêtes conduites pendant la pandémie, elles tendent à montrer, ce qui ne surprendra personne, que ce sont les jeunes qui ont le plus souffert de la solitude pendant les confinements, en particulier les élèves et les étudiants, l'obligation de suivre les cours en distanciel comme l'impossibilité de travailler ou de rencontrer ses amis ayant été particulièrement mal tolérées. On observe d'ailleurs la même réaction chez les salariés contraints d'être en télétravail plus de deux jours par semaine. De là à dire que le monde moderne, celui d'*Homo numericus*, est responsable de cette situation, il y a un pas que je ne pense pas devoir franchir. On nous assure de toute part que la société des réseaux sociaux et des smartphones, loin de nous relier, nous isolerait les uns des autres. C'est même devenu un pont aux ânes, un lieu commun. Si l'on en croit cette thèse pessimiste, Google Meet, Zoom ou Teams, sous couvert de nous offrir la possibilité d'un nouveau type de lien social, ne feraient que nous enfermer dans la sphère privée : plus besoin de sortir de chez soi pour participer à un « événement », pour assister à une conférence (ou pour en donner une), pas même pour commander son repas, ses livres ou son journal lisible sur une tablette.

Dans un entretien accordé à *L'Express* autour de son livre *Homo numericus* (Albin Michel, 2022), Daniel Cohen donne dans cet esprit l'exemple de Tinder, un site de rencontres qu'on pourrait considérer a priori comme plutôt orienté vers le lien humain, mais dont cet économiste pense au contraire qu'il est un vecteur d'isolement et de séparation : « **Tinder, c'est la manière de réduire drastiquement le coût de se faire la cour. C'est la promesse d'un nombre illimité de rencontres. En première intention, pourquoi pas si ça permet de s'affranchir du cadre étroit de la vie sociale, d'ouvrir de nouveaux horizons de rencontres. Le problème, c'est que la culture du chiffre prend vite le dessus. On entre dans le registre du travail à la chaîne. Les rencontres en présentiel sont réduites au strict minimum, à ce que Eva Illouz appelle le *just fuck*. La personne que vous rencontrez n'est qu'un numéro dans une série. La promesse de multiplier les rencontres débouche sur une perte de sensibilité du rapport à autrui. C'est à l'image de la société du numérique : elle promet de**

rapprocher les gens, elle les fait vivre de manière beaucoup plus solitaire. Le phénomène va bien au-delà des sites de rencontre. Les grandes instances qui brassent les classes sociales, comme ont pu l'être les usines et les entreprises industrielles des années 1950-1960, sont en train de disparaître. » Ce que dit Daniel Cohen sur la déshumanisation des rapports humains via Tinder est tout à fait plausible, encore qu'il s'agisse davantage d'un jugement de valeur que d'une analyse objective adossée à des faits. Spontanément, j'aurais tendance, je l'avoue, à penser comme lui. Pourtant, je ne suis pas certain que ce qui vaut pour un site de rencontre vaille de la même manière pour les plateformes de visioconférence. De fait, pendant la pandémie, de confinement en confinement, elles ont plutôt aidé à vaincre la solitude, les apéritifs en famille ou entre amis ayant permis à des millions de personnes de ne pas être totalement séparées les unes des autres. Ce qui me semble plus juste, en revanche, dans ce que dit Daniel Cohen, c'est l'impact clairement négatif de l'érosion des lieux de travail en « présentiel ».

Reste qu'à cet effacement du lien social dans les usines et les entreprises sous l'effet de la montée en puissance du télétravail, il faut ajouter l'effondrement de la fréquentation des églises, des associations et des partis politiques, ce qui, à mon sens, nous oblige à aller beaucoup plus loin dans l'analyse du phénomène de la solitude : si, comme le dit Daniel Cohen, les entreprises et les usines brassaient les classes sociales et autorisaient de véritables rencontres, c'est aussi, pour ne pas dire avant tout, parce que des partis de militants animés par un idéal, à commencer par le Parti communiste, y organisaient des réunions débouchant le cas échéant sur des luttes sociales via leurs relais syndicaux. On peut ne pas aimer le communisme, reste que son idéologie donnait du sens et faisait rempart à la solitude en reliant les militants par millions. Le communisme et le catholicisme jouaient en quelque façon le rôle que joue un satellite quand sa position de surplomb permet de relier les réseaux numériques entre eux : la transcendance verticale de la cause révolutionnaire comme celle d'un Dieu créateur de la terre et du ciel reliait les individus. Bien entendu, le « distanciel » ne vaudra jamais le « présentiel » (pardon pour ces mots affreux, encore des conséquences désastreuses de la pandémie...), reste que c'est l'effondrement de ces liens puissants qui explique la montée du sentiment de solitude, et ce bien davantage que les plateformes numériques qui essaient tant bien que mal de le contrecarrer. Comme le suggère une des étymologies (fausse, mais sensée) du mot religion (*religere* = relier), le communisme et le catholicisme, religions de salut terrestre ou céleste, remplissaient une fonction au sens propre « associative » comme nulle autre vision du monde. La lame de fond de la déconstruction et du souci de soi est à mon sens la véritable cause de ce sentiment d'isolement qui gagne aujourd'hui des millions d'individus dans le nouveau monde où nous sommes désormais plongés.

Chapitre IV

Une science du bonheur, sérieusement ?

L'impossible définition du bonheur

La question est évidemment fondamentale dans la perspective qui nous intéresse ici : ceux qui plaident pour le souci de soi, qui font l'éloge du narcissisme et nous invitent à déconstruire l'idée de sacrifice afin de placer la quête du bonheur personnel au-dessus de toute autre finalité de la vie humaine nous assurent qu'ils le font au nom d'une « science du bonheur », une discipline nouvelle qui serait enfin capable de définir, de mesurer et d'obtenir ce sentiment dont nous savons pourtant tous qu'il est aussi subjectif que relatif ? Une telle science est-elle vraiment possible ? Si l'on en croit les grandes doctrines utilitaristes anglo-saxonnes, dont la psychologie positive américaine reprend les thèses sans le moindre esprit critique, la réponse est « oui » : un « calcul des plaisirs et des peines » est tout à fait possible. Jeremy Bentham, le père fondateur de cette philosophie qui domine aujourd'hui encore, à vrai dire plus que jamais, le monde anglo-saxon, en a énoncé le principe premier : une action est bonne quand elle tend à augmenter la somme de bonheur dans l'univers, mauvaise dans le cas contraire – simple question d'évaluation coûts-avantages. C'est justement la possibilité d'une telle mesure que contesteront Kant et les républicains français. Non seulement l'action morale n'est pas forcément celle qui est guidée par la recherche du bonheur, elle peut même être sacrificielle et désintéressée, mais en outre, le bonheur est par essence indéfinissable, donc impossible à mesurer[1], attendu que sa définition est par nature subjective : l'un rêve d'un tour du monde à la voile, l'autre déteste la mer ; tel adore la chasse, tandis que son voisin soigne les animaux blessés par les chasseurs ; un autre encore brûle la chandelle par les deux bouts quand son frère construit sa vie sur la considération du long terme. Comment calculer quoi que ce soit dans ces conditions ?

Peut-on vraiment parler de « science du bonheur » et de « mesure du bonheur » ?

La prétention des idéologies les plus fumeuses à accéder au statut enviable de science véritable m'a toujours fasciné. C'était le cas autrefois de la « science de l'histoire » que prétendaient détenir ceux qui se réclamaient des différentes variantes du marxisme. La prétention a fait long feu, mais on n'en finit pas de payer les dégâts qu'elle a causés. Ce fameux « sens de l'histoire » étant enfin connu de façon certaine grâce à la théorie marxiste des révolutions, nos pseudo-scientifiques étaient convaincus dur comme fer qu'il fallait désormais confier à un parti unique, voire à un « guide génial », la direction des affaires publiques. Plus question, donc, de

1. On dira que l'imagerie cérébrale prouve le contraire, mais c'est à l'évidence superficiel et faux : ce qu'elle mesure le cas échéant, c'est une sensation de plaisir, en aucun cas le bonheur, une notion dont nous verrons qu'elle implique par essence globalité et surtout durabilité, le bonheur, à la différence du plaisir, étant par essence tout sauf fugitif.

faire la moindre concession au pluralisme car, comme l'avait déclaré Simone de Beauvoir dans un de ses livres (*Pour une morale de l'ambiguïté*, Gallimard, 1947), avec la finesse qu'on lui connaît sur ses sujets, « **la vérité est une, seule l'erreur est multiple, voilà pourquoi la droite est pluraliste** ». Ben voyons ! Dans ces conditions, pourquoi se priver, pourquoi lui laisser encore un espace dans la vie politique ? Mon vieil ami Cornelius Castoriadis, avec une tout autre lucidité, avait fort bien analysé ce mythe mortifère dans *L'Institution imaginaire de la société* (1975). Comme il s'en expliquait de manière concise dans un entretien accordé à une petite revue de la gauche antitotalitaire intitulée plaisamment *L'Anti-mythes*, « **s'il y a une théorie vraie de l'histoire, s'il y a une rationalité à l'œuvre dans les choses, il est clair que la direction du développement doit être confiée aux spécialistes de cette théorie, aux techniciens de cette rationalité. Le pouvoir absolu du parti – et, dans le parti, des "coryphées de la science marxiste-léniniste", selon l'admirable expression forgée par Staline à son propre usage – a un statut philosophique, il est fondé en raison dans la "conception matérialiste de l'histoire" [...] Si cette conception est vraie, le pouvoir doit être absolu, toute démocratie n'est que concession à la faillibilité humaine des dirigeants ou procédé pédagogique dont eux seuls peuvent administrer les doses correctes** ».

On ne saurait mieux dire...

Dans un genre plus soft, sans doute moins mortifère, mais tout aussi fallacieux, nos nouveaux gourous n'hésitent plus à parler de « science du bonheur », comme si on pouvait non seulement définir avec rigueur et précision l'objet de cette science, mais administrer en outre à ceux qui auraient la chance d'en bénéficier les moyens certains de parvenir à s'en emparer. Le graal, en somme, à vrai dire celui dont les philosophes n'avaient pas réussi à fournir les clefs malgré des efforts, certes louables, mais encore englués dans l'enfance de l'humanité. Nos marchands de bonheur, prenant l'air sérieux qui convient aux vrais savants, font ainsi référence à des connaissances aussi indubitables qu'objectives, des acquis qu'ils s'empressent de certifier par des formules du type « les études montrent que... », « la science prouve que... », « la recherche nous a appris que... », « des chercheurs ont mis en évidence que... », etc. Si vous y prêtez attention, vous constaterez que la plupart du temps, sinon toujours, ces sentences pontifiantes qui pullulent dans les traités de psychologie positive restent d'une parfaite vacuité, comme si, dans une espèce de retour à la pensée magique, il suffisait de les évoquer sans jamais citer la moindre source pour que le lecteur soit impressionné.

C'est de cette manière que procèdent depuis toujours les idéologues, ceux de la quête frénétique du bonheur ne faisant pas exception. Leurs conseils, c'est du solide, du sérieux, pas du jus de crâne philosophique, comme l'assure parmi tant d'autres Christophe André dans un article intitulé sans rire « Une science du bonheur[1] » : « **Depuis l'Antiquité grecque, où la philosophie se donnait pour objet premier d'aider les hommes à construire une vie heureuse, jusqu'à aujourd'hui, la quête du bonheur est d'actualité. À ceci près que la science contemporaine, à la suite de la philosophie, en a fait un objet d'étude fécond : de fait, jamais sans doute le bonheur n'aura été aussi bien connu dans le moindre de ses rouages, biologiques et psychologiques, jamais**

1. *Cerveau et psycho*, mai 2013.

non plus le chemin pour l'atteindre n'aura été aussi bien balisé. » Malheureusement, il faut bien reconnaître que la suite de l'article est pour le moins décevante, pour ne pas dire d'une indigence et d'un filandreux qui laissent perplexe, la fameuse « science du bonheur » échouant à définir son objet autrement que de manière aussi floue que minimaliste. Qu'on en juge : « **La plupart des scientifiques,** continue Christophe André sans en citer un seul, ni prouver si peu que ce soit par cette formule typique qu'il s'agit vraiment de scientifiques, **en étudiant ce qui compose la perception d'avoir une vie heureuse, montrent que ce sentiment correspond à la répétition de petits états d'âme agréables ; on se sent heureux quand on éprouve régulièrement ces "petits" bonheurs chers aux poètes, plutôt que de grands, mais rares, moments de joie intense. Ainsi, c'est un tissu d'instants de bonne humeur et la prise de conscience de ces instants qui représentent le bonheur : moment passé avec un proche, promenade dans un bel endroit, lecture stimulante, musique qui émeut. On arrête un instant son activité, on savoure et on se sent heureux.** »

Comme aurait pu dire ma grand-mère, voilà une définition du bonheur qui « ne mange pas de pain » : au fond, on est heureux quand on est heureux, quand la vie est sympa, qu'elle nous offre des bons moments, mais attention, quand ça devient trop intense, plus rare ou, a fortiori, quand ça tourne au cauchemar, bah là, forcément, ça va moins bien. Très profond, en effet. Un jour que je demandais à Boris Cyrulnik ce qu'il pensait de ce type de pseudo-science, il me répondit, avec son sourire plein de malice et d'ironie, mais aussi avec le bon sens qui le caractérise : « **C'est d'un cucul !** » D'autant que, pour prétendre au beau titre de « science », une discipline, quelle qu'elle soit, doit d'abord et avant tout être au minimum capable de définir son objet autrement que par quelques poncifs mielleux. Non, le bonheur, ce n'est ni le plaisir, trop fugace pour être au niveau de ce que nous promet cette notion, et ce n'est pas non plus une succession de petits moments de joie par essence éphémères et fragiles. Si on prend le concept de bonheur un tant soit peu au sérieux, il implique tout autre chose que ce que nous en dit Christophe André, à savoir un état de satisfaction de sa vie à la fois global et durable. Le bonheur, comme le dit Spinoza, repose sur la promesse d'une « éternité de joie », ce pour quoi j'ai toujours pensé qu'une telle promesse ne pouvait avoir de sens que dans une perspective métaphysique, voire religieuse, certainement pas scientifique et laïque. Il n'en reste pas moins que la psychologie positive est née dans l'idée qu'elle allait offrir au monde toute la rigueur d'une science nouvelle.

Voyons donc de plus près les arguments de celui qui en fut le père fondateur, Martin Seligman.

La naissance de la psychologie positive et des théories du développement personnel

Dans une « conférence TED » prononcée le 6 juillet 2013, Martin Seligman, l'ancien président de l'Association américaine de psychologie qui est aujourd'hui considéré comme « l'inventeur » de la psychologie positive, a voulu donner une définition simple mais « scientifique » de la nouvelle discipline qu'il avait créée en 1998. Au début de ce « TED Talk », en grand professionnel de ce type de « performance », Seligman s'efforce, c'est la règle implicite de ce genre d'exercice aux États-Unis, de fait rire son public. Il évoque alors une interview qu'il aurait donnée sur CNN lorsqu'il dirigeait encore l'association. Le journaliste chargé de l'entretien lui aurait, dit-il, rappelé qu'étant donné qu'on était à la télévision, il s'agissait évidemment d'être bref, très bref, si bref même qu'il ne disposerait que d'un seul mot pour répondre à la question suivante : « Quel est l'état actuel de la psychologie ? », et Seligman, jouant le jeu, de répondre avec une parfaite concision : « *Good !* » Gros rires dans la salle. Le journaliste, comprenant que c'est quand même un peu court, lui repose la même question, mais en lui accordant cette fois-ci deux mots, et la réponse tombe : « *Not good* » – énormes rires dans l'assemblée, et conférencier tout content de son effet qui, savamment préparé, a bien fonctionné. Alors, toujours selon le psychologue, qui bien entendu a inventé de toutes pièces l'anecdote pour séduire son public, le journaliste lui donne désormais trois mots pour formuler sa réponse, et cette dernière tombe, cette fois-ci sans faire rire, car elle crée une attente et annonce le contenu de la conférence qui va suivre : « *Not good enough* » (« pas assez bon »). Seligman, une fois son petit succès engrangé, s'efforce de donner enfin une définition « scientifique » de la psychologie positive, un effort auquel on prêtera d'autant plus attention qu'en tant qu'inventeur de cette nouvelle discipline dont il prétend qu'elle est enfin « rigoureuse », il est sans doute le mieux à même d'en parler.

Reprenant ses trois réponses, il donne les précisions qui suivent, précisions qui vont permettre de saisir très exactement comment la psychologie positive entend se situer par rapport aux différents courants qui ont animé jusqu'alors l'histoire de la psychologie. Première réponse, donc, si l'état de la psychologie est « bon », si on peut même, selon Seligman, en être fier, c'est parce qu'en partant de ce qu'il appelle le « *disease model* », celui d'une psychologie/psychanalyse/psychiatrie centrée sur la maladie, sur les pathologies, on a réussi, tant par des remèdes physiques (des médicaments) que psychiques, à rendre des gens « misérables » moins « misérables » (en anglais, le terme « *miserable* » renvoie bien entendu à une détresse psychique, la question de l'argent n'étant pas ici en cause). Soit. Deuxième réponse : « Pas bon », parce qu'en se centrant sur les maladies mentales, sur les névroses, les psychoses ou la dépression, la psychologie est apparue comme « victimante et pathologisante » (pardon pour ces néologismes qui traduisent tant bien que mal l'anglais, mais je ne trouve pas mieux). Elle a oublié, du moins selon Seligman, que les gens prennent des décisions et qu'ils sont, au moins en partie, responsables de ce qu'ils sont devenus. Mais il y a plus : le « modèle pathologique », le *disease model*, a empêché les psychologues de s'intéresser à la grande question qui va désormais être celle de la psychologie positive, celle des « vies normales » : comment, non pas calmer la « misère » des personnes affectées par des pathologies plus ou moins lourdes, mais comment rendre les gens dits « normaux » plus heureux ? Et Seligman d'expliquer qu'il y a trente ans, quand il était encore jeune psychologue, il était convaincu que s'il parvenait à soigner la dépression et l'angoisse, il rendrait ses patients plus heureux. Aujourd'hui, il ne le pense plus, parce qu'il a compris que les « atouts » et les « aptitudes au bonheur », à une vie à la fois plaisante, passionnante et pleine de sens, sont différents de ceux qui permettent seulement de soulager la misère.

Voilà pourquoi la troisième réponse s'impose : l'état actuel de la psychologie n'est « pas assez bon », car il ne prend pas encore en compte cette question qui va être celle de la nouvelle « science du bonheur pour tous », et pas seulement pour les malades. Il va désormais s'agir de rendre les gens plus heureux en s'intéressant, non plus seulement à leurs faiblesses, comme le faisait la psychologie traditionnelle obnubilée par le « *disease model* », mais surtout à leurs points forts, à leurs « *skills* », à leurs talents, leurs atouts et leurs aptitudes potentielles au bonheur pourvu qu'on les actualise et qu'on les développe. La nouvelle science du bonheur va donc s'occuper au premier chef de mesurer, notamment grâce à l'imagerie cérébrale, le taux de bonheur ressenti par les individus. En effet, il n'y a pas de science véritable sans instruments de mesure. Ensuite, il s'agira de classifier les différents types de points forts, d'aptitudes et d'atouts pour être certain de parvenir à les amplifier. C'est dans cette perspective « classificatoire » que Seligman propose alors de distinguer trois types de vies plus ou moins proches du bonheur ou, pour mieux dire, trois types de vies qui devraient se compléter entre elles pour parvenir à un bonheur complet et durable. Il y a d'abord la « *pleasant life* », la vie plaisante, c'est-à-dire celle qui parvient à enchaîner de manière assez habile des moments de plaisir. C'est un premier pas, mais encore très insuffisant, d'abord parce que, selon Seligman, la capacité à éprouver des plaisirs et à les enchaîner est à 50 % génétique, donc peu malléable, de sorte qu'on n'a guère de prise sur elle. Ensuite, parce que, comme on le sait depuis Aristote, les plaisirs sont par nature à la fois fragiles, fugitifs et qui plus est addictifs. Comme dans toute addiction, on s'y habitue vite et, du coup, on s'en lasse aussi assez rapidement. La deuxième vie, la « *good life* », la bonne vie, est déjà plus proche du vrai bonheur. C'est celle qui consiste à assouvir, non pas ses désirs ponctuels pour en tirer du plaisir, mais ses passions solides et profondes, par exemple pour sa vie de famille, ses enfants, mais pourquoi pas aussi pour un sport ou un jeu, voire pour un engagement dans une association. Dans ce second type de vie, on est heureux parce qu'on est en quelque sorte totalement passionné, absorbé par ses activités, par ce que Seligman désigne comme le « *flow* », un état d'absorption total de son psychisme par l'activité qu'on est en train d'accomplir.

Enfin, le sommet est atteint par la « *meaningful life* », la vie pleine de sens qui suppose que, pour son propre bonheur, il est bon de s'engager en faveur d'une cause qui en quelque façon vous dépasse – cette transcendance ayant pour finalité d'être aussitôt abolie comme telle en étant réintégrée dans la problématique tout à fait immanente du bonheur personnel. Seligman demande alors aux membres de l'assistance qui sont devant lui dans le public de fermer les yeux et de penser à une personne qui leur a apporté un jour dans leur vie une aide véritable, quelque chose d'irremplaçable, de réellement positif. Une fois cette personne identifiée, il serait bon, conseille le gentil gourou, de l'appeler au téléphone, de lui demander un rendez-vous, surtout sans lui dire l'objet de cet appel, puis d'aller la voir simplement pour la remercier, pour lui dire sa gratitude. On notera que ce qui pourrait ressembler ici à une forme d'altruisme désintéressé en est en réalité l'exact opposé : s'il s'agit de témoigner sa reconnaissance, ce n'est pas pour faire plaisir à la personne envers laquelle on a en quelque façon une dette, pour lui rendre hommage, mais, comme dans toute philosophie utilitariste, pour augmenter son propre bonheur et comprendre que c'est dans cette voie qu'il va falloir continuer à travailler – un altruisme par égoïsme, donc, une notion fondamentale sur laquelle je reviendrai dans un prochain chapitre afin qu'on en comprenne bien le sens et la portée. Seligman conclut alors sur trois béquilles qui peuvent aider à trouver sa voie vers la « vie pleine de sens » : les technologies (par exemple les applications de psychologie positive sur smartphone ou ordinateur), le « *design* », entendu ici au sens fort comme la recherche d'objectifs à accomplir, et le divertissement (« *entertainment* »). Dans une optique utilitariste qui est fondamentalement celle de la psychologie positive américaine et du libéralisme qui la sous-tend, le calcul des plaisirs et des peines apparaît alors comme une activité mentale qui s'impose et qu'on ne saurait négliger si l'on veut accéder au souverain bien.

C'est malheureusement pour lui dans cette optique d'un calcul des plaisirs et des peines que Seligman a suscité deux polémiques, l'une pour s'être considérablement enrichi grâce à sa notoriété, ce qui, après tout, n'est pas en soi une faute morale, mais l'autre, beaucoup plus discutable, pour avoir participé au profit de la CIA à de nombreuses expériences sur la torture, ce que nombre de ses collègues n'ont pas pu lui pardonner malgré les efforts qu'il fit pour se justifier en expliquant qu'il n'y avait rien de déshonorant à travailler pour son pays. Quoi qu'il en soit, ce qui m'intéresse ici, c'est cette définition de la psychologie, non plus comme traitement des pathologies, mais comme une prétendue « science du bonheur pour tous », un thème qu'on va retrouver lui aussi dans les théories du développement personnel, ce pour quoi je ne distinguerai pas fondamentalement ces deux disciplines, du reste nées à peu près au même moment et dans le même pays, celui du libéralisme et des grandes doctrines utilitaristes.

Au fond, on pourrait dire que la psychologie positive vise le développement personnel, et que ce dernier utilise volontiers de son côté les travaux de la psychologie positive pour parvenir à ses fins. Voici d'ailleurs l'intéressante définition qu'on en trouve sur Wikipédia – et je m'y réfère, non par paresse, mais parce qu'elle n'est qu'un copié-collé de celles qu'on trouve chez les défenseurs les plus autorisés, comme chez les critiques les plus radicaux de ce courant :

« Le développement personnel est un ensemble hétéroclite de pratiques, appartenant à divers courants de pensée qui ont pour objectif l'amélioration de la connaissance de soi, la valorisation des talents et potentiels, l'amélioration de la qualité de vie, la réalisation de ses aspirations et de ses rêves. Ainsi, pour la revue *Sciences humaines*, "les techniques de développement personnel visent à la transformation de soi : soit pour se défaire de certains aspects pathologiques (phobie, anxiété, déprime, timidité), soit pour améliorer ses performances (mieux communiquer, gérer son temps, s'affirmer)". Le développement personnel n'a pas de définition institutionnelle et cette formule peut être utilisée pour légitimer des méthodes très variées dont certaines relèvent du charlatanisme qui exploite la misère émotionnelle humaine quand d'autres constituent des pseudo-sciences qui relèvent de l'escroquerie ou de la manipulation mentale voire de la dérive sectaire. »

Il nous faudra bien sûr interroger cette définition, dont la fin est à l'évidence rédigée avec une plume trempée dans le vitriol, sans doute inspirée par les dernières publications de la Miviludes (la Mission interministérielle de vigilance et de lutte contre les dérives sectaires), sur lesquelles nous reviendrons aussi. Reste que les points communs avec la psychologie positive sont évidents : dans les deux cas, il s'agit de travailler sur soi, sur son « moi profond », non pour régler, comme dans une psychothérapie ou une psychanalyse, des problèmes pathologiques en partant du « *disease model* », mais pour développer son potentiel et pour augmenter son bonheur. À l'évidence pourtant, dans les deux cas, la prétention à la scientificité fait problème aux yeux de toute personne ayant un tant soit peu réfléchi dans le domaine de l'épistémologie.

La promesse d'un bonheur durable, voire d'une éternité de joie au ciel peut-être, mais sur cette terre, en ce bas monde ?

Pour un non-croyant, il peut certes exister dans nos vies des moments de plaisir, des joies partagées avec ceux que nous aimons, voire des plages assez longues de sérénité pendant lesquelles on est plutôt heureux, mais le bonheur comme un état global, stable et définitif est à l'évidence impossible sur cette terre pour les simples mortels que nous sommes. C'est là du moins ce qu'avait compris Rousseau, comme il le dit dans *Les Rêveries du promeneur solitaire* avec une tout autre profondeur que celle de nos marchands de bonheur en quinze leçons : « **Le bonheur,** écrivait-il, **est un état permanent qui ne semble pas fait ici-bas pour l'homme : tout est sur la terre dans un flux continuel qui ne permet à rien d'y prendre une forme constante.** » On ne saurait mieux dire, en effet, et à la vérité, tout individu doté de bon sens le sait parfaitement, tout le monde comprenant bien que le bonheur, qui inclut dans sa définition l'idée d'un état définitif, n'est qu'une idée régulatrice, un idéal de l'imagination, pas une réalité accessible ici-bas. Les religions, certes, nous le promettent sous certaines conditions, mais aucune n'est assez stupide ou mensongère pour nous en assurer la conquête sur cette terre, ici et maintenant. Y croire pour plus tard, avoir cette espérance chevillée au cœur peut certes embellir dès aujourd'hui la vie des croyants, la foi est sans aucun doute un facteur d'apaisement face au tragique de notre existence, mais c'est toujours dans un rapport au ciel, dans un lien à l'après de la vie terrestre, que cet apaisement et cette joie trouvent leur source et leur sens.

Du reste, Frédéric Lenoir, dans son livre *La Puissance de la joie*, est bien obligé, malgré son admiration pour Christophe André et sa proximité avec lui, de convenir qu'on ne saurait confondre ce qui est forcément ponctuel et éphémère avec ce qui se veut durable : « **On évoque des "moments de bonheur" alors que, pour les philosophes et les sages, le bonheur ne peut être fugace, c'est un état durable, l'aboutissement d'un travail, d'une volonté, d'un effort. En fait, nous confondons plaisir et bonheur, et nous sommes bien davantage en quête de plaisirs renouvelés que d'un bonheur profond et durable**[1] » comme celui que propose selon lui la vraie sagesse, celle de Spinoza avec son « éternité de joie », si du moins nous sommes enfin capables de dire « oui » au réel en totalité. Comme le précise encore Lenoir, « **le plaisir étant éphémère et dépendant de causes extérieures, une nouvelle question se pose : comment rendre le bonheur durable ? Les philosophes de l'Antiquité répondent qu'il faut parvenir à dissocier le bonheur de ses causes extérieures et lui en trouver de nouvelles en soi cette fois. C'est le stade supérieur du**

1. *Cf. La Puissance de la joie*, Fayard, 2015, p. 27.

bonheur appelé la sagesse. Être sage, c'est consentir à la vie et l'aimer comme elle est. C'est ne pas vouloir à tout prix transformer le monde selon ses propres désirs [...]. La sagesse, disent les stoïciens, consiste à accepter ce sur quoi on ne peut pas agir. Ils l'illustrent par la parabole du chien tiré par un chariot. Si le chien résiste et refuse de suivre le chariot, il sera malgré tout tiré de force [...]. S'il ne se débat pas, il suivra le mouvement du chariot en ayant beaucoup moins souffert[1] ». Dans tous ses livres, Lenoir y revient : « **Le bonheur, ce n'est plus simplement aimer la vie qu'on aime, mais aimer la vie tout court. Aimer la vie, avec ses hauts et ses bas, ses moments favorables et défavorables, son lot de joies et de tristesses. Le but de la sagesse, sans nier le caractère imprévisible et fragile du bonheur, est d'essayer de le rendre le plus profond et le plus permanent possible, au-delà des aléas de la vie, des événements extérieurs, des émotions agréables ou désagréables du quotidien.** »

Les mots me manquent pour dire combien cette vision spinozo-stoïcienne de la sagesse me révulse, combien elle est contraire à l'héritage que je tiens des philosophies de la liberté, combien cette morale d'esclave (Épictète, rappelons-le, était lui-même un esclave...), pour ne pas dire de « collabo », me semble non seulement intenable d'un point de vue éthique, mais tout simplement délirante sur le plan intellectuel, au sens propre du terme : comme tout délire, hors du réel. J'ai vu ce matin encore des images de guerre, une femme dont la petite fille a été déchiquetée devant elle par un éclat d'obus : lui expliquer qu'elle devrait dire « oui » à la vie, que si elle est malheureuse, c'est tout simplement parce qu'elle

1. *Ibid*, p. 23-24.

manque de sagesse, que si elle avait compris Spinoza et Épictète, eu la chance d'avoir un bon guide spirituel, elle saurait enfin que ni le bonheur, ni le malheur ne doivent dépendre de causes extérieures, qu'elle devrait se concentrer sur sa vie intérieure, etc., etc., est juste absurde, pour ne pas dire obscène. La culpabilisation du malheur, sa réduction à un manque de sagesse est à mon sens ce qu'on peut faire de pire tant d'un point de vue moral que spirituel et intellectuel. C'est nier au nom d'une métaphysique aussi dogmatique qu'impraticable le tragique de l'existence, c'est nier la légitimité de la tristesse, la joie « en toute circonstance » devenant le nouvel impératif catégorique des idéologies de la frénésie du bonheur, un impératif en l'occurrence aussi indécent qu'impraticable, aussi insupportable que culpabilisant.

Que signifient en effet ces invitations à « savoir apprécier ce qu'on a », à savourer l'instant présent, à dire « oui » à la vie « avec ses hauts et ses bas », quoi qu'il arrive, quand ce qu'on a, c'est la mort d'un enfant adoré ou un cancer du pancréas, comme un de mes collègues qui vient d'en mourir après nous avoir légué un livre bouleversant sur sa maladie et les « **conneries new age** » (*sic* ! ce sont ses termes...) de ceux qui prétendent qu'on peut en tirer quelque chose de bon alors qu'il s'agit d'une horreur irrémédiable ? Que veulent dire ces mignardises quand ce qu'on a dans sa vie, c'est une sœur assassinée au Bataclan, quand on est en Syrie ou en Ukraine, entouré d'une famille tétanisée par la peur, la faim et la soif, ou tout simplement dans une situation personnelle abîmée par un irréversible accident de la vie, une injustice, une perte d'emploi, une séparation insupportable ? Que vaut vraiment cette psychologie de bazar, rehaussée de théories du développement personnel et mâtinée d'un zeste de stoïcisme, de spinozisme ou de bouddhisme, en dehors du 6e arrondissement de Paris, et encore par beau temps ? Car en cas de tempête, elle devient tout simplement dérisoire, pour ne pas dire immonde, la culpabilisation du malheur qu'elle implique de manière souterraine, comme si ne pas dire « oui » au réel en toute circonstance était un manque de sagesse, devenant insupportable. L'image à laquelle recourent les stoïciens, celle du petit chien tiré par un chariot, que Frédéric Lenoir reprend à son compte comme une belle anticipation de ce spinozisme dans lequel il voit le sommet de la sagesse, m'a depuis toujours semblé être un motif suffisant pour condamner définitivement leur métaphysique dogmatique. Que cette allégorie misérable puisse aujourd'hui passer pour un modèle de sagesse n'augure à mon sens rien de bon. Car lorsque nos désirs sont légitimes et l'ordre du monde injuste, le sage n'est pas celui qui se couche comme Pétain devant l'occupant, mais celui qui se lève, qui accuse comme Zola, qui dit « non » comme de Gaulle, qui se révolte de toutes les forces de son intelligence et de sa volonté contre le cours du monde. Ce dont nous manquons cruellement aujourd'hui, ce n'est certainement pas d'*amor fati*, de reddition inconditionnée au réel, mais de tout l'inverse, de lucidité et de courage. Sans ces qualités, la transformation et le réenchantement du monde peuvent toujours attendre.

De la dissymétrie entre le bonheur et le malheur

Reste un point où, malgré tout, je rejoins Frédéric Lenoir : il est clair, en effet, que dans sa définition du bonheur, Christophe André se permet une facilité, un manque de rigueur qui consiste à confondre « petits moments de joie » et bonheur durable, ce qui en réalité n'a rien à voir. J'y insiste, car c'est le point crucial : la notion de bonheur inclut par définition celles de durée définitive, de globalité et de stabilité, ce qui la rend par essence même et en toute rigueur absolument et définitivement indéfinissable, du moins hors religion, pour des êtres qui sont, comme le dit Rousseau, à la fois mortels et immergés dans le flux du temps qui passe. Il est par conséquent tout aussi clair que l'idée de bonheur ne saurait en aucun cas faire partie du domaine des sciences exactes.

Cette vérité d'évidence apparaîtra mieux encore si l'on compare l'idéal du bonheur avec la réalité du malheur. Il faudrait en effet être aveugle pour ne pas voir qu'il existe une dissymétrie radicale entre ces deux notions, comme d'ailleurs entre le bien et le mal. De fait, nous sommes tous capables, et ce sans la moindre difficulté, d'identifier en quelques secondes ce qui pourrait nous plonger dans un malheur absolu, à commencer par le deuil d'un être aimé, une séparation irréversible et douloureuse, un handicap soudain causé par un accident, une maladie mortelle, peut-être même la perte d'un emploi, voire une humiliation insupportable, bref, un accident de la vie. En revanche, je ne puis jamais être absolument certain de ce qui va me rendre heureux sur ce long terme qui différencie plaisir (très court terme), joie (déjà un peu plus durable) et bonheur (l'éternité de joie de nos spinozistes et de nos religions) : l'amour, la justice l'argent, la réussite sociale, la notoriété, l'intelligence, les connaissances, des avoirs et des propriétés en tous genres ? Tous peuvent se renverser aisément en calamités. C'est là un argument que Kant, dans les

Fondements de la métaphysique des mœurs, a étayé d'un raisonnement bien difficile à réfuter dès lors qu'on y réfléchit un tant soit peu sérieusement :

« Le concept de bonheur est un concept si indéterminé que, malgré le désir qu'a tout homme d'arriver à être heureux, personne ne peut jamais dire en termes précis et cohérents ce que véritablement il désire et il veut. La raison en est que tous les éléments qui font partie du concept du bonheur sont forcément empiriques, c'est-à-dire qu'ils doivent être empruntés à l'expérience et que cependant, pour l'idée du bonheur, une totalité absolue, un maximum de bien-être dans mon état présent et dans toute ma condition future est nécessaire. Or il est impossible qu'un être fini, si perspicace et si puissant qu'on le suppose, se fasse un concept déterminé de ce qu'il veut sur ce sujet véritablement. Veut-il la richesse ? Que de soucis, que d'envies, que de pièges ne peut-il pas par là attirer sur sa tête ! Veut-il beaucoup de connaissances et de lumières, peut-être cela ne fera-t-il que lui donner un regard plus lucide sur des maux qu'il se représentera désormais de manière plus terrifiante tandis qu'ils se dérobaient avant à sa vue alors qu'ils étaient pourtant inévitables – à moins que cela ne le charge de plus de désirs encore alors qu'il avait déjà bien du mal à satisfaire ceux qu'il avait déjà [...]. Bref, il est incapable de déterminer avec une entière certitude dérivée de quelque principe ce qui le rendrait véritablement heureux, car pour cela, il lui faudrait l'omniscience [...]. Le problème qui consiste à déterminer d'une façon sûre et générale quelle mesure peut favoriser le bonheur d'un être raisonnable est un problème tout à fait insoluble [...] parce que le bonheur est un idéal, non de la raison, mais de l'imagination, fondé exclusivement sur des principes empiriques dont

on attendrait vainement qu'ils puissent déterminer une action par laquelle serait atteinte la totalité d'une série de conséquences en réalité infinie. »

On ne saurait mieux dire et il faut y insister : alors que le malheur est hélas fort aisé à identifier, le bonheur est, pour les mortels que nous sommes, toujours situés, comme le dit Rousseau, dans le flux permanent du temps, impossible à définir de manière certaine et durable. Le confondre avec une série de « petites joies » est une facilité qui ne résout rien au problème de fond. L'argent, les connaissances, la réussite sociale, la notoriété ou l'amour n'ont jamais empêché la maladie, la mort, ni garanti une vie réussie. Comme y insiste encore Kant dans la *Critique de la raison pratique*, une œuvre géniale que j'ai dans mon jeune temps traduite dans la Pléiade avec mon ami Heinz Wismann, bien que nous cherchions tous à être heureux, la sagesse véritable consiste à reconnaître l'impossible harmonie entre nos désirs et la réalité, ce qui implique l'impossibilité de définir le bonheur comme une joie durable, a fortiori éternelle, du moins en cette vie :

« Le bonheur est l'état, au sein du monde réel, d'un être raisonnable pour qui, tout au long de son existence, tout irait selon son désir et sa volonté. Il repose par conséquent sur l'accord de la nature avec le but tout entier poursuivi par cet être [...], mais l'être raisonnable qui agit dans le monde n'est assurément pas en même temps la cause du monde et de la nature elle-même[1]. »

1. Même le modeste *Dictionnaire de philosophie en ligne* est plus raisonnable à cet égard que nos marchands de bonheur. On peut en effet y lire ceci, qui me semble marqué au coin du bon sens : « **Le "contenu" du bonheur est indéterminé. Il n'y a pas d'accord sur des**

Sauf à faire de nécessité vertu, à changer ses désirs plutôt que l'ordre du monde, à prétendre que le bonheur ne dépend en rien des réalités extérieures à nous, qu'il relève seulement de notre vie intérieure, ce qui est tout simplement délirant, Kant a évidemment raison : à l'opposé de la résignation systématique à laquelle nous invitent le stoïcisme et le spinozisme, la loi morale, l'idéal du droit naturel et le simple souci le plus élémentaire de la justice nous commandent parfois, pour ne pas dire la plupart du temps, d'agir de manière non conforme à la nature, de combattre la réalité s'il le faut, de lutter contre la logique des intérêts particuliers qui souvent l'emportent sur le bien commun. En quoi l'accord entre le réel et mes désirs que supposerait le bonheur parfait et durable, si du moins on ne le réduit pas de manière fictive à une affaire purement intérieure, n'est de ce point de vue qu'une utopie, pour ne pas dire un conte de fées, au mieux un idéal régulateur. Bref, sauf à se réfugier dans le solipsisme et le narcissisme auquel nous invite Fabrice Midal, notre rapport au réel, c'est le moins qu'on puisse dire, n'est pas toujours harmonieux, il est souvent déchiré, tragique. On pourra

éléments particuliers et précis qui seraient constitutifs du bonheur. La richesse, la beauté et le pouvoir ne font pas le bonheur. Aucun élément concret ne peut être mis en avant. Croire qu'il faille une Ferrari ou passer à la télé pour être heureux est une illusion. Lorsqu'il y a un accord sur ce qui rend heureux, il ne porte que sur des éléments vagues, des principes généraux. L'amour, l'amitié, le plaisir sont sûrement des composantes du bonheur. Mais ces éléments sont profondément abstraits. Savoir que l'amitié compte ne me donne pas de bons et vrais amis. On ignore souvent ce qui peut nous conduire à notre bonheur. Ce qui me permettrait, personnellement, de devenir heureux n'est pas clair pour moi-même. Je peux penser que certaines choses me rendront heureux (un bien matériel, réaliser un projet, etc.), certes. Mais je ne peux jamais savoir certainement que ces éléments feront réellement mon bonheur (actuel ou futur). »

« lâcher prise » tant qu'on voudra, s'adonner à des exercices de sagesse et de psychologie positive visant à pratiquer ce que Spinoza appelait l'« intelligence de la nécessité » et Nietzsche l'« *amor fati* » autant qu'on en aura le désir et la force, le réel n'en continuera pas moins de se moquer comme de l'an 40 de nos aspirations profondes. Il n'en a que faire, de sorte que notre rapport au monde est forcément empreint à un moment ou à un autre d'un caractère conflictuel, traversé par des oppositions et des combats nécessaires, voire légitimes et en tout état de cause impossibles à occulter ou à contourner quoi que nous fassions.

Comme Max Weber, Freud était convaincu, contrairement à Marx, qu'il n'y a pas de société parfaite, pas de société sans conflit, pas de réel transparent, dépourvu de contradictions, de frustrations et de privations. Du reste, une société sans interdits, en admettant même qu'elle fût concevable, serait tout simplement effroyable : rien n'est plus atroce, si l'on y réfléchit trois secondes, que la formule « il est interdit d'interdire ! ». Ne pas interdire les pulsions de haine, la diffamation, le racisme, le viol, le vol, l'antisémitisme, le sadisme, j'en passe et des moins bonnes, ce serait tout simplement une abomination... Donc, à la différence notable de Marx, Freud pensait que, quoi qu'on en dise, révolution ou pas, société sans classe ou pas, le réel est tragique, intrinsèquement contradictoire. Nous n'avons presque jamais le choix entre une bonne solution (une société sans conflits, sans interdits ? Quelle blague !), et une mauvaise (le capitalisme plein de contradictions et de tabous), mais nous n'avons le choix qu'entre plusieurs mauvaises solutions, la réalité étant toujours plus ou moins frustrante, l'idéal étant de l'ordre du compromis, pas de la transparence parfaite. Tel est aussi le sens profond de la fameuse distinction entre le « principe de réalité » et le « principe de plaisir », distinction qui me paraît être un premier pas nécessaire vers la lucidité, c'est-à-dire vers l'abandon en pleine conscience de ces fausses sagesses au profit d'autres préoccupations selon lesquelles l'aspiration à une vie digne et bonne ne se réduit pas forcément à une quête désespérée du bonheur, parce qu'une vie vraiment bonne est bien davantage de l'ordre de la liberté, de l'intelligence, du courage et, plus que tout autre chose, de l'amour et du sens, une notion elle-même inséparable de celle du sacré, de ce qui définit le sacrifice et le sacrilège.

Pourrait-on malgré tout parvenir à une définition cohérente du bonheur si on identifiait sa « nature profonde » ?

Un de mes collègues parmi les plus célèbres représentants de la psychologie positive et, comme il se doit, fervent disciple de Spinoza, du stoïcisme et des sagesses anciennes, m'a un jour fait part dans une lettre de son désaccord touchant la distinction que j'opère à la suite de Rousseau et Kant (mais aussi de Popper, qui sur le sujet est excellent) entre malheur (aisément définissable) et bonheur (impossible à définir autrement que de manière négative et non scientifique) : « **Je suis en désaccord,** m'écrivait-il, **avec ta première affirmation, selon laquelle, d'une part, le malheur est plus facilement identifiable et définissable que le bonheur, d'autre part que le bonheur est et restera à jamais impossible à définir a priori. Dans nos existences quotidiennes, bonheur et malheur me semblent tout aussi identifiables et définissables l'un que l'autre : globalement, je suis**

heureux lorsque j'aime la vie que je mène et je suis malheureux lorsque je n'aime pas la vie que je mène. Et il existe aussi des moments intenses de bonheur, lorsque par exemple un désir profond se réalise : une rencontre amoureuse, la naissance d'un enfant, la réussite d'un examen, un succès professionnel, etc. De même qu'il existe des moments intenses de malheur : perte d'un proche, grave maladie, échec professionnel [...]. »

J'espère que mon lecteur comprendra que cette réponse oscille à nouveau entre des propositions purement tautologiques (du type « Globalement je suis heureux quand j'aime la vie que je mène » : qui dit le contraire et en quoi cela nous conduit-il si peu que ce soit vers une définition du bonheur, a fortiori vers une « science du bonheur » ?) et à nouveau une confusion entre moments de joie par essence fugitifs et un bonheur par essence durable. En effet, pas besoin d'être un génie pour être d'accord avec l'idée selon laquelle « je suis heureux quand je suis heureux ». La thèse est imparable, mais elle ne nous dit rien, rigoureusement rien, ni sur la question de savoir si ça va durer toute la vie, ni sur ce qui nous a rendus heureux, ni en quoi les constituants de ce « moment de bonheur » pourraient nous apporter cette « éternité de joie » qui définit le bonheur selon l'auteur même de cette lettre puisqu'il se veut spinoziste. Que nous puissions connaître dans nos vies des « années de bonheur » est une chance qui, fort heureusement, peut être offerte à certains d'entre nous, mais de là à dire que ça va durer éternellement, il y a un abîme, celui qui sépare la science authentique des mirages de la métaphysique. Et quand on sort des tautologies indigentes (« Le bonheur c'est quand on est heureux, quand on aime sa vie », etc.), c'est pour tomber à nouveau dans la confusion entre moments de joie et bonheur durable. Donc, pour être tout à fait clair : la réponse de mon collègue n'apporte rien, elle ne contredit en rien la distance qui sépare la très facile identification du malheur de la très impossible définition du bonheur.

Nous avons donc poursuivi la discussion, il a approfondi son propos et proposé un nouvel argument : on pourrait selon lui définir quand même le bonheur en partant d'une identification de ses aspirations les plus profondes et les plus personnelles, celles qui nous définissent, donc en essayant au préalable de cerner notre nature intime. C'est du reste ce que propose Frédéric Lenoir dans son petit livre *La Sagesse expliquée à ceux qui la cherchent*, un ouvrage qui interpelle d'entrée de jeu son lecteur pour l'inviter à trouver ce qui fait sa nature la plus profonde, la plus intime, ce qui le définit dans sa particularité irréductible : « **Pose-toi la question : qui suis-je ? Non pas seulement ton identité animale ou familiale (tu es un être humain, tu t'appelles, tu es le fils ou la fille de, etc.). Ni même ton identité sociale (tu exerces tel métier, tu as telle réputation, etc.). Non, interroge-toi sur ton identité profonde : qui es-tu au-delà de toutes ces identités ? Qui es-tu en tant qu'être singulier ? Quelle est ta nature véritable ? […] Ce questionnement est fondamental, car aucun chemin de sagesse ne peut être poursuivi sur la base d'un "faux self", d'une méconnaissance de soi, de sa nature profonde, de ses véritables aspirations.** » Cette injonction peut sembler a priori sensée et raisonnable : elle suggère que c'est en identifiant sa nature singulière qu'on pourrait enfin parvenir à être heureux, pour ainsi dire en la « remplissant », le bonheur se définissant alors par la capacité à donner à sa nature ce qui lui convient : le métier qui lui convient, la vie affective qui lui convient, les lectures et les rencontres qui lui vont et qui lui feront du bien, bref la réalisation de toutes les aspirations qui sont elles-mêmes en harmonie avec son harmonie la plus intime.

Le bonheur résiderait alors dans la mise en harmonie de soi avec soi ainsi que l'explique Frédéric Lenoir dans la suite de son livre : « **En apprenant à nous connaître, nous apprenons à découvrir ce qui est bon pour nous et ce qui ne l'est pas, ce qui s'accorde à nous et ce qui ne s'accorde pas, ce qui est favorable à la santé de notre corps et de notre âme et ce qui les empoisonne.** » On peut du reste donner à cette opinion des lettres de noblesse puisées dans une tradition très ancienne, celle, à nouveau, du spinozisme, mais aussi de la sagesse stoïcienne, comme on le voit dans le petit essai de Plutarque intitulé *De la sérénité intérieure* (*peri euthumias*), qui développe longuement un thème analogue. En effet, il existerait selon Plutarque en chacun de nous une nature humaine profonde et singulière qu'il faudrait apprendre à connaître afin de la satisfaire, de la combler comme on donne à une fleur posée dans un vase l'eau et les nutriments qui favorisent sa vie : « **Il faut,** écrit Plutarque, **apprendre à se connaître soi-même, puis agir selon ses dons naturels au lieu d'entraîner de force sa nature au désir d'imiter tantôt un genre de vie, tantôt un autre en lui faisant violence [...]. De même que la chaussure épouse la forme du pied et non le contraire, de même les dispositions de chacun façonnent sa vie à leur image.** » Plutarque relie alors ce projet de cerner sa nature profonde au fameux « connais-toi toi-même » qui orne le fronton du temple d'Apollon à Delphes : « **Nous devons, suivant en cela ce que nous enseigne l'inscription delphique, apprendre à nous connaître nous-mêmes et nous consacrer ensuite à**

un objet unique, à savoir celui pour lequel nous avons une aptitude naturelle. Gardons-nous de nous passionner tantôt pour un genre de vie, tantôt pour un autre, gardons-nous de violenter notre nature [...]. La nature a donné divers moyens de subsister aux diverses classes d'homme. Il faut choisir l'état qui nous convient, en faire l'objet exclusif de nos travaux sans nous occuper du reste. » En identifiant notre nature la plus intime, en apercevant ce qui véritablement lui convient, chacun d'entre nous pourrait ainsi accéder à sa propre définition d'un bonheur complet et durable.

Après avoir distingué succès, plaisir et bonheur, c'est donc, contrairement à ce que dit Christophe André, non pas vers la science contemporaine, mais bel et bien vers ces sagesses anciennes qu'on devrait se tourner, en particulier vers ce stoïcisme dont Montaigne reprendra les grands thèmes, un penseur qu'il faudra donc ajouter, comme y invite Frédéric Lenoir, à la liste des auteurs censés, au même titre que Spinoza, nous permettre de parvenir à une définition cohérente du bonheur : « **Toute la sagesse de Montaigne,** écrit en ce sens Lenoir, **se résume à une sorte de grand "oui" sacré à la vie. Connaître et accepter sa nature propre pour apprendre à jouir au mieux de la vie. Esquiver toute souffrance évitable et supporter avec patience les épreuves inévitables tout en continuant d'essayer de jouir de ce qui nous contente. Compenser la brièveté de l'existence par la qualité et l'intensité des expériences. Il n'y a d'ailleurs qu'ainsi que nous pourrons affronter la mort sans regret** ».

Le problème, et nous allons voir qu'il n'est pas mince, c'est que, pour asseoir cette idée que le bonheur est définissable en fonction d'une connaissance de sa nature propre, il faut bien sûr, c'est le minimum, postuler qu'il existe bel et bien quelque chose comme une « nature humaine » stable à laquelle certaines choses conviendraient et d'autres non, comme la carotte convient au lapin, les graines de blé au pigeon ou le thon de l'Atlantique à mes chats (il paraît que ça n'est pas fameux pour leur santé, mais ils aiment tellement ça...). C'est cette adéquation entre ce réceptacle que serait la nature humaine d'un côté et ce qui viendrait le combler de l'autre qui permettrait de bien identifier et de définir le bonheur en même temps que les moyens d'y accéder avec l'aide d'un guide, d'un maître spirituel qui nous aidera à mieux nous connaître. Si l'on admet qu'il y a une nature humaine stable, des désirs naturels bien identifiables, alors on peut définir aisément le bonheur comme l'ensemble de recettes qui apportent des réponses adaptées à cet horizon d'attente, des réponses qui nous éviteront de nous lancer dans la course aux artifices, de sombrer dans la logique artificielle de consumérisme qui confond l'être et l'avoir.

Comme j'y ai insisté dans presque tous mes livres en me plaçant du point de vue des philosophies de la liberté, donc dans une perspective radicalement opposée au déterminisme stoïcien et spinoziste, cette idée de nature humaine m'apparaît comme un pur mythe, un mythe qui nie de façon dramatique la différence entre humanité et animalité car, à la différence des animaux, nous sommes avant tout des êtres d'histoire plus que de nature. Autant je sais comment rendre mes chats heureux en leur donnant ce qui leur convient « par nature », autant c'est une tout autre affaire avec mes enfants : ils n'ont ni les mêmes désirs ni les mêmes besoins à 5 ans, 10 ans, 15 ans, 20 ans, et quelque chose me dit que cela ne va pas s'arrêter de sitôt. Telle est du moins la thèse, à mon sens juste et lucide, qui apparaît déjà dans le mythe de Prométhée tel que Protagoras nous le raconte dans le dialogue de Platon qui lui est consacré, une thèse d'une rare profondeur qui sera reprise, développée et conceptualisée plus tard dans les philosophies de la liberté depuis Pic de la Mirandole, Rousseau et Kant jusqu'à Husserl, Sartre et même Heidegger[1]. On y comprend enfin pour quelles raisons

1. Pour ceux qui ne l'auraient pas ou plus présent à l'esprit, voici la signification de ce fameux mythe. Tout commence avec un souhait du roi des dieux. Zeus demande en effet aux deux frères Épiméthée et Prométhée, les fils du Titan Japet, de « fabriquer » les mortels pour désennuyer les dieux qui se morfondent dans un « calme olympien » depuis que la guerre contre les Titans a pris fin. Épiméthée, dont le nom signifie « celui qui pense après coup », autrement dit l'idiot de la famille, supplie son frère de le laisser s'exercer sur ces mortels de rang inférieur que sont les animaux. Prométhée, celui qui a au contraire un coup d'avance, le plus intelligent des deux, est un peu inquiet, mais il finit par accepter de laisser faire son frère. Ce dernier sculpte, avec de l'eau et de la terre, des figurines destinées à être les modèles de chaque espèce. Pour parvenir à construire un règne animal bien équilibré et viable, il attribue aux bêtes trois qualités : un archétype, c'est-à-dire justement une nature propre, une espèce de logiciel commun à l'espèce, de sorte que le chat, l'abeille ou le lapin aient chacun leur mode de vie bien à eux ; une place particulière dans le monde (dans l'eau pour les poissons, dans le ciel pour les oiseaux, sur la terre pour les mammifères, les uns dans les régions froides, d'autres dans les chaudes, etc.) ; et enfin, des dons spécifiques pour survivre dans un monde difficile (des ailes, des nageoires, des griffes, de la fourrure, des carapaces, la vitesse à la course, etc.). Quand il a tout distribué et que son frère, Prométhée, vient examiner son travail, ce dernier est consterné car il s'aperçoit qu'il ne reste plus rien pour les humains : pas de modèle, d'archétype, aucun programme particulier, bref, aucune « nature humaine », mais pas non plus de place, ni de don spécifiques – pas de nageoires, pas d'ailes, de fourrures, de carapaces, de griffes, etc., de sorte que le petit d'homme, contrairement aux animaux, est complètement démuni à sa naissance, privé qu'il est de tout logiciel qui lui prescrirait tel mode de vie plutôt qu'un autre. Leçon philosophique du mythe : c'est justement parce que l'Homme n'est rien de bien défini, parce qu'il n'y a pas de nature humaine, pas de logiciel impératif qui

l'essence de l'homme est de ne pas avoir d'essence, sa nature de ne pas avoir de nature, car c'est en cela que réside sa liberté qui engendre la double historicité dont il fait preuve, à la différence des animaux : historicité de l'éducation tout au long de sa vie au niveau individuel, historicité de la culture et de la politique au niveau collectif. De là le fait que, pour l'être humain, la définition du bonheur ne peut être que subjective, relative à son histoire personnelle, sans cesse évolutive et, comme telle, en aucun cas stable et définitive, en aucun cas objet d'une science exacte – et c'est sans doute pour cette raison que les humains ont inventé les religions afin de pouvoir y puiser a contrario l'idée d'une possible éternité de joie après la vie terrestre.

Marchands de bonheur, gourous et coachs autoproclamés : les sévères mises en garde de la Miviludes[1]

Faisant allusion à la psychanalyse dans son petit livre *La Sagesse expliquée à ceux qui la cherchent*, Frédéric Lenoir précise que, pour parvenir à mieux se connaître soi-même, pour tirer au clair ce qui est refoulé dans l'inconscient et risque ainsi de perturber nos vies, il faut une aide extérieure, celle de l'analyste. Puis il ajoute aussitôt ceci qui me semble autrement plus problématique, à savoir que dans le cadre des sagesses traditionnelles auxquelles se réfèrent la

---

préformerait un destin, qu'il peut devenir tout, c'est parce qu'il n'est déterminé par aucune nature, qu'à l'opposé de ce que prétendent déjà les stoïciens, et plus tard Spinoza, il est libre.

1. Mission interministérielle de vigilance et de lutte contre les dérives sectaires.

psychologie positive et les théories du développement personnel, « **cette aide extérieure pourra venir du maître spirituel, personnage clef des grands courants spirituels hindou, bouddhiste, chrétien ou soufi. L'analyste, ou le maître spirituel, est un guide qui a déjà parcouru le chemin de l'ombre à la lumière et qui est donc apte à nous guider, à nous soutenir, à nous réconforter** ». Conscient que cette notion de « maître spirituel » qui aurait « **parcouru le chemin de l'ombre à la lumière** », qui serait donc en quelque façon omniscient, quasiment l'égal d'un dieu, se rapproche singulièrement de celle du gourou et que, dans un monde mercantile où des millions de personnes se trouvent dans un état de solitude et de faiblesse psychique, la question de l'emprise ne peut pas être évacuée, Frédéric Lenoir prend soin, sinon de corriger son propos, du moins de le préciser : « **Il est bien évident,** nous dit-il, **qu'il faut aussi un grand discernement pour choisir celui sur qui on souhaite s'appuyer pour effectuer ce chemin initiatique de la réalisation de soi.** » Le maître spirituel devra selon lui remplir trois critères : « **L'expérience, la bienveillance et le désintéressement. Le guide, qu'il soit psychologue ou spirituel, doit avoir expérimenté ce qu'il enseigne** », il doit « **rendre le patient ou le disciple le plus autonome possible. C'est l'inverse du gourou sectaire ou du thérapeute pervers qui cherche, consciemment ou inconsciemment, à rendre l'autre de plus en plus dépendant de lui**[1] ».

Fort bien. Mais qui en jugera ? Et comment s'en assurer, comment protéger les personnes en souffrance des « gourous sectaires » et des « thérapeutes pervers » ? C'est tout le problème que s'est posé la

1. *La Sagesse expliquée à ceux qui la cherchent*, *op. cit.*, p. 58-59.

Miviludes dans son rapport de l'année 2021 sur « **la formation, le développement personnel, le coaching et le culte de soi** ». Or ce rapport dénonce, faits et arguments à l'appui, les techniques sophistiquées de persuasion qui tentent de se faire passer pour une science véritable du bonheur alors qu'elles n'en ont aucun des attributs : « **Atteindre la "meilleure version de soi-même", exploiter son "plein potentiel", devenir son "propre leader", "vénérer son idéal de soi", autant de promesses que vantent des entrepreneurs aux titres et diplômes variés, souvent sans reconnaissance d'un organisme officiel, et qui rencontrent un succès grandissant [...]. Cet idéal ne serait accessible qu'au travers de l'enseignement d'un "guide" détenteur d'une méthode miracle pour s'affranchir de ses défauts, de ses regrets, de ses contraintes, etc. L'épanouissement personnel devient un produit que l'on pourrait acheter préfabriqué et la richesse ne serait alors plus qu'à portée de main pour celui qui s'investirait assez dans le programme forgé par le "guide". Ce dernier se placerait dans une position dominante vis-à-vis de son apprenti, il serait le seul à pouvoir répondre à ses espérances. La Miviludes observe ainsi de graves situations d'emprise mentale au travers de ces nouvelles formes de dérives sectaires. Le développement personnel rencontre depuis de nombreuses années un fort engouement du public et représente plusieurs milliards d'euros à l'échelle de la planète...** »

Une journée de réflexion sur les dérives sectaires a été organisée au ministère de l'Intérieur le 9 mars 2023 autour des travaux de la Miviludes. La mission faisait état des signalements qu'elle avait reçus au cours de l'année qui venait de s'écouler, en général venant de familles ne sachant plus quoi faire pour tirer un proche des griffes des « guides » qui prétendent avoir « **parcouru le chemin de l'ombre vers la lumière** ». Sur un peu plus d'un millier de signalements venant d'horizons divers, plus d'un tiers ont été générés selon la Miviludes « **par le développement personnel et le coaching (173 saisines), le chamanisme et les psycho-spiritualités (159 saisines)** »...

L'industrie du bonheur, un phénomène néolibéral lié à la logique de la « destruction créatrice »

Comme toujours depuis leur naissance au XVIIIe siècle, les doctrines utilitaristes qui prétendaient que le bonheur est la seule et unique finalité de toute vie ont entretenu des liens étroits et puissants avec le libéralisme anglo-saxon de sorte que la quête frénétique du bonheur ne pouvait pas épargner le monde de l'entreprise et de l'argent. Nicolas Bouzou et Julia de Funès, dans leur livre *La Comédie (in)humaine* (Éditions de l'Observatoire, 2018), ont, avec talent, œuvré à déconstruire les illusions de la « bonheurisation » croissante de l'entreprise. Deux universitaires, Edgar Cabanas et Eva Illouz, leur ont emboîté le pas afin de tordre le cou à un certain nombre de fantasmes que la psychologie positive, les théories du développement personnel, la mode du *coaching* et de la « méditation de pleine conscience » s'efforcent de propager. Dans leur ouvrage *Happycratie. Comment l'industrie du bonheur a pris le contrôle de nos vies*, ces deux chercheurs montrent que le bonheur est devenu une formidable marchandise qui génère chaque année des milliards de dollars via livres à succès, séminaires d'entreprise, financements de centres de recherches et, *last but not least*, un nombre croissant d'applications payantes qui accompagnent les promesses mirifiques de félicité en quinze leçons et développent volontiers trois thèmes majeurs : le « *self-help* », (« l'automanagement émotionnel » ou « écologie du moi »), la quête de l'authenticité et l'épanouissement de soi, le tout enrobé d'un discours pseudo-scientifique qui prétend non seulement mesurer, mais bel et bien engendrer le bonheur. De là les recettes faciles à consommer qu'elle distille sous forme d'exercices pratiques dont la puérilité, qui laisse souvent perplexe, ne semble pas décourager les adeptes : il s'agit toujours, narcissisme oblige, de se mettre discrètement en avant afin de « faire de sa personne une marque » (*personal branding*) et, pour y parvenir, il est bon d'apparaître toujours « au top », en forme et, quoi qu'il arrive, souriant et de bonne humeur[1], ce qui, au passage, tend à faire du malheur une maladie, voire une faute morale, seul l'optimisme ayant droit de cité selon les critères faussement *cool*, mais au final archinormatifs, des idéologies du bonheur : si le bonheur ne dépend que de nous, pas du réel (qui peut être hostile), mais seulement du regard que nous jetons sur lui, alors être malheureux est un signe de faiblesse, voire le symptôme d'un caractère mal embouché qui ne mérite guère de place dans la cité, encore moins dans l'entreprise...

1. *Cf.* sur ce point l'excellent livre de Julia de Funès *Développement (im)personnel. Le succès d'une imposture* (Éditions de l'Observatoire, 2019).

Vers une définition beaucoup plus modeste du bonheur... comme simple absence de malheur

Si je tiens à la différence qui sépare de manière évidente la définition du malheur de celle du bonheur, c'est aussi pour une raison de fond, à savoir que c'est seulement en partant de l'identification du malheur qu'a contrario une définition du bonheur simplement négative et dénuée de toute prétention à la scientificité pourrait voir le jour, non pas la sérénité infinie et sans tache du stoïcien ou l'éternité de joie du spinoziste, encore moins un état de satisfaction et d'amour de soi complet et durable, mais le sentiment très humble que ce matin-là, on n'exclut pas la possibilité de la joie[1], l'éventualité que la journée puisse ne pas s'achever sans qu'on l'ait croisée à un moment ou un autre. Bien sûr, on n'est pas obnubilé par cette perspective, on a conscience que cette joie sera momentanée, éphémère et provisoire. Ce sera un café pris dans la complicité d'un vieil ami, un instant de créativité dans son travail, d'amour avec la femme ou l'homme qu'on aime, le sourire d'un de ses enfants qui a réussi à surmonter une épreuve, une bonne nouvelle sur la santé d'un être cher pour qui on s'inquiétait ou, tout bêtement, un de ces instants de grâce, un soir, sur une terrasse ensoleillée, quand le monde semble pour une fois rempli de douceur et de beauté.

On dira que cette définition du bonheur est trop « faible » pour correspondre à ce que les dictionnaires entendent par ce mot qui suppose durée et complétude

1. Je rejoins sur ce point ce que dit du bonheur mon ami André Comte-Sponville dans son *Dictionnaire philosophique* (PUF, 2001).

tout au long de la vie, et on aura tout à fait raison. Encore une fois, je ne crois pas une seconde au projet fumeux de parvenir à une définition positive et scientifique du bonheur. Se réveiller le matin en se disant « simplement » que la joie est possible, qu'on va peut-être pouvoir la rencontrer, c'est déjà beaucoup. Spinozistes et idéologues du bonheur diront que c'est insuffisant, que ce qu'ils nous promettent, eux, c'est du solide, de l'éternel. Pourquoi et comment y parviennent-ils ? Ici encore, en nous assurant que tout dépend de nous, rien que de nous, pas des autres ni du monde extérieur, que la sagesse du bonheur est à notre portée parce qu'elle est tout entière en nous et qu'elle ne tient pas au réel. Surtout, ne les croyez pas ! Le risque est grand que ceux qui croient en ces promesses soient un jour déçus, que cette tyrannie du bonheur, cette obligation de réussite ne les culpabilisent et les humilient à force de contraintes et d'exigences irréalisables. Je préfère me contenter d'un idéal plus sage et plus modeste. Une absence de malheur, ce n'est pas rien, des plages de sérénité qui entrouvrent la porte à des moments de joie dont on doit garder à l'esprit qu'ils sont, en toute hypothèse, dépendants des autres et du réel infiniment plus que de notre petit ego, voilà ce qu'il nous est permis d'espérer. Car c'est la lucidité qui sauve, les mirages des idéologies ayant invariablement des effets pathogènes dont je doute qu'ils puissent rendre quiconque authentiquement heureux.

Pourquoi ça marche ? Des grands thèmes de la frénésie du bonheur et pourquoi ils peuvent séduire

Comment, dans ces conditions, expliquer l'extraordinaire succès des idéologies du bonheur ? Que le contexte dont nous avons parlé, celui de la déconstruction des grands récits conduisant au souci de soi, puisse être un terrain plus que favorable à la quête frénétique du bonheur, est assez clair. Reste que si les conseils de ces guides qui font croire à leurs malheureux disciples qu'ils « **ont parcouru le chemin de l'ombre vers la lumière** » étaient tous nuls et non avenus, ça ne marcherait pas. Or le moins qu'on puisse dire, c'est que les ouvrages qui vous proposent de « développer votre potentiel » pour parvenir à la félicité suprême ont envahi les rayons des librairies dans le monde occidental et qu'à cela, il existe forcément des raisons qui ne peuvent pas être que négatives. Voilà pourquoi je voudrais, dans le chapitre qui vient, vous proposer une analyse « critique », au sens étymologique du terme, des grands thèmes de la psychologie positive et des théories du développement personnel. Le mot « critique » vient du verbe grec *krinein* qui ne signifie pas à l'origine « reprocher », encore moins « dézinguer », ainsi qu'on le comprend souvent aujourd'hui, mais « séparer », « trier », comme dans la formule évangélique qui nous invite à « séparer le bon grain de l'ivraie ». Or les recommandations des marchands de bonheur sont souvent bien tournées. Présentées avec habileté, elles forment un tout assez cohérent pour convaincre des personnes en souffrance ou tout simplement désireuses d'aller vers le mieux. Certains conseils relèvent parfois du simple bon sens, ce qui leur donne une certaine force de persuasion, voire de séduction, une fois enrobés dans un langage qui semble scientifique et présentés avec humour et compassion par un coach plein de gentillesse et d'empathie. Il est certain qu'ils peuvent apporter, au moins dans un premier temps, du réconfort à des personnes fragiles en quête de mieux-être, ce qui est du reste aussi compréhensible que légitime. Voilà pourquoi une analyse critique, au sens que je viens de définir, s'impose s'agissant des poutres maîtresses et des thèmes porteurs des idéologies de la frénésie du bonheur.

Chapitre V

Pourquoi ça marche ?

Le bon grain et l'ivraie

La quête frénétique du bonheur qui s'empare d'*Homo occidentalis* pose à mon sens deux questions de fond. La première est tout simplement celle de la vérité, une notion dont nous allons voir pour quelles raisons nos nouveaux « guides spirituels » autoproclamés lui préfèrent celle d'utilité[1] : comment distinguer dans les grands thèmes portés par les idéologies du bonheur entre ce qui peut nous aider à nous rapprocher de la lucidité et ce qui relève de leurres destinés à racoler les « mangeurs de vent » ? C'est ici que le mot « critique » prend tout son sens, que sa mise en œuvre devient salutaire, voire salvatrice, tant les dangers relevés par la Miviludes sont réels, seul l'esprit critique pouvant protéger contre les phénomènes d'emprise exercés par des gourous sur des personnes fragiles. La seconde est d'ordre moral plus que théorique : dans quelle mesure ce qui nous fait du bien à court terme est-il forcément bon à long terme ? Comme je l'ai déjà suggéré, mais il va nous falloir y revenir, il existe quantité de choses

1. En témoignent d'ailleurs, parmi d'autres exemples, les falsifications que nous avons vues à l'œuvre dans les analyses délirantes du mythe de Narcisse : du moment qu'une lecture évidemment fausse peut être utile d'un point de vue thérapeutique, alors elle est « juste ».

nuisibles qui nous apportent un soulagement rapide face aux difficultés de la vie, mais qui s'avèrent par la suite désastreuses. Or, en l'occurrence, les études de terrain que j'ai abondamment citées dans un précédent livre montrent que la quête du bonheur rend la plupart de ceux qui s'y jettent à corps perdu profondément malheureux[1]. Elle leur fixe des idéaux inaccessibles, la promesse d'un bonheur enfin durable parce qu'il ne serait lié qu'à notre état d'être intérieur n'étant qu'un mirage porteur de frustrations et de culpabilités, l'effort permanent pour se rendre heureux, en pleine forme, bien dans sa tête et dans sa peau, devenant vite épuisant[2], ceux qui assurent être « pleinement heureux » étant souvent atteints de pathologies mentales sévères qui les conduisent à des échecs calamiteux[3].

Ces deux questions ne sont pas sans lien entre elles. Je pose par principe, suivant en cela Freud, et à vrai

1. *7 façons d'être heureux*, XO, 2016.

2. Mickaël Mangot, dans son livre *Heureux comme Crésus ?* (Eyrolles, 2014), donne à l'appui de ce constat de nombreuses références à une longue série d'études de terrain. Leurs titres sont du reste édifiants : « *Can seeking happiness make people unhappy ? Paradoxical effects of valuing happiness* » (« La poursuite du bonheur peut-elle rendre malheureux ? Sur les effets paradoxaux de la valorisation du bonheur ») ou encore : « *The pursuit and assessment of happiness can be self-defeating* » (« la poursuite du bonheur peut être autodécevante »), etc.

3. « Les chercheurs ont pu observer que, dans certaines situations, les gens affichant le niveau maximal de bonheur déclaré (10/10) semblent en subir les conséquences négatives. Ils font, par exemple, des études moins brillantes que les gens modérément heureux, gagnent moins, peinent davantage à trouver un emploi et affichent une mortalité supérieure. Une explication est qu'un niveau chronique de bonheur extrême, souvent signe d'une pathologie mentale, entraîne une surestimation de ses compétences, une sous-estimation des dangers et une moindre inhibition face à la prise de risque, lesquelles peuvent empêcher de bien adapter son comportement aux caractéristiques de son environnement. »

dire toute l'histoire de la philosophie critique avant lui, que seul ce qui nous rend plus conscients et plus lucides est en dernière instance bon pour nous, tout ce qui nous éloigne de la vérité, tout ce qui relève des fantasmes inaccessibles finissant par être un jour ou l'autre pathogène. Comme le pressentait déjà La Fontaine en décrivant les infortunes de Perrette avec son pot au lait, les rêves éveillés finissent mal en général. Il est rare (c'est une litote) que ceux qui se racontent des carabistouilles, a fortiori les névrosés et les grands psychotiques, soient heureux. Or viser un idéal inaccessible, une chimère – et l'idéal d'un bonheur stable et durable lié à son seul état d'être intérieur en est une de première grandeur –, conduit de manière inéluctable vers des déceptions dont les études que je viens d'évoquer (références à l'appui), mais aussi les travaux de la Miviludes, montrent qu'elles tournent parfois au cauchemar. Selon un processus qu'on pourrait dire « dialectique », la thèse eudémoniste se transforme alors en son contraire : un stress angoissant. En faisant miroiter aux disciples qu'ils peuvent s'en tirer par quelques exercices physiques et spirituels quotidiens, en leur laissant croire que « tout dépend d'eux », qu'ils sont capables d'améliorer leur vie en travaillant sur eux-mêmes plus que sur le monde extérieur, on finit par créer un idéal du moi si élevé qu'il en devient destructeur.

Voilà pourquoi je vous propose maintenant un exposé critique des principaux thèmes des idéologies du bonheur. En dehors de quelques truismes sur lesquels il n'est guère utile de s'appesantir (du genre : préférer l'être à l'avoir, le qualitatif au quantitatif, augmenter les émotions positives et fuir les négatives – un piètre héritage de la méthode Coué –, veiller sur sa santé et son bien-être, être gentil avec les autres, etc., etc.), les idéologies du bonheur développent un certain nombre de thèmes porteurs qu'elles s'efforcent de rattacher aux sagesses anciennes afin de leur donner plus de légitimité – mais comme toujours, nous l'avons vu, en les coupant de la dimension de transcendance cosmologique qui leur donnait leur véritable signification dans l'Antiquité. Il n'en reste pas moins que, même dépourvus de la puissance que leur conféraient les grandes cosmologies, ces conseils conservent un certain pouvoir de séduction, voire une part de vérité qui n'est pas forcément négligeable, tout le problème étant de parvenir à séparer le bon grain de l'ivraie... Tâchons donc d'examiner dans cet esprit quelques-uns de ceux qui apparaissent comme les plus fondamentaux par leur omniprésence dans les ouvrages de psychologie positive et de développement personnel. Mais pour commencer, il faut replacer ces doctrines qui se veulent radicalement nouvelles dans le cadre philosophique qui leur sert de soubassement : l'utilitarisme, car c'est lui, comme je vais le montrer, qui donne tout leur sens aux poutres maîtresses des idéologies de la bonheurisation du monde.

Une philosophie utilitariste selon laquelle les humains agissant toujours par intérêt, l'altruisme n'est jamais qu'un égoïsme bien compris...

Les grandes doctrines utilitaristes, depuis leur naissance au XVIIIe siècle, ont été conçues comme une réhabilitation moderne des doctrines anciennes, épicurisme ou stoïcisme notamment, qui se définissaient comme « eudémonistes ». Comme la psychologie positive et les théories du développement personnel, elles nous sont venues du monde anglo-saxon en opposition radicale aux morales du devoir, qu'elles soient chrétiennes ou laïques et républicaines. Dans les morales du devoir, celle de Kant en étant l'archétype, la notion de vertu était inséparable de celles de générosité et de désintéressement, de sacrifice et de « don de soi ». Le père fondateur de l'utilitarisme, un philosophe anglais, Jeremy Bentham, en prit l'exact contre-pied, en particulier dans un ouvrage publié en 1789, *Introduction aux principes de la morale et de la législation*, un livre qui sera considéré jusqu'à nos jours comme la véritable bible de l'eudémonisme moderne. Pour aller à l'essentiel, il y développe, bien avant nos psychologues positifs qui en sont à bien des égards les héritiers, l'idée que la finalité ultime et exclusive de l'existence réside dans la quête du bonheur. Tout au long de nos vies et en toute circonstance, nous ne ferions jamais autre chose que viser le bonheur le plus parfait possible. Par réciproque (cela revient *in fine* au même), on peut dire aussi que les humains sont des êtres qui ont intérêt à fuir la douleur et la souffrance de sorte qu'il n'y a pas, qu'il ne peut pas y avoir, jamais, d'actions désintéressées – en quoi l'opposition est bel et bien radicale, non seulement avec les morales républicaines du « don de soi » comme la morale kantienne, reprise par les fondateurs de la IIIe République, mais aussi avec toute une part de l'héritage du christianisme, la notion de sacrifice étant, comme nous l'avons vu en évoquant les livres de Fabrice Midal, renvoyée aux poubelles de l'histoire, voire assimilée à un héritage du nazisme et du stalinisme.

Vouloir fonder une vision morale du monde sur cette conviction première que les êtres humains sont toujours et en toutes circonstances des êtres intéressés, incapables de s'arracher à leur égoïsme même lorsqu'ils paraissent se soucier des autres, être altruistes, ne va pourtant pas de soi. Cela semble même a priori plutôt contraire au sens commun, à l'idée que beaucoup se font de la vertu, une notion que nous avons spontanément tendance, du moins dans un Occident façonné par des siècles de christianisme, à associer à celles de générosité et de désintéressement. Or, selon les utilitaristes, il n'y a jamais d'acte gratuit. Derrière toutes nos actions, telle est leur thèse la plus fondamentale, se profile toujours cet insatiable souci de satisfaire ses intérêts, cette nécessité irrépressible de réaliser ses besoins ou ses désirs pour atteindre le bonheur. Cette quête peut bien entendu s'avérer plus complexe que prévu : par exemple, il existe des plaisirs sophistiqués, intellectuels, esthétiques, spirituels et même altruistes, comme les utilitaristes y insistent dans leur théorie de la « sympathie » ; d'autres, au contraire, sont réputés matériels, voire vulgaires et bas. Mais cette distinction n'a au final pas grand sens, car dans tous les cas, nos actions sont toujours dominées par la logique des intérêts et la recherche du bonheur. Ce qui vient ainsi compliquer les choses, et renforcer au passage la thèse utilitariste, c'est que ces intérêts peuvent être conscients ou inconscients, certaines actions qui peuvent paraître désintéressées ou altruistes à première vue, certains individus allant jusqu'à sacrifier leur vie pour en sauver d'autres, étant secrètement ou inconsciemment déterminées par des intérêts cachés. Mais peu importe, là encore, car en réalité le désintéressement affiché n'est jamais qu'une apparence, une illusion : dans les éthiques utilitaristes, qu'on retrouvera, avant même qu'elles infiltrent les théories du développement personnel et la psychologie positive, dans l'évolutionnisme darwinien, les êtres qui semblent altruistes, ceux qui sacrifient leur temps ou même leur vie pour les autres, témoignent seulement du fait qu'ils ont intérêt au bonheur d'autrui. S'ils sont soucieux des autres, c'est donc seulement parce qu'en dernière instance, ils poursuivent un bonheur qui passe par autrui, en quoi ils ne font comme tout un chacun que chercher à satisfaire leurs intérêts conscients ou inconscients.

Dans cette vision du monde, on peut donc sacrifier sa vie par intérêt pour les autres, par amour, par désir de gloire, par culpabilité, parce que leur bonheur, pour une raison ou une autre, fait partie du nôtre et que, du coup, leur vie pouvant même nous sembler plus importante que la nôtre, le sacrifice consenti, le don de soi, n'est jamais désintéressé, même quand il a l'air grandiose ou héroïque. Bref, que les intérêts cachés derrière nos actions soient conscients ou inconscients, avouables ou inavouables, sublimes ou vulgaires, matériels ou intellectuels, peu importe : ce qui compte, au final, c'est que toutes nos actions sont intéressées et visent le bonheur. J'ai déjà montré, dans une note d'un précédent chapitre, en évoquant la critique poppérienne de l'utilitarisme, pourquoi cette thèse lourdement métaphysique était « infalsifiable » et en ce sens tout sauf scientifique. Je n'y reviens donc pas[1]. Ce qui, en revanche, m'intéresse ici, c'est que cet eudémonisme utilitariste est repris sans le moindre esprit critique par nos modernes théoriciens de la quête du bonheur. Bien évidemment, les tenants de la psychologie positive et du développement personnel objecteront qu'il ne s'agit nullement pour eux de plaider pour le repli sur soi, ni

1. J'ai développé plus longuement cette critique dans divers ouvrages, en particulier dans mon *Dictionnaire amoureux de la philosophie*.

pour un égoïsme généralisé. Ils ajouteront même que le souci de soi, la mise en harmonie de soi avec soi, est la première et principale condition d'un bon rapport à autrui, comme d'une relation féconde et bienveillante au collectif : pour être en mesure d'aider et d'aimer les autres, il faut que je sois moi-même en bon état de santé psychique et morale, réconcilié avec mon « moi profond », car celui qui ne s'aime pas ne pourra jamais s'intéresser à autrui de manière utile et positive.

Je connais l'argument et dans l'optique critique qui est celle de ce chapitre, je ne conteste évidemment pas sa part de vérité. Je pointe seulement le fait, essentiel à mes yeux car en opposition radicale aux morales de la liberté, du devoir et du don désintéressé de soi, que dans les actuelles idéologies du bonheur, l'altruisme et le souci de l'autre ne sont jamais recommandés au nom d'exigences sacrificielles[1]. Comme toutes les doctrines utilitaristes, la psychologie positive ne nous invite en réalité à accomplir de bonnes actions que pour mieux assurer notre propre bonheur. C'est dans cet esprit que Christophe André, par exemple, souligne combien faire du bien à autrui est un acte positif en tant que moyen efficace de se faire du bien à soi-même : « **Ce qu'il y a de bien avec les travaux de la psychologie positive,** nous confie-t-il dans le livre déjà cité, **c'est qu'ils montrent que la pratique de gestes altruistes augmente tout doucement le bonheur de ceux qui les émettent. Rendre service aux autres nous rend plus heureux et être plus heureux nous pousse à rendre service aux autres. Il existe des liens indissociables et**

1. Quand il tresse des lauriers au spinozisme, Frédéric Lenoir prend soin de préciser en toute occasion combien, avec l'éthique de Spinoza, et je le cite, « **nous sommes bien loin d'une morale du devoir fondée sur la répression de l'affectivité, du désir et des instincts** ».

réciproques entre altruisme et bonheur. L'altruisme a tout intérêt à être joyeux, à ne jamais se couper de la joie d'aider. » Il est donc clair que j'ai *intérêt* (et ce mot employé est lourd de sens, il n'a rien d'anodin, il renvoie à la structure la plus fondamentale des doctrines utilitaristes) à me comporter en altruiste puisque faire du bien aux autres augmentera mon propre bonheur et qu'en retour, cette augmentation sera la cause qui me poussera à être encore plus altruiste. Où l'on voit que ce dernier, à la différence de ce qui a lieu dans les philosophies de la liberté et de la vertu désintéressée comme celle de Kant, est bien, *in fine*, un égoïste qui a compris que son bonheur passait par celui des autres, une vision du monde qui rejoint le libéralisme anglo-saxon d'où nous est venue la psychologie positive. On ne sort donc jamais, même quand on s'occupe des autres, des préoccupations égocentrées, de l'éloge de Narcisse et de ce souci de soi qui préoccupe sans partage notre « cher moi ».

Pourquoi l'utile est dans ces conditions bien préférable au vrai

On comprend alors pourquoi, dans une perspective eudémoniste, l'utile doit, sinon se substituer tout à fait au vrai, du moins lui voler s'il le faut la première place dans la quête du bonheur. Pour parvenir à la félicité suprême, il est un principe que nos psychologues, coachs et guides de développement personnel n'hésitent pas à suggérer à leurs disciples, à savoir qu'il est bon d'en finir avec la sacralisation de la vérité qui soustend les valeurs républicaines héritées des Lumières. Il est temps de rompre avec ces encyclopédistes qui avaient conçu le projet insensé, à vrai dire répressif et culpabilisant, de rendre les connaissances solides enfin accessibles au plus grand nombre afin que tous puissent à leur tour les transmettre à leurs enfants, voire au reste de l'humanité. C'est ainsi que dans *Les Antisèches du bonheur*, un livre de Jonathan Lehmann qui se présente lui-même comme un des pères fondateurs de la psychologie positive, on trouve un chapitre intitulé tout simplement : « **Je privilégie l'utilité sur la vérité** ». Il nous y invite à comprendre enfin combien l'utile est préférable au vrai, combien il est vital pour notre bien-être de parvenir à nous « émanciper » de ce que l'auteur appelle la « **tyrannie du vrai** » : « **Le miracle se produit,** nous assure-t-il, **quand un jour, comme dans un dessin animé, une ampoule vient s'allumer au-dessus de nos têtes : eurêka ! Soudain, on comprend que la plupart des idées qu'on considérait comme vraies ne sont que des perspectives et que nous sommes libres de décider lesquelles choisir [...]. Au lieu d'évaluer une pensée en fonction de sa vérité ou de sa fausseté, j'applique un nouveau prisme, je me demande si cette pensée est utile ou non.** » Par exemple, entre la proposition selon laquelle « la Terre est ronde » et cette autre qui prétend qu'elle est plate, le « platisme » gagnant chaque jour du terrain chez les jeunes accros aux réseaux sociaux, j'ai le droit de choisir librement en fonction de mes interlocuteurs et de son utilité en termes de calcul des plaisirs et des peines. De même, je peux choisir tout aussi librement entre une thèse négationniste selon laquelle les chambres à gaz n'ont pas existé et celle qui prétend qu'elles ont servi à assassiner des millions de Juifs. Tout dépend du contexte, des personnes que j'ai en face de moi, des êtres à qui je m'en voudrais de faire de la peine en suscitant un conflit, et ce d'autant plus qu'au final, une dispute me portera à moi aussi préjudice.

Ne croyez pas que j'invente, que je tombe dans la facilité de la *reductio ad hitlerum* pour disqualifier un interlocuteur : c'est bien Jonathan Lehmann lui-même qui prend ce dernier exemple, en l'occurrence celui d'un chauffeur de taxi qui lui tient des propos antisémites parfaitement insupportables. Mais comme il ne s'agit après tout que de « perspectives », pas de vérités, Lehmann choisit, lui qui pourtant se dit juif, de ne pas y répondre afin d'éviter un conflit douloureux qui leur gâcherait la journée à tous les deux. Affaire, ici encore, comme dans toute philosophie utilitariste, de calcul des plaisirs et des peines, d'utilité et pas de vérité, nous confie-t-il, car « **si nous postulons que la fonction du mental est de nous permettre de vivre heureux et de partager ce bonheur dans le respect d'autrui, nous pouvons considérer qu'a priori tout ce qui va créer en nous et autour de nous du conflit et de la tristesse est inutile et qu'à l'inverse, nous pouvons appeler utiles toutes les pensées qui nous permettent de nous faire du bien et de faire du bien à notre entourage** ». Lehmann a donc choisi de ne pas contrarier le chauffeur de taxi, ce qui aurait fini par le fatiguer, lui être à lui-même pénible, ce type de dispute s'avérant souvent encore plus douloureux pour soi que pour l'autre.

Tentons, comme promis, de séparer le bon grain de l'ivraie. Après tout, si je suis convaincu que la discussion avec ce taxi ne servira de toute façon à rien, si je me dis qu'en toute hypothèse, ce type est un crétin irrécupérable et que je ne suis pas là pour donner des leçons à quelqu'un qui n'en fera rien de bon, pourquoi m'irriter, jouer les Don Quichotte, les redresseurs de torts dans un combat aussi inutile que pénible ? Certains penseront que c'est une lâcheté, voire, paradoxalement, une forme de mépris de l'autre qu'on croit trop stupide pour mériter nos lumières, mais enfin, ça peut se plaider. Le problème, c'est qu'en nous proposant d'universaliser ce principe, Lehmann en vient à considérer que si c'est la chose la plus utile à faire, il sera toujours préférable de se coucher devant le mensonge, la haine et la calomnie, la quête du bonheur devant l'emporter sur toute autre considération. Imaginez maintenant que l'on prenne cette recommandation au sérieux, que l'on vive un jour (mais n'est-ce pas déjà un peu le cas étant donné les *fake news* et les rumeurs absurdes que déversent chaque jour par millions les réseaux sociaux ?) dans un monde où nos voisins, nos amis, nos concitoyens choisiraient de renoncer à lutter contre le mensonge et l'infamie dans le souci d'appliquer sans faille ce principe qui, à en croire Jonathan Lehmann, est essentiel à notre quête du bonheur ? Ne voit-on pas que cette pente glissante nous conduirait, non pas vers une définition du souverain bien et de la félicité suprême, mais de l'enfer ? Ne comprend-on pas que pour résister au monde qui vient, celui de la répression des femmes qui ont le courage d'ôter leur voile en Iran, celui d'une alliance entre les monstres illibéraux que sont la Chine, l'Inde, la Russie, la Corée du Nord et l'Iran, notre vieille Europe aura besoin de tout sauf de cette philosophie de la résignation qui s'aplatit devant l'ignominie au nom du bien-être ? N'est-il pas évident qu'il nous faudra plutôt faire preuve, comme jamais depuis la Seconde Guerre mondiale, de lucidité et de courage, qu'il nous faudra bien un jour nous résigner à défendre la vérité en même temps, c'est inséparable, que des libertés menacées par la désinformation et la haine sur les réseaux sociaux, mais plus gravement si possible, par des empires totalitaires et des théocraties liberticides ? Serons-nous en état de le faire si le bonheur privé, l'éloge du narcissisme et la déconstruction de l'idée de don de soi sont désormais nos seules et uniques boussoles, si elles nous conduisent à liquider les notions de sacrifice et de résistance au mensonge et à l'injustice dans le but de dire toujours « oui » au réel, dans le souci de préférer toujours l'utile au vrai et le bonheur à la liberté ?

De la philosophie comme une médecine de l'âme qui n'est réservée ni aux jeunes gens, ni aux fous, mais à l'humanité entière

Les auteurs de traités du bonheur en quinze leçons s'efforcent toujours, afin d'exhiber des lettres de noblesse prestigieuses, de relier le souci de soi contemporain avec l'eudémonisme antique. C'est dans cet esprit que nos modernes « guides spirituels » tentent de réhabiliter la notion d'une « médecine de l'âme » qui, à l'opposé de la psychiatrie et de la psychanalyse, qui ne visaient pas tant le bonheur que la libération de l'individu à l'égard d'un passé aliénant, serait destinée à tout le monde et pas seulement à ceux qui sont malades, en quelque sens qu'on l'entende. Une analyse freudienne demandait du temps, parfois de longues années, fût-ce sous forme de « tranches », et elle ne s'adressait surtout pas à tous les publics. Pas question, par exemple, de recommander une analyse à un grand maniaco-dépressif que ce type de thérapie risquerait de pousser au suicide. En quoi Freud, comme le lui reproche Seligman, considérait encore sa découverte comme réservée pour l'essentiel au traitement médical de pathologies relativement lourdes. Rien de tout cela dans la psychologie positive, qui pousse à l'extrême l'idée que l'idéal thérapeutique s'impose à tous les humains, attendu que la seule et unique question qui importe est celle du bonheur, en quoi tout individu devient un client potentiel, qu'il soit jeune ou vieux, malade ou en bonne santé psychique et physique.

C'est dans cette optique que les conseils dispensés par des guides spirituels fourmillent dans les magazines de psychologie positive qui vous garantissent le bonheur si vous vous aidez des compétences d'un coach[1], ces derniers s'efforçant de légitimer leurs recommandations en les rattachant à des exercices spirituels empruntés aux sagesses anciennes. De fait, comme le souligne Foucault dans son *Histoire de la sexualité*, il existait à Rome, bien avant nos modernes coachs de vie et de remise en forme, de conseils de sagesse et de bonheur, « **la pratique du consultant privé qui servait, dans une famille ou dans un groupe, de conseiller d'existence [...]. Il y avait de riches Romains pour trouver utile d'entretenir un philosophe et des hommes de distinction ne trouvaient pas humiliante cette position. Ils devaient donner des conseils moraux et des encouragements à leurs patrons et leurs familles** ». Certains stoïciens invitaient en effet leurs disciples à des pratiques continues et quotidiennes du genre, je cite à nouveau Foucault, « **vivre comme un miséreux, comme un clochard pendant une semaine afin d'apprécier à sa juste valeur la chance qu'on a de revenir à l'état normal** ». Il s'agissait, poursuit Foucault, « **de petits stages de pauvreté fictive où l'on faisait l'expérience**

1. Voir sur ce sujet le livre de Julia de Funès, *Développement (im) personnel*, *op. cit.*

du grabat, de la nuit à la belle étoile, voire du froid, de la faim et de la saleté, afin de mieux goûter les raffinements futurs ».

Dans le même style, mais adapté aux temps modernes, nos nouveaux professeurs de bonheur nous recommandent d'apprendre « à vivre au jour le jour, une étape après l'autre », « à ne pas se focaliser sur les petites tracasseries de la vie quotidienne en méditant sur le fait qu'on les aura oubliées de toute façon d'ici peu », « à filtrer nos représentations afin de savoir ce qui dépend de nous et ce qui n'en dépend pas », « à apprendre à lâcher prise, à ne pas vouloir tout contrôler, à savourer l'instant présent loin de la nostalgie et de l'espérance, du passé et du futur », « à méditer pour parvenir à la pleine conscience » (comme si l'inconscient n'existait pas, le malheureux Freud doit se retourner dans sa tombe...), « à se préparer chaque jour aux malheurs qui pourraient survenir afin qu'ils ne nous surprennent pas », « à s'ancrer dans le présent », « faire de notre moi un violon dont on doit apprendre à jouer tranquillement pour se découvrir, s'apprécier, se construire » (quel style !), « à viser le plaisir plutôt que la perfection » (plus facile, en effet...), « à se foutre la paix », « aller demander pardon à quelqu'un à qui l'on a fait du tort », « habiter son corps », « rester connecté à soi-même », « laisser un billet de banque sur un banc public afin de faire une bonne action pour autrui », « réfléchir le moins possible afin de ressentir plus » (ça doit être faisable...), « préférer l'être à l'avoir et le qualitatif au quantitatif », « vaincre les passions », « devenir narcissique », « ne pas confondre plaisir fugitif et bonheur durable », « se moquer du qu'en-dira-t-on », « s'exercer à vaincre peu à peu ses peurs », etc., etc., etc. Toutes ces citations, je le précise, sont authentiques, empruntées aux magazines et aux nombreux ouvrages qui font la promotion des idéologies du bonheur personnel…

Les variations sur ces différents thèmes sont pratiquement infinies. On les trouve développées dans des livres, mais aussi bien dans des conférences rendues publiques sous des formes diverses. J'en regarde sur YouTube et je tombe sur une multitude de conseils dispensés par des coachs du bonheur, par Christophe André ou Martin Seligman. J'écoute une dame qui se réclame de leur « science » et qui semble bien installée si j'en juge par le nombre impressionnant de vues qu'ont suscitées les vidéos qu'elle diffuse sur la Toile. Elle respire la joie et la bonne humeur, la gentillesse et l'ouverture aux autres lorsqu'elle délivre sept conseils thérapeutiques, propres selon elle à augmenter significativement notre taux de « bonheur mesurable ». Je vous les livre à mon tour tels quels, sans déformation aucune : 1) diminuer chaque jour davantage les paroles négatives et s'exercer à prononcer trois fois plus de paroles positives que négatives ; 2) cultiver la gentillesse, car être gentil avec les autres nous rend plus heureux nous-mêmes (l'altruisme par égoïsme semble décidément bien ancré dans cette idéologie utilitariste) ; 3) exprimer en toute occasion sa gratitude, car « **remercier est très agréable** » (ici encore, ce n'est pas pour les autres qu'on agit « gentiment », mais pour sa pomme) ; 4) cultiver l'écriture « **car il est scientifiquement prouvé que revenir par écrit sur ses traumas est bon pour le moral** » ; 5) s'efforcer de sourire en permanence, car si la joie nous fait sourire, la réciproque est vraie aussi : sourire nous met en joie. Pour y parvenir, la dame nous conseille sans rire (je me demande en l'écoutant si elle blague ou si elle prend vraiment ses auditeurs pour des andouilles…), de placer un stylo dans sa bouche entre ses joues afin de forcer le sourire et après, elle suggère de mettre le stylo entre sa lèvre supérieure et son nez pendant deux minutes afin de constater qu'on se sent mieux avec un sourire forcé qu'avec un air contrarié (*sic* !) ; 6) pardonner à ceux qui vous ont offensé, le faire d'abord par écrit afin d'obtenir un rendez-vous physique, et enfin, *last but not least*, 7) tenir un « cahier du bonheur » en vue de se concentrer sur ce qui va bien et non sur ce qui va mal…

Bien entendu, quand on tombe à ce niveau d'infantilisme et de niaiserie, il est évident qu'on est quand même loin, voire très loin, de la hauteur de vue des grandes sagesses antiques. Malgré tout, pour ténu qu'il soit devenu, un coach doué de quelque habileté pourra faire valoir à ses malheureux disciples que dans la philosophie ancienne, comme dans la psychologie positive aujourd'hui, la quête du bonheur était bel et bien définie comme l'objet d'une pratique de vie, comme un soin, pas comme un simple discours théorique, la psychologie positive pouvant dès lors se réclamer d'une filiation avec ces « médecines de l'âme » que voulaient être l'épicurisme, le stoïcisme ou le bouddhisme… Même chose, bien sûr, avec un des thèmes les mieux attestés dans les sagesses anciennes, en particulier dans le stoïcisme : la *praemeditatio malorum*, l'anticipation du malheur.

Praemeditatio malorum *: s'émanciper du passé et du futur pour apprendre à savourer l'instant présent*

Dans ses *Antisèches du bonheur*, Jonathan Lehmann consacre deux chapitres à ce thème qu'on retrouve pratiquement dans tous les traités de psychologie positive. Le premier s'intitule « **J'arrête d'attendre** » et le second « **Le bonheur est toujours ici et maintenant** ». On y lit par exemple ceci, qui reprend un des thèmes de sagesses anciennes telles que l'épicurisme, le stoïcisme, le bouddhisme ou le spinozisme : « **Nous avons tous tendance à romancer le passé, à fantasmer le futur et à tenir pour acquises les merveilles du présent [...]. Même lorsque nous pratiquons la gratitude et que nous arrivons à remercier la vie pour les cadeaux qu'elle nous fait, notre cerveau se focalise en priorité sur ce qui nous manque et il nous suggère constamment tel changement susceptible de rendre notre vie meilleure : si seulement nous rencontrions l'âme sœur, si seulement nous gagnions plus d'argent, si seulement nous avions un travail qui nous intéressait plus... alors oui, nous serions enfin vraiment heureux.** » Et de citer, comme le font presque tous les livres du même genre, les propos qu'on prête à saint Augustin selon lequel le bonheur consiste à aimer ce qu'on a plutôt qu'à désirer ce que l'on n'a pas...

Après la déconstruction des visions du monde qui reposaient sur l'idée d'un bonheur différé, après celle de la valeur travail, de la méritocratie républicaine à l'école et celle des grands récits sacrificiels qui dominaient les siècles passés, les idéologies du bonheur nous recommandent d'apprendre à nous débarrasser de ces passions tristes que sont la nostalgie, qui nous tire vers le passé, et l'espérance, qui nous pousse vers le futur. Comme ne cessaient de le répéter les stoïciens, le passé n'est plus, le futur n'est pas encore, ce sont des néants, seul le présent est et nous n'y sommes presque jamais ! N'avons-nous donc pas compris que l'espérance elle-même est un piège, car espérer la santé, la richesse ou l'amour, c'est être malade, pauvre et mal aimé, c'est être dans le manque et remettre à plus tard le bonheur alors que c'est ici et maintenant qu'il s'agit d'être heureux ! Le futur antérieur apparaît alors comme le temps idéal pour se préparer à habiter le présent. C'est ce que les anciens appelaient la « *praemeditatio malorum* », une pensée du malheur par anticipation dont voici la formule la plus simple et la plus parlante : « Quand la catastrophe aura lieu, je m'y serai préparé ! »

De fait, c'est bien dans cet esprit que Plutarque définit le sage comme celui qui a pris conscience de l'impermanence de toute chose et qui, pour cette raison, évite tous les attachements afin de se préparer chaque jour aux coups malheureux du sort, afin d'être « capable de dire d'un cœur assuré et libéré des peurs : “j'accepte tes faveurs et crains peu tes disgrâces”. Il jouit pleinement du présent avec d'autant plus de délices qu'il craint moins des pertes qui, selon lui, ne sont pas intolérables. C'est ainsi qu'on applaudit à la fermeté d'Anaxagore. Apprenant la mort de son fils, il s'écria : “Je savais bien que j'avais engendré un mortel”... Quand on est ainsi préparé et disposé, on ne se trouve pas déconcerté par les événements. Ils arrivent alors sans qu'on l'ait voulu, non pas sans qu'on s'y attendît... On s'évite ainsi les battements de cœur et les palpitations. » Même idée chez Sénèque, dans son essai *La Tranquillité de l'âme* : « Homme, je me tiens prêt aux accidents de l'humaine condition. D'un mal qu'on s'est représenté d'avance le choc arrive amorti. Mais aux sots qui ont foi en la Fortune, toujours les événements de ce monde présentent un aspect nouveau et surprenant. [...] C'est pourquoi le sage se rend familiers les maux à venir. [...] Le sage sait toujours que

le coup devait lui arriver ; quoi qu'il advienne, il peut dire : je le savais[1]**. »**

Le rapport au temps prend alors la forme d'une véritable sacralisation du présent, un présent qui se veut seul réel, puisque seul situé à l'écart de ces deux formes du néant que sont le passé (qui n'est plus) et le futur (qui n'est pas encore). *Carpe diem*, donc ! Rappelons que la formule est tirée des *Odes* (I, 11, 8), un poème d'Horace rédigé sans doute en l'an 22 (ou 23) avant J.-C. Le vers complet est le suivant : « *Carpe diem quam minumum credula postero* » (sous-entendu : *diei* = le jour) : ce que l'on peut traduire par « Cueille le jour [littéralement, le verbe *carpo* signifie « brouter »] et sois un minimum préoccupée [*credula* : le mot est au féminin car le poème s'adresse à une jeune femme, une certaine Leuconoé] par le lendemain [par le jour qui suit] ». Horace, qui s'intéressait à la fois à l'épicurisme et au stoïcisme, reprend là un thème qu'on trouve présent à égalité dans ces deux traditions philosophiques par ailleurs opposées entre elles. Comme le dit Sénèque, qui en fait l'un des thèmes principaux de ses fameuses

1. *Cf. Lettres à Lucilius* : « **L'heure me trompe lorsqu'elle m'épargne ; mais non ! même alors elle ne me trompe pas. Car je sais que tous les accidents sont possibles, je sais aussi qu'ils ne se produisent pas dans tous les cas. C'est pourquoi j'attends la prospérité en homme préparé à l'adversité.** » Et comme toujours, les stoïciens romains reprennent les thèmes déjà exprimés par les maîtres grecs et en particulier par Épictète dans ses *Entretiens* : « **S'il arrive un de ces accidents qu'on appelle désagréables, ce qui, dès l'abord, allègera ta peine, c'est qu'il n'était pas inattendu [...]. Tu te diras : "Je savais que j'étais mortel. Je savais que je pouvais quitter mon pays, je savais que l'on pouvait m'exiler, je savais qu'on pouvait me conduire en prison." Ensuite, si tu fais un retour sur toi-même, et si tu cherches de quel domaine fait partie l'accident, tu te souviendras tout de suite qu'il est du domaine des choses qui ne dépendent pas de notre volonté, qui ne sont pas nôtres.** »

Lettres à Lucilius, la nostalgie et l'espérance sont des passions funestes : on s'imagine qu'on sera heureux plus tard, quand on aura changé de ceci ou de cela, de chaussures, de coiffure, d'amis, de mari, de femme, de maison, de tout ce que vous voudrez. Mais c'est un mirage, car le passé et le futur ne font en réalité que nous empêcher de vivre au présent. *Carpe diem*, donc, ou *amor fati*, les deux formules se rejoignent et se complètent, le sage étant celui qui, abandonnant les mirages du passé et du futur, parvient à habiter le seul réel qui soit, à savoir le présent.

Marc Aurèle donne au lecteur de ses *Pensées* ce conseil de sagesse : « **Tout ce que tu souhaites atteindre par un long détour, tu peux l'avoir dès maintenant, si tu ne te le refuses pas à toi-même. Il suffit de laisser là tout le passé, de confier l'avenir à la providence et de diriger l'action présente vers la piété et la justice [...]. Souviens-toi alors que ce n'est pas le passé ni l'avenir, mais le présent qui pèse sur toi [...]. Si tu sépares tout ce qui est au-delà du présent et tout le passé, tu feras de toi-même, comme dit Empédocle, "une sphère bien ronde, fière dans la joie de sa solitude". Tu t'exerceras à vivre dans le seul moment où tu vis, c'est-à-dire dans le présent, et tu pourras passer tout le temps qui te reste jusqu'à ta mort sans trouble, noblement et d'une manière agréable.** » À l'encontre, par avance, de à quoi nous invitera le christianisme, il est donc urgent de ne surtout jamais « entrer dans l'espérance », car comme le dira encore Spinoza, « **il n'est pas d'espoir sans crainte** », ce que Sénèque affirmait déjà on ne peut plus clairement dans cet autre passage des *Lettres à Lucilius* : « **J'ai vu chez Hécaton, un des nôtres** [un philosophe stoïcien], **que l'extinction des désirs est, par surcroît, un des meilleurs moyens de combattre la**

peur : tu cesseras, dit-il, de craindre, quand tu auras cessé d'espérer. »

Là encore, séparons le bon grain de l'ivraie. Il y a bien entendu une part de vérité dans ces injonctions. Il existe en effet dans nos vies des moments de grâce, des moments où on oublie enfin le passé et le futur au profit d'un instant d'harmonie, de réconciliation avec soi comme avec le monde. Simplement, ces moments sont l'exception, pas la règle, et ils ne doivent surtout pas le devenir, surtout pas nous empêcher de travailler à comprendre le passé pour préparer et si possible améliorer l'avenir. Là est l'erreur fondamentale, malgré un point de départ séduisant, de ce présentisme radical.

Pratiquer le « non-attachement », ne s'attacher à rien ni à personne afin de parvenir à l'absence de trouble (ataraxie) ainsi qu'à la vraie sérénité. Vers la vie monacale ?

C'est là un thème que j'ai abordé dans d'autres livres, ce pour quoi je me contenterai ici d'être bref. Comme le disait déjà Héraclite, « **tout passe et rien ne dure** » (*panta rhei kai ouden ménei*). Dans le vocabulaire du bouddhisme, on dira que le fond de l'être est « impermanence ». Dans ces conditions, puisque tout est flux, puisque tout est appelé à périr et passer, s'attacher à ce qui est instable par essence, à commencer par les personnes et les objets (les idées vraies sont plus pérennes qu'eux), ce n'est pas sagesse, mais folie, comme y insiste de manière particulièrement forte ce passage des *Entretiens* d'Épictète : « **Le premier et principal exercice, celui qui mène d'emblée aux portes du bien, c'est, lorsqu'une chose nous attache, de considérer** qu'elle n'est pas de celles qu'on ne peut vous enlever, qu'elle est du même genre qu'une marmite ou une coupe de cristal, dont on ne se trouble pas lorsqu'elle se brise, parce qu'on se rappelle ce qu'elle est. Il en est de même ici : si tu embrasses ton enfant, ton frère ou ton ami, ne t'abandonne pas sans réserve à ton imagination [...], rappelle-toi que tu aimes un mortel, un être qui n'est aucunement toi-même. Il t'a été accordé pour le moment, mais pas pour toujours, ni sans qu'il puisse t'être enlevé [...]. Quel mal y a-t-il à murmurer entre ses dents, tout en embrassant son enfant : “Demain, il mourra”. » Même idée, dans une autre sagesse ancienne, celle du dalaï-lama, lui aussi chaleureux partisan du bonheur par soi, quand il explique que seule la vie des ermites permet de parvenir à la sérénité indispensable au bonheur. De là son éloge constant de la vie monacale, comme dans cet extrait de son livre *La Voie de la liberté* : « À tant se préoccuper de cette vie, on tend à travailler pour ceux qu'on aime bien, nos proches, nos amis, et on s'efforce à ce qu'ils soient heureux. Si d'autres essaient de leur nuire, on leur colle aussitôt l'étiquette d'ennemi. De la sorte, les illusions telles que le désir et la haine croissent comme une rivière en crue d'été [...]. Parmi les humains, la vie profane est bourrée de turbulences et de problèmes. Et les laïcs sont impliqués dans toutes sortes d'activités qui ne favorisent guère l'exercice du dharma. La vie monastique est beaucoup plus favorable, dit-on, à la pratique en vue d'en finir avec ce cycle. Selon Tsong-ka-pa, réfléchir aux difficultés et aux désavantages de la vie laïque, ainsi qu'aux avantages de la vie monacale, renforce l'engagement dans celle-ci, si vous en avez pris la voie. »

Si l'on prend véritablement au sérieux l'idée d'un bonheur par soi, par des exercices de sagesse indépendants des autres et du réel extérieur, des pratiques censées nous conduire vers un état de joie intérieure stable et durable, il faut en effet y réfléchir : faute de vivre seul, comme un moine (du grec *monos* = unique, seul), il me semble en effet impossible, le dalaï-lama a raison sur ce point, de pratiquer sérieusement ce « non-attachement » sans lequel la sérénité nécessaire au bonheur restera à jamais inaccessible. Cet homme a donc choisi de mettre sa vie en harmonie avec sa pensée : il vit dans un monastère, il n'a ni femme ni enfants, mais j'avoue (là encore c'est une litote) que ce n'est pas ma voie, ni en aucun cas le type de vie que je souhaiterais mener. Pour être franc, je donnerais tout pour fuir cette existence. Il n'empêche, comme le dalaï-lama, avec lequel j'eus un soir le plaisir de partager un dîner et d'échanger sur ces sujets, je doute en effet qu'on puisse pratiquer la sagesse du Bouddha quelques heures par mois et vivre tranquillement le reste du temps en famille comme un philistin. Pour prendre un exemple volontairement banal, mais néanmoins évident à mes yeux, quiconque a des enfants et les aime par-dessus tout sait qu'ils sont une source de joies incomparables, mais également d'angoisses tout aussi incomparables. En quoi c'est toujours ce qui nous rend le plus heureux qui est susceptible de nous rendre le plus malheureux. J'irai jusqu'à dire qu'il faut ne pas avoir d'enfants pour croire à l'idée d'un bonheur durable ici-bas. À vrai dire, il faut ne pas avoir d'attachements, quels qu'ils soient, pour tomber dans l'illusion d'une insondable naïveté ou, comme on voudra, d'un insoutenable égocentrisme, selon laquelle on pourrait être heureux dans un monde malheureux, dans un monde où ceux que nous aimons seraient plongés dans la détresse.

Quelle que soit la profondeur, voire parfois la justesse des grands thèmes que nous venons d'évoquer, quelle personne de bon sens parviendrait à se convaincre sérieusement que les moments de joie et les plages de sérénité que nous connaissons dans nos vies ne sont ni fragiles, ni éphémères, qu'ils ne dépendent en rien, ni de l'état du monde extérieur, ni des autres, ni même tout simplement de la chance ? La Mission pour la vigilance et la lutte contre les dérives sectaires s'est intéressée à cette question dans son rapport de l'année 2021 consacré notamment à la psychologie positive, aux théories du développement personnel, au coaching et à la méditation de pleine conscience. Elle s'est demandé comment des promesses manifestement insensées pouvaient séduire autant de monde. Voici ses réponses, que je livre ici comme un document à méditer.

Des dérives sectaires conduites par ces guides qui prétendent avoir « parcouru le chemin de l'ombre vers la lumière » et détenir « une science du bonheur »...

Comme le note pour commencer la Miviludes, selon Santé publique France, 3 millions de Français souffrent de troubles psychiques sévères et constituent à ce titre des proies faciles pour les gourous qui se réclament des idéologies du bonheur : « **Les groupes sectaires ont su alimenter les peurs et exploiter les promesses d'un monde meilleur, d'une vie éternelle, ou à tout le moins heureuse, et d'une transformation de soi. De manière subtile et progressive, et ce parfois dans un**

espace-temps de quelques jours seulement, les participants se retrouvent dans une situation de dépendance exclusive, de servitude volontaire et de soumission aux désirs croissants du meneur. Ce dernier peut se nourrir d'une foule grandissante d'adeptes. Les stagiaires recherchent du mieux-être, y investissent du temps et de l'argent. Au final, ils se retrouvent dans une situation de mal-être. Ils se retrouvent dans une spirale infernale de culpabilisation, d'endettement et d'isolement dont ils peinent à se sortir seuls. » Dans ces processus de manipulation, la Miviludes distingue quatre phases par lesquelles le guide spirituel parvient à assurer son emprise mentale sur son disciple :

a) « Première phase : la phase de séduction... »

Je cite à nouveau le rapport de la Miviludes : « **Le postulat érigé est le suivant : l'homme détient en lui les clefs de son propre développement. Les obstacles à son épanouissement sont en lui. Dans cette logique, il est donc nécessaire de libérer "ses blocages", "ses traumatismes", "ses croyances" héritées parfois depuis l'enfance, et qui l'empêchent de progresser.** » Et pour être crédible dans cet exercice, la première stratégie du « guide » consiste à parler de lui-même sans retenue, en insistant sur ses expériences[1], sur les difficultés qu'il a connues dans son propre parcours, ce qui donne au passage à penser qu'elles pourraient bien être les vôtres et permet aussitôt de faire valoir les solutions miracles qui, puisqu'elles ont marché pour le guide, doivent aussi marcher pour ses disciples. Comme le souligne

1. *Cf.* le chapitre 11 du livre de Fabrice Midal déjà cité (*Devenez narcissique. Et sauvez votre peau !*), intitulé sobrement : « **De l'importance de dire "je" et de parler de soi** ».

encore la Miviludes, « **le meneur se pose comme un modèle à suivre, une référence unique et exclusive car il aurait lui-même expérimenté diverses entraves à son développement** ». Le guide ne manque alors aucune occasion d'interpeller ses disciples par une injonction forte, un ordre exprimé à l'impératif comme si, du haut d'un savoir absolu gagné pour avoir lui-même fait le « parcours de l'ombre vers la lumière », il était autorisé à bousculer les habitudes du lecteur ou de l'auditeur, voire de le culpabiliser. Mais grâce à sa maîtrise des arcanes de la sagesse, il va lui permettre enfin de commencer à vivre vraiment (sous-entendu : avant ses conseils géniaux, le disciple ne vivait pas vraiment).

De ce point de vue, le livre de Fabrice Midal intitulé *Foutez-vous la paix ! Et commencez à vivre* est une véritable synthèse : chaque chapitre commence par un ordre exprimé à l'impératif : « Cessez d'obéir ! » « Cessez d'être calme ! » « Cessez de vouloir être parfait ! » « Cessez de rationaliser ! » « Cessez d'avoir honte de vous ! » « Soyez bienveillant ! » « Devenez votre meilleur ami ! » « Cessez de vouloir aimer ! » « Cessez de discipliner vos enfants », etc., etc. Accablé d'injonctions, le lecteur qui entre dans le jeu du gourou se prépare peu à peu à une reddition sans condition, à une soumission sans faille à l'autorité du maître. Un coach un tant soit peu habile ne manquera évidemment pas de relativiser, d'adoucir ses conseils exprimés pour commencer de façon volontairement brutale afin d'opérer une rupture dans la vie du disciple, de les assortir ensuite de quelques bémols : cessez de méditer... sauf si c'est à ma façon (géniale, cela va sans dire...) ; cessez de rationaliser... mais la raison, ça peut parfois avoir du bon ; cessez de discipliner vos enfants... mais quand même, le respect de quelques règles n'est pas totalement superflu ; cessez de vous sacrifier pour les autres... mais aidez-les quand même un peu quand ils sont vraiment mal, pourvu du moins que vous le fassiez pour vous, dans la joie et la bonne humeur... Tempérer les injonctions clivantes permet ainsi de récupérer le futur disciple qui garderait encore un peu de bon sens et d'esprit critique...

b) « Deuxième phase : la déconstruction par un processus initiatique... »

Il s'agit d'obliger le disciple à rompre avec son passé, et pour lui donner à croire que la rupture ouvre sur un monde sublime, inouï et inédit, il est bon d'utiliser des mots savants qui en mettent plein la vue du béotien. Selon ce qu'a observé la Miviludes, et je cite à nouveau son rapport, « **très souvent, il est fait un usage abondant d'une terminologie pseudo-scientifique recourant à des termes empruntés à la médecine tels que "neurotransmetteur", "neuromusculaire", "connexions synaptiques", "neurones", "réencodage de l'ADN" ; à la psychologie tels que "neuro-émotionnel", "intelligence émotionnelle", "hypnose conversationnelle" ; à la spiritualité tels que "circulation d'énergies", "chakras", "mandala" ; à des néologismes tels que "harmonisation bioénergétique", "reprogrammation du subconscient", "collapsus neuro-émotionnel", "communication quantique", etc.** » Le jargon pseudo-scientifique employé à tort et à travers donne une illusion de sérieux à un contenu aussi imprécis que totalement discrédité aux yeux des vrais savants en raison de son amateurisme infantile.

c) « Troisième phase : la reconstruction avec la mise en place d'une nouvelle éthique qui vient remplacer les vieux principes d'éducation reçus jusqu'alors... »

C'est au cours de cette troisième phase que, toujours selon les termes de la Miviludes, le guide proposera des schémas simplistes, mais efficaces sur les esprits faibles et manipulables, et à vrai dire d'autant plus efficaces qu'ils sont basiques. À titre d'exemple, je citerai la « théorie du hamburger » exposée dans un livre de Tal Ben-Shahar intitulé *L'Apprentissage du bonheur* (Belfond, 2008). Sur la couverture, à côté de la photo de l'auteur qui affiche un sourire d'une bonté telle que seul un esprit particulièrement mal embouché aurait envie de s'en inquiéter, on peut lire ceci : « **Le spécialiste mondial de la psychologie positive** » et « **Préface de Christophe André** ». Me voilà donc prévenu : c'est du solide ! Commençant la lecture, je tombe rapidement sur un passage que l'auteur lui-même présente comme une de ses trouvailles préférées : la « théorie du hamburger ». Et il nous fait miroiter ce fabliau comme si le monde entier en avait entendu parler, un peu comme s'il s'agissait de la théorie de la gravitation universelle de Newton ou de la relativité d'Einstein. En voici la substantifique moelle pour ceux qui n'auraient pas la chance d'avoir ce chef-d'œuvre à portée de main :

Après un mois de régime, commence le guide génial, vous décidez de vous faire plaisir, vous voulez faire enfin un break, et vous commandez quatre hamburgers. Bizarrement, au moment où vous vous apprêtez à les engloutir, vous calez, vous vous mettez à les examiner avec circonspection. Comme vous allez le voir, chacun d'entre eux correspond à un type d'être humain, les trois premiers passant à côté du vrai bonheur, seul le dernier en donnant une image parfaite. Premier hamburger : il est certes délicieux, mais beaucoup trop gras et très mauvais pour la santé : vous êtes un jouisseur qui préfère les plaisirs immédiats à un bonheur durable, qui sacrifie le futur au présent. Deuxième hamburger : il est « dégueu au goût », mais c'est un burger végétarien qui, au contraire du premier, est plein de bonnes choses pour le futur de votre santé : vous êtes un fonceur, un arriviste, qui sacrifie le présent au futur. Troisième hamburger : il est lui aussi « dégueu au goût », mais en plus, il est mauvais pour la santé : vous êtes un nihiliste (ou pour dire les choses plus clairement, un parfait crétin...). Quatrième hamburger : il est à la fois délicieux et bon pour la santé. Ça y est ! C'est le bonheur !

Ne croyez pas que je blague, que je force le trait, c'est très exactement à cette définition grandiose du bonheur que la petite fable est censée nous conduire, ainsi que le gentil professeur ne manque pas de le préciser, et je le cite : « **Pourquoi pas, en effet, un burger aussi savoureux que le premier et aussi sain que le végétarien ? Un burger qui constituerait une expérience complète en soi en incluant un bénéfice immédiat et à venir ? C'est l'archétype du bonheur ! Les gens heureux vivent en sécurité dans la conscience que les activités leur procurant de la joie dans le présent les conduiront aussi vers un avenir épanouissant.** » Bon Dieu, mais c'est bien sûr ! Comment ai-je pu passer à côté d'une idée aussi lumineuse ! Sincèrement, je ne pensais pas qu'on pouvait écrire noir sur blanc, et encore moins publier, un tel concentré de niaiseries. Je suis hélas convaincu que ça peut marcher, surtout à l'oral devant un public de jeunes Américains un peu naïfs. Je vois, comme si j'y étais, le prototype du « prof cool sympa », le gars qui sait amuser la galerie en présentant de façon drôle et imagée des idées qui paraissent simples, mais dont il va passer son heure de cours à démontrer qu'elles sont en réalité d'une profondeur abyssale, truffant alors sa démonstration d'anecdotes personnelles, de mots d'esprit et d'allusions aux habitudes alimentaires des étudiants. Connaissant la naïveté de ce petit monde pour avoir moi-même enseigné aux États-Unis, je n'ai aucun doute sur la façon dont son public va l'applaudir. Pourtant, la définition du bonheur qui au final en ressort correspond au degré zéro de l'intelligence. Pour avaler l'idée que cette allégorie débile puisse nous mettre en quoi que ce soit sur la voie d'une définition du bonheur, pour confondre cette diététique de bas étage avec souverain bien, il faudrait avoir un QI de bulot. Reste qu'en faisant rire son public avec une anecdote simpliste, le gourou aura sans doute réussi à emporter l'adhésion d'une partie des plus faibles d'esprit...

d) Je cite encore le rapport de la Miviludes – « Quatrième phase : la consolidation par la formation, porte d'entrée pour offrir d'autres services. »

Là encore, je préfère citer avant de commenter : **« La thérapie, les soins, les stages à l'étranger réservés aux membres les plus assidus, l'achat de produits (compléments alimentaires, livres, vidéos, etc.), le coaching personnalisé pour les "hauts potentiels" sont souvent des prestations complémentaires à la formation. Les coûts varient de quelques centaines d'euros à des dizaines de milliers d'euros. À titre d'illustration, la Miviludes a été amenée à travailler sur un dossier** impliquant un coaching personnalisé par un formateur se présentant comme “un jeune prodige de la confiance en soi” pouvant aller jusqu’à 40 000 euros pour quelques séances sur un trimestre. » C’est dans cette rubrique que le rapport de la Miviludes met en garde en ces termes contre la médiation dite de « pleine conscience » : « Défendue par des personnalités très médiatisées comme le psychiatre Christophe André, le moine bouddhiste Matthieu Ricard ou encore le philosophe Fréderic Lenoir, la méditation de pleine conscience a fait l’objet d’un engouement croissant et d’une promotion mercantile très active. Elle a ainsi donné lieu à de nombreux produits dérivés : livres, CD, DVD et applications pour smartphones de méditation guidée (comme le programme français Petit BamBou par exemple). Il est alors possible de se demander si les intérêts particuliers associés à la promotion de la méditation de pleine conscience sont la cause ou la conséquence de sa diffusion croissante au sein de la société[1]. » Je laisse à la Miviludes la responsabilité

1. « La Miviludes est destinataire depuis plus d’une dizaine d’années de nombreuses demandes portant sur la méditation de manière générale et plusieurs d’entre elles concernant plus précisément la méditation de pleine conscience. Les risques relevés dans les demandes (interrogations et signalements) adressées à la Miviludes sont variés. Il peut s’agir d’une différence entre ce qui est véritablement proposé et ce à quoi le public s’attend (ainsi, sous les propositions de « méditation de pleine conscience », les saisines de la Miviludes montrent des pratiques diverses et parfois éloignées de l’idée générale que l’on peut avoir de la méthode et de ses objectifs) ou de promesses trompeuses (mise en avant de bienfaits et de résultats pouvant relever de la publicité mensongère). Plusieurs signalements font également état d’exigences financières disproportionnées eu égard aux moyens économiques des personnes concernées, ainsi qu’une certaine marginalisation et des changements importants dans les trajectoires personnelles des pratiquants. Enfin, s’ils sont peu nombreux, la Miviludes a reçu quelques signalements circonstanciés de personnes

de ses propos et de ses références. Les tenants de la méditation de pleine conscience vous expliqueront qu'elle a pour finalité de vous permettre de faire le vide en soi, de s'écouter enfin en donnant du temps au temps, de se concentrer sur son être profond dans un monde où la course aux avoirs et le consumérisme tendent à dominer vos vies du matin jusqu'au soir. Soit. Mais je dois vous avouer que cet éloge de la vacuité, malgré les lettres de noblesse qu'on peut lui trouver dans des traditions très anciennes, me laisse pour le moins perplexe.

Méditation ancienne et méditation moderne : non plus faire le plein, mais faire le vide !

Il est vrai qu'un des ouvrages les plus célèbres et les plus lus de toute l'histoire de la philosophie invite à la méditation. Je pense bien sûr aux *Méditations*

---

très ébranlées et perturbées par des retraites méditatives silencieuses ou d'épisodes consécutifs dépressifs. S'agissant des mineurs, la Miviludes a réceptionné des signalements, mentionnant un isolement excessif générateur d'angoisse, des conditions matérielles trop rigoureuses et des privations. [...]

Il est important de noter que cette pratique peut être instrumentalisée et constituer une porte d'entrée vers d'autres mouvements ou groupes qui sont déviants, voire dangereux, et qui font l'objet d'une vigilance particulière de la Miviludes. En effet, ceux-ci utilisent cette technique comme produit d'appel et comme moyen pour effectuer un prosélytisme actif afin de recruter des adeptes. Les éléments communiqués à la Miviludes sur la méditation et la méditation de pleine conscience font état de différents risques qu'il s'agit d'identifier et de garder en tête, a fortiori dans la perspective de l'introduction de la méditation de pleine conscience auprès d'enfants et d'adolescents. En l'absence d'essais cliniques concluants et d'un avis de la Haute autorité de santé sur cette pratique, son introduction auprès d'un jeune public ne devrait pas être envisagée. »

métaphysiques de Descartes. Mais chez notre philosophe, à la différence de ce qui a lieu dans la psychologie positive qui prétend s'inspirer sur ce sujet, non de la philosophie moderne, mais des sagesses anciennes, s'il s'agit de méditer, c'est pour faire le plein d'idées claires et distinctes, pour parvenir à la clairvoyance, à la maîtrise de soi et de sa pensée. Voici d'ailleurs ce qu'en disait Descartes lui-même : « **Il y a quelque temps que je me suis aperçu que, dès mes premières années, j'avais reçu quantité de fausses opinions pour véritables [...] de façon qu'il me fallait entreprendre sérieusement une fois dans ma vie de me défaire de toutes les opinions que j'avais reçues en ma créance et commencer tout de nouveau dès les fondements si je voulais établir quelque chose de ferme et de constant.** » La méditation doit donc nous conduire à des certitudes, à sortir du doute afin de fonder nos convictions sur du solide.

Pour les adeptes de la « méditation de pleine conscience », il en va tout autrement. À l'opposé de l'idéal cartésien de maîtrise, il s'agit plutôt de lâcher prise, de laisser être les choses et soi-même, de faire le vide, de s'ouvrir au monde intérieur comme extérieur sans vouloir en aucune manière le contraindre à entrer dans ce lit de Procuste qu'est notre raison. Il faut laisser le réel nous envahir et surtout éviter de chercher des réponses claires et distinctes. Comme le déclare Christophe André dans un hors-série du magazine *La Vie*, « **la spiritualité, c'est tout simplement l'attention, le respect, l'humilité accordés à la vie de l'esprit, perçus comme chambre d'écho du monde visible ou invisible. Non pour maîtriser cet esprit, non pour l'asservir, en faire un outil au service de nos ambitions, mais pour observer, s'incliner, recueillir, contempler,**

se tourner vers les mystères de la vie sans la certitude de réponses claires ». Passons sur cette définition de la spiritualité qui fera rire quiconque s'intéresse un tant soit peu au sujet. Non, la spiritualité n'est pas « tout simplement » un « humble respect de la vie de l'esprit ». Depuis toujours, qu'elles soient religieuses ou laïques, les grandes spiritualités ont tenté de répondre à une question fondamentale, celle de la définition de la vie bonne pour les mortels, une question dont la solution ne saurait résider dans la simple écoute narcissique de sa vie intérieure, comme si chaque individu pouvait en s'ouvrant à lui-même, en pratiquant le « souci de soi », trouver sa propre réponse. Illusion individualiste par excellence. Les grandes religions monothéistes, comme les grandes spiritualités telles que le bouddhisme, le taoïsme ou le stoïcisme, ne sont pas nées de la contemplation de son nombril par un individu isolé, mais d'efforts de pensée donnant lieu à des visions du monde grandioses, à des constructions intellectuelles puissantes, à l'évidence infiniment supérieures à la petite personne de tel ou tel individu particulier. Ce qui est clair à tout le moins, c'est que les deux méditations, la cartésienne et la « positive » vont bel et bien dans des sens radicalement opposés. Or de toute évidence, la seconde, une fois que ses sources anciennes ont été banalisées et adaptées aux exigences contemporaines de la quête du bonheur, est autrement plus favorable au souci de soi narcissique que la première qui fait appel à l'esprit critique en même temps qu'à des efforts de réflexion, de rigueur et d'intelligence...

CHAPITRE VI

Frénésie du bonheur et métamorphoses du rapport au travail

« Ne travaillez jamais ! » (Guy Debord)
Vers la retraite au berceau ?

S'il s'agit de ne plus différer la quête du bonheur, si le sens de la vie se confond désormais avec un désir frénétique d'accéder au « souverain bien » ici et maintenant, alors pourquoi ne prendre sa retraite qu'après des décennies de travail ? Pourquoi ne pas la prendre tout de suite, dès sa naissance, grâce à un revenu universel de base (RUB) ? J'ai eu l'occasion d'examiner en profondeur dans un précédent ouvrage comment l'idée que la fin du travail était programmée par les progrès de la robotique et de l'intelligence artificielle avait conduit à légitimer, souvent à gauche, mais aussi chez les néolibéraux, l'idée que le RUB serait la conséquence à la fois inévitable et souhaitable des progrès rendus possibles par les nouvelles technologies. Les derniers développements de l'intelligence artificielle n'ont fait depuis lors que renforcer chez certains cette conviction. À défaut de pouvoir profiter dès maintenant d'un RUB, voire d'une « grande démission » (d'un *big quit*), le *quiet quitting*, cette « démission tranquille » qui consiste à garder son poste et son salaire tout en en faisant le moins possible, ne serait-elle pas un bon coup d'attente ? Selon un sondage de l'Ifop consacré en 2023 à l'analyse des rapports des Français au travail, 37 %

des salariés avouent pratiquer déjà le *quiet quitting* et 58 % seraient prêts à quitter leur travail définitivement si on leur versait un salaire équivalent. Et pourquoi pas, dans ces conditions, associer le *quiet quitting* à ce télétravail qu'on dit aussi « travail hybride », moitié au bureau, moitié à la maison ?

Quoi qu'il en soit, et quelle que soit la solution envisagée, il est clair que dans nos vieilles démocraties, le travail n'a plus la cote, c'est le moins qu'on puisse dire[1]. En témoigne parmi tant d'autres signes le rejet massif de toute réforme des retraites visant à allonger la durée de cotisation nécessaire pour parvenir au taux plein. Des critiques venues d'horizons différents s'enchaînent pour former un paysage dont l'aversion à l'activité salariée apparaît chaque année davantage comme l'arrière-fond. Certains proposent bien sûr d'apporter des réponses en améliorant la rémunération et les conditions de travail, mais, comme nous allons le voir, c'est bel et bien le travail en tant que tel que

1. Un article de Nicolas Bouzou publié dans *L'Express* en octobre 2022 mesure bien, à partir d'un sondage de l'Ifop, l'ampleur de cette crise du travail : « **La crise du travail existe, en tout cas en France, et elle semble profonde. L'Ifop, mandaté par Les Makers, vient de publier une étude surprenante, déprimante par certains aspects, et qui doit, quoi qu'il en soit, nous faire réfléchir. 37 % des personnes interrogées pratiquent le *quiet quitting*, c'est-à-dire qu'elles respectent leur contrat de travail, mais pas plus. Hors de question de dépasser les horaires de travail ou de faire du zèle. Mais le sondage de l'Ifop montre que le *quiet quitting* n'est qu'un aspect du problème. 45 % des sondés travaillent exclusivement pour le salaire. 48 % considèrent que le travail est avant tout une contrainte, plus qu'une source d'épanouissement (contre 25 % en 1993). 58 % des sondés, s'ils percevaient un revenu équivalent à leur salaire, arrêteraient de travailler. Enfin, 74 % des 18-24 ans et 78 % des 25-34 ans adhèrent à l'idée d'un droit à la paresse. Ce n'est donc pas une vue de l'esprit : nos concitoyens, et les plus jeunes en particulier, se détournent peu à peu de leur travail.** »

d'autres remettent en question du côté de l'ultragauche comme de l'écologie antiproductiviste qui plaide pour une décroissance radicale.

Je vous propose de commencer par examiner les nouveaux développements de la thèse de la fin du travail remplacé par la robotique et le RUB. Nous examinerons ensuite les raisons pour lesquelles cette hypothèse est jugée tout à fait insuffisante aux yeux des théoriciens de la décroissance les plus radicaux, des militants qui plaident pour une abolition pure et simple du travail salarié au nom d'une critique du productivisme qui, bien qu'encore minoritaire dans l'opinion publique, n'en gagne pas moins du terrain chaque année au sein de l'écologie politique, en particulier chez ceux qui n'excluent pas l'éventualité d'un recours à la violence pour faire entendre leurs idées.

Intelligence artificielle, robotique et fin du travail humain : vers un revenu universel de base ?

C'était déjà la thèse développée par Jeremy Rifkin[1] dans un livre, *La Fin du travail* (1995), préfacé par

1. Elle-même inspirée par celle de Keynes qui prévoyait que, d'ici peu, les humains pourraient ne travailler que trois heures par jour pour satisfaire leurs besoins essentiels, attendu que la question économique serait bientôt réglée par les progrès de la technique inhérents à la logique du capitalisme. Dans un célèbre discours qu'il prononce au cours de l'année 1930 (publié en français sous le titre *Lettre à nos petits-enfants*, Les Liens qui libèrent, 2017) alors que la grande crise de 1929 n'en finit pas de produire ses effets désastreux sur les populations qu'elle plonge dans la misère, John Maynard Keynes déclare que les besoins primitifs, naturels et basiques – se nourrir, se vêtir, se loger, s'habiller – seront, eux, entièrement satisfaits pour tous dans un avenir proche : « **Peut-être**

Michel Rocard : l'intelligence artificielle et la robotique allaient selon lui mettre au chômage des millions de salariés sans que ces innovations puissent compenser par de nouveaux emplois la destruction des anciens[1]. Dès lors, c'est vers un RUB qu'il allait falloir s'orienter pour éviter la casse sociale. Depuis, l'IA générative, née en 2017 grâce à « Transformer », un réseau de neurones artificiels mis au point par Google[2], semble

---

atteindrons nous bientôt, bien plus vite que nous ne le pensons tous, le point où ils seront satisfaits, au sens où nous choisirons de consacrer notre excédent d'énergie à des fins non économiques [...]. Je conclus de tout cela que dans cent ans, sauf guerres majeures ou très forte croissance démographique, le problème économique aura peut-être été résolu ou, à tout le moins, sa solution sera peut-être en vue [...]. Pourquoi est-ce ahurissant, me direz-vous ? Parce que si nous regardons le passé et non l'avenir, nous constatons que le problème économique, la lutte pour la subsistance, a toujours été le plus pressant, le problème premier de l'espèce humaine. » Et dans ces conditions, nous pourrons pratiquement cesser de travailler, à condition du moins que nous refusions d'entrer dans la logique absurde des besoins artificiellement créés dans le seul et unique souci de continuer à travailler pour travailler, à produire pour produire à valoriser la valeur pour valoriser la valeur.

1. Dans un autre livre, *La Nouvelle Société du coût marginal zéro* (Les Liens qui libèrent, 2014), Rifkin renforce sa thèse en la mettant au goût du jour : « **L'automatisation remplace le travail humain dans tout le secteur logistique. Amazon se dote de véhicules intelligents automatisés et guidés, de robots automatisés et de systèmes de stockage automatisés dans les entrepôts et peut ainsi éliminer le travail manuel. Cet objectif est désormais en vue avec l'introduction des véhicules sans chauffeur. L'automatisation, la robotique et l'intelligence artificielle éliminent le travail humain aussi rapidement dans les services que dans l'industrie et la logistique. Secrétaires, documentaristes, standardistes, agents de voyage, guichetiers de banque, caissiers et d'innombrables autres employés des services ont pratiquement disparu dans les vingt-cinq dernières années à cause de l'automatisation.** »

2. Mais dont Google n'a pas su profiter pour son propre compte, ce qui lui fit rater le tournant pourtant crucial de l'IA générative, un peu comme Kodak rata celui du passage de l'argentique au numérique...

lui donner raison ! Les dernières versions de ChatGPT fascinent désormais le monde entier en se montrant capables d'accomplir des centaines de tâches nouvelles que l'on croyait réservées aux humains : il peut non seulement coder en python mieux que beaucoup d'informaticiens, écrire des lettres de candidature, préparer un entretien d'embauche, faire la synthèse d'une réunion, d'une vidéo, d'un film, d'une image ou d'une conférence, résoudre en dix secondes une épreuve de physique mise au concours de l'École polytechnique, passer avec succès un examen de droit à l'université, construire une plaidoirie sur n'importe quel dossier judiciaire, dessiner l'architecture d'un immeuble et mille autres choses encore. Comme il n'est plus limité en nombre de mots, il peut aussi écrire des articles de presse, un scénario de film, une nouvelle romanesque ou un mémoire de maîtrise sur à peu près n'importe quel sujet, qui plus est sans fautes d'orthographe et dans plus de 150 langues ! Si l'on ajoute que ce n'est encore qu'un nouveau-né et qu'il va progresser de manière exponentielle dans les années qui viennent, il est impossible de dire jusqu'où pourront s'étendre ses capacités à prendre la place du travail humain.

Dans un livre récent, *Un monde sans travail*, Daniel Susskind, un chercheur de l'université d'Oxford, a voulu adapter les thèses de Rifkin à ce contexte nouveau. Sa démonstration s'appuie notamment sur une comparaison entre les différentes révolutions industrielles : dans les premières, celles de la vapeur, de l'électricité, des moteurs à explosion et du pétrole, les machines prenaient certes le travail de certains ouvriers, mais, d'une part, de nouveaux emplois étaient créés dans d'autres secteurs et, d'autre part, ce sont pour l'essentiel des tâches manuelles et répétitives qui étaient remplacées.

Le problème que posaient les innovations était donc encore relativement facile à résoudre si du moins on voulait continuer à alimenter la production de valeur : pour éviter le chômage de masse, il suffisait de mettre en place les moyens d'une reconversion via une éducation permanente pour que les salariés puissent retrouver un emploi.

L'IA générative et les LLM (*large language model*) changent selon Susskind la donne du tout au tout. Ils représentent un saut qualitatif en ce sens que ce ne sont plus les tâches manuelles et répétitives qu'ils tendent à remplacer, mais des activités intellectuelles hautement sophistiquées comme celles des architectes, des médecins, des experts-comptables, des programmateurs, des géomètres ou des juristes par exemple. Comme le déclarait Susskind dans un entretien accordé à *L'Express* en janvier 2023, « **pendant longtemps, en économie, nous avons cru que les tâches routinières, c'est-à-dire des tâches qui peuvent être facilement expliquées, pourront être remplacées par les machines, mais que ces dernières ne seraient pas capables de remplacer des tâches non routinières. La plupart des économistes estimaient ainsi que le diagnostic médical, non routinier, échapperait à l'automatisation. L'erreur vient d'une mauvaise conception de l'intelligence artificielle. Ces économistes pensaient que, pour accomplir une tâche, un ordinateur devait suivre des règles explicites formulées par un être humain. Mais les machines sont désormais capables d'apprendre à exécuter des tâches par elles-mêmes, en élaborant leurs propres règles grâce notamment aux nombreuses données disponibles. Peu importe par exemple que les êtres humains aient du mal à expliquer comment ils conduisent une voiture ; les machines n'ont plus besoin de ces explications.**

Ce qui signifie qu'elles sont capables d'accomplir de nombreuses tâches non routinières, jugées jusqu'à très récemment hors de leur portée. Des tâches qui font appel au jugement humain, à la créativité ou même à l'empathie peuvent aujourd'hui être automatisées. Implacablement, la technologie se substitue de plus en plus aux humains ».

La démonstration de Susskind est bien argumentée, mais pour deux raisons, ses conclusions sur la fin du travail humain restent néanmoins problématiques. D'abord, parce que les développements de l'IA vont créer de nouveaux métiers dont certains sont déjà connus (dans le domaine de l'analyse des data, de la programmation, de la cybercriminalité, etc.), mais d'autres dont nous n'avons pas encore l'idée. Si on avait demandé à Guizot, en 1830, de prévoir les métiers de 2030, comment aurait-il pu imaginer qu'il y aurait des salariés dans des compagnies d'aviation, des sociétés d'informatique ou des plateformes de streaming ou de e-commerce ? Évitons donc de raisonner en termes malthusiens comme le firent les luddites anglais en 1811 ou les canuts lyonnais en 1831, ces ouvriers tisserands qui s'en prenaient aux machines à tisser, qui les « sabotaient » en y jetant leurs sabots pour les détraquer, parce qu'ils pensaient que la machine Jacquard détruirait leurs emplois sans en créer d'autres, ce qui se révéla faux, au moins en partie : leurs emplois furent bien détruits, mais les industries textiles en créèrent d'autres en bien plus grand nombre.

Mais il y a plus. En réalité, si de nombreuses tâches peuvent être remplacées par l'intelligence artificielle ou la robotique, il s'en faut de beaucoup que tous les métiers le soient. Il est en effet crucial dans ce débat de ne pas confondre tâches et métiers comme le font la plupart des théoriciens de la fin du travail. Il est évident qu'une infinité de tâches deviendront superflues grâce aux progrès de l'IA. Que les métiers dans lesquelles elles prennent place disparaissent pour autant est dans la plupart des cas peu probable. Pour n'en donner qu'un exemple, il est clair qu'un certain nombre de tâches de secrétariat seront accomplies par des logiciels et des scanners, mais les secrétaires n'en resteront pas moins indispensables pour des activités plus utiles, plus difficiles, mais aussi plus intéressantes. Même chose pour les médecins, les avocats ou les experts comptables dont les missions de conseil, de surveillance et de suivi continueront d'être essentielles. Selon un rapport de McKinsey publié en 2021, 45 % des tâches pourront ainsi être automatisées dans un avenir proche, mais seulement 10 % des métiers le seront, ce qui relativise de beaucoup les thèses à la mode sur la fin du travail. Ce qui est probable, en revanche, c'est qu'un manque de formation et d'adaptation des individus au marché, associé à un déficit de flexibilité, créera sans cesse plus de chômage. Pour autant, le problème n'a rien ni de structurel, ni d'irréversible, et si nos gouvernants avaient eu le courage de prendre les bonnes décisions durant les dernières décennies, la France serait dans le lot commun des pays européens qui ont réussi à parvenir au plein emploi. Ni Uber, ni les robots ne sont donc près de détrôner Schumpeter.

Il n'en reste pas moins que Susskind a mille fois raison de tirer la sonnette d'alarme. L'IA générative est en train de gagner sa compétition contre l'humain et la première préoccupation d'un ministre de l'Éducation devrait être de réfléchir aux problèmes que cette révolution, sans aucun doute la plus brutale et la plus étonnante dans l'histoire des technologies, va poser à nos enfants. Il y a urgence car ses impacts sur le plan économique, social et pédagogique seront vite autrement plus aigus que ceux qui agitent les esprits à propos des retraites. Cela étant dit, aux yeux de ceux qui, notamment dans l'écologie politique la plus radicale, demandent l'abolition pure et simple du travail, ce débat n'a pas grand sens, ou pour mieux dire, il reste superficiel, prisonnier qu'il est de cadres de pensée qui voient dans le travail une nécessité universelle, vitale depuis toujours pour les humains, et comme telle indépassable. De leur point de vue, que l'on proteste contre la technologie parce qu'elle détruit des emplois ou qu'on en profite pour proposer la mise en place d'un RUB, dans les deux cas, on ne remet en cause ni la logique du productivisme, ni par conséquent celle du capitalisme ! Or c'est précisément là que le bât blesse selon les théoriciens néomarxistes et décroissantistes de la « critique de la valeur et du travail ».

« Ne travaillez jamais ! » Le plaidoyer de la « Théorie critique de la valeur » pour l'abolition pure et simple du travail

Comme l'écrit Anselm Jappe dans sa préface du livre de son ami Alastair Hemmens, un des piliers de la Théorie critique de la valeur (*Ne travaillez jamais. La critique du travail en France de Charles Fourier à Guy Debord*, Crise et Critique, 2019), « certains "ennemis" du travail tombent dans la technolâtrie et espèrent l'avènement d'une société où les machines feront tout à notre place – ce qui serait pourtant une autre forme d'aliénation capitaliste. D'autres croient que le recours à l'État social et à l'assistance publique pourra permettre pour toujours de se dérober à la tyrannie du travail ou que le capitalisme, sous forme d'un "revenu universel garanti" paiera les gens à ne rien faire. Ce sont autant de façons d'éviter la critique catégorielle du travail ». Qu'il s'agisse de proposer un RUB en partant de la conviction que le travail sera remplacé par l'automatisation, la robotique et l'intelligence artificielle, ou qu'on plaide pour une grande démission, voire plus modestement pour la démission tranquille, le travail hybride ou même le RUB, dans tous les cas de figures, on renonce selon ces auteurs à remettre en cause la logique d'un capitalisme désormais intégré dans une mondialisation qu'ils jugent aussi insensée que destructrice de l'environnement. À vrai dire, remplacer le travail humain par de nouvelles technologies ne ferait même que renforcer encore la logique d'un productivisme aussi déshumanisant et dénué de sens que dévastateur. Le *big quit* et le *quiet quit*, si sympathiques soient-ils, restent des décisions individuelles qui ne remettent pas en cause le « système ». Si on veut l'abolir, il faut aller dans le sens d'une déconstruction enfin collective et radicale de l'idée même de travail et avec elle, du capitalisme.

Telle est du moins la thèse défendue par les décroissantistes et les collapsologues les plus radicaux comme par les théoriciens de la « critique de la valeur » (*Wertkritik*), un courant de pensée révolutionnaire néomarxiste né en Allemagne dans les années 1980[1]. Parmi les théoriciens les plus notables de cette nouvelle

1. Il devait prendre par la suite le nom de « critique de la valeur-dissociation » (*Wert-Abspaltungskritik*) afin d'intégrer la problématique du féminisme dans sa déconstruction du capitalisme et tenter de conceptualiser la dissociation entre le travail salarié et le travail domestique souvent réservé aux femmes ou aux « racisés ».

mouture de la Théorie critique des années 1930, celle de Horkheimer et Adorno, on peut citer les noms de Robert Kurz, Ernst Lohoff, Anselm Jappe, Moishe Postone, Alastair Hemmens ou Roswitha Scholz. Ils se reconnaissent comme précurseurs des auteurs comme Fourier, Lafargue, Breton, Debord et plus récemment, dans le sillage de Mai 68, ils se réfèrent à des ouvrages tels que *L'Allergie au travail* (Jean Rousselet, 1974), *Pour l'abolition du salariat* (Claude Berger, 1976), *À bas la fête du travail aliéné* (*L'Union ouvrière*, 1er mai 1975), *Bonjour paresse* de Corinne Maier (2004), *Le Travail, une valeur en voie de disparition*, de Dominique Méda (1995), ainsi qu'aux travaux d'André Gorz, mais plus encore de Jean-Marie Vincent, un philosophe français qui, bien que profondément marxiste, dénonçait le capitalisme dans la perspective heideggérienne d'une déconstruction du monde de la technique sur laquelle je vais revenir, l'humain étant mis selon lui « au service du travail pour le travail, de la domination pour la domination et de la production pour la production ».

« **Ne travaillez jamais !** » est leur mot d'ordre. Le slogan, gravé en 1953 sur un mur de Paris, rue de Seine, par Guy Debord, l'un des principaux théoriciens du mouvement situationniste, faisait à l'époque partie des revendications des courants révolutionnaires les plus radicaux. En fait, Debord reprenait un thème déjà esquissé par Paul Lafargue, le gendre de Marx, dans son fameux libelle *Le Droit à la paresse* (1883). De manière significative, cette injonction fut affichée en février 2023 sur les pancartes des manifestants hostiles à la réforme des retraites tandis que Sandrine Rousseau, toujours soucieuse de se faire remarquer, faisait son possible pour l'introduire jusqu'au sein de l'Assemblée nationale. C'est bel et bien ce fameux « droit à la paresse » qu'une ultragauche écologiste, convaincue que l'effondrement du monde capitaliste est inévitable et pour cette raison favorable à la décroissance, veut réhabiliter dans une perspective proche de celle de Lafargue. Voici, pour mémoire, ce que ce dernier en disait depuis sa prison, en 1883, pour la deuxième édition de son livre, en pestant contre la « **folie d'une classe ouvrière** » à laquelle il reprochait de demander depuis 1848 un « droit au travail » au lieu d'exiger sont abolition[1] : « **Cette folie c'est l'amour du travail, la passion moribonde du travail poussée jusqu'à l'épuisement des forces vitales de l'individu et de sa progéniture. Au lieu de réagir contre cette aberration mentale, les prêtres, les économistes, les moralistes ont sacrosanctifié le travail. Hommes aveugles et bornés, ils ont voulu être plus sages que leur Dieu ; hommes faibles et méprisables, ils ont voulu réhabiliter ce que leur Dieu avait maudit. Dans la société capitaliste, le travail est la cause de toute dégénérescence intellectuelle, de toute déformation organique.** » Et Lafargue, bien que marxiste, matérialiste et athée résolu, de citer, afin de mettre ses adversaires en face de leurs propres contradictions, les propos tenus par Jésus dans le Sermon sur la montagne : « **Contemplez la croissance des lis des champs, ils ne travaillent ni ne filent, et cependant, je vous le dis, Salomon ne fut jamais plus brillamment vêtu même au sommet de sa gloire !** »

1. « Honte au prolétariat français ! Seuls des esclaves eussent été capables d'une telle bassesse. Il aurait fallu vingt ans de civilisation capitaliste à un Grec des temps héroïques pour concevoir un tel avilissement. Ce travail qu'en juin 1848 les ouvriers réclamaient les armes à la main, ils l'ont imposé à leurs familles, ils ont livré aux barons de l'industrie leurs femmes et leurs enfants [...]. Hontes aux prolétaires ! »

Comme la « vieille taupe » dont parlait Marx, cette critique radicale du travail progresse de façon souterraine dans la gauche de la gauche et chez les décroissantistes. Même si elles n'ont pas lu les ouvrages des théoriciens de la critique de la valeur, les millions de personnes qui ont décidé de pratiquer le *big quit* ou le *quiet quit* et qui rejettent de manière viscérale toute réforme des retraites partagent au moins en partie cette aversion pour le travail salarié, ce sentiment qu'on risque de « perdre sa vie pour la gagner ». En toute hypothèse, si on veut répondre à ces critiques, si l'on pense, comme c'est mon cas, que le travail est à la fois nécessaire et souhaitable, que c'est même un bien précieux entre tous, il faut au moins faire l'effort de les comprendre, ce qui ne va pas de soi. La Théorie critique de la valeur repose en effet sur une opposition entre deux types de critiques du travail ainsi que sur l'idée, a priori peu évidente, que le travail est une catégorie qui n'existait pas à proprement parler avant la naissance du capitalisme.

Voyons cela de plus près.

Pourquoi il existe deux types de critiques du travail, l'une superficielle, l'autre radicale

Il y aurait donc deux sortes de « déconstructions » de la notion de travail : l'une superficielle ou « phénoménologique » (qui s'en tiendrait aux apparences) qu'on trouverait chez un Marx vulgaire ou « exotérique », l'autre radicale ou « catégorielle » qui serait déjà présente chez un Marx plus profond, mais « ésotérique ». Comme l'écrit Alastair Hemmens dans sa préface au *Manifeste contre le travail*, qui rassemble les contributions des principaux auteurs de la Théorie critique de la valeur (aux éditions Crise et Critique), « **le Marx exotérique a vu dans le travail une forme sociale positive et transhistorique qui s'est trouvée aliénée et exploitée par une classe dominante : la bourgeoisie. Le capital, en ce sens, serait une sorte de vol d'une richesse qui reste non questionnée** ». C'est ainsi que Marx pouvait par exemple écrire ceci, dans le livre I du *Capital* : « **Le travail est une nécessité éternelle, une médiation indispensable au métabolisme qui se produit entre l'homme et la nature et donc indispensable à la vie humaine.** » Certes, le travail se trouve aliéné dans les sociétés où les capitalistes détiennent les moyens de production, mais dans cette perspective encore superficielle, il suffirait de faire la révolution, d'exproprier les propriétaires pour rendre aux travailleurs les produits de leur travail et faire ainsi en sorte que tout aille pour le mieux dans le meilleur des mondes communistes. Mais, ainsi continue Hemmens, « **le Marx ésotérique a vu au contraire dans le travail en tant que tel l'essence même du capitalisme : une domination fétichiste abstraite et sans sujet. Le travail, et avec lui ses formes dérivées que sont la valeur, l'argent et la marchandise, serait donc une forme sociale historiquement spécifique, irrationnelle et destructrice dont le seul but serait de transformer 100 euros en 110 euros** ». À l'appui de cette thèse, on pourrait citer certains propos de Marx tel que celui-ci, extrait d'un texte moins connu, moins lu et plus ésotérique (*À propos de Friedrich List, le système national de l'économie politique*) : « **Le travail est par nature l'activité asservie, inhumaine, asociale, déterminée par la propriété privée et créatrice de la propriété privée. Par conséquent, l'abolition de la propriété privée ne devient une réalité que si on la conçoit comme**

abolition du travail », un thème qu'on trouvait déjà chez le jeune Marx, dans les *Manuscrits de 1844* : « **Le travail lui-même est nuisible et funeste, non seulement dans les conditions présentes, mais en général dans la mesure où son but est simplement l'accroissement de la richesse.** » À la différence de la première critique qui ne cherche qu'à améliorer les conditions dans lesquelles s'effectue le travail, la seconde demande donc l'abolition du travail « en soi et pour soi ».

Pour bien comprendre la différence entre ces deux points de vue, il faut partir de l'idée que, selon les auteurs de la Théorie critique de la valeur, avant la naissance du capitalisme, les humains ne « travaillaient » pas à proprement parler. Certes, ils avaient des activités productives nécessaires à l'entretien et la reproduction de la vie, mais il ne s'agissait pas d'un travail « abstrait » de ses contenus concrets, car destiné avant tout, pour ne pas dire exclusivement, à produire du profit, de l'argent pour de l'argent, comme c'est le cas dans les sociétés productivistes qu'elles soient d'ailleurs socialistes ou capitalistes. Comme l'écrit Hemmens dans le livre que nous avons cité, dans les temps anciens, « **il n'existait pas d'espace social distinct pour les activités productives dotées de leurs propres règles, séparé du foyer et de la vie sociale normale. Il est donc incorrect de penser que les peuples prémodernes ont "travaillé" même si de nombreuses activités, telles que la culture de subsistance et la construction d'abris, que nous appelons "travail" aujourd'hui, ont également été réalisées dans ces sociétés** ». À preuve le fait que dans les mondes aristocratiques, que ce soit dans l'Antiquité gréco-romaine ou dans l'Europe féodale, les nobles ne travaillaient pas, à preuve le fait que les non-nobles faisaient tout pour échapper à ce que la

Bible elle-même considérait comme une malédiction liée au péché originel.

C'est seulement dans le capitalisme que les activités humaines prendraient la forme du travail proprement dit, c'est-à-dire d'une activité n'ayant plus pour fin de faire bien vivre les Hommes, mais « seulement » de produire de la valeur d'échange, de la richesse pour la richesse, de l'argent pour l'argent au sein d'une société de compétition mondialisée où cette création de valeur n'a plus ni sens, ni limite, la compétition universelle impliquant pour les entreprises comme pour les nations la logique du « toujours plus » sous peine d'être anéanti par la concurrence. C'est donc seulement dans le monde capitaliste que les activités humaines productrices vont prendre la forme du travail en un sens bien précis : c'est en effet dans ce système historiquement daté, en l'occurrence moderne, que le travail devient une abstraction séparée de toute finalité et de tout contenu concret[1] : peu importe que l'on produise des voitures, des médicaments, des légumes, des vêtements ou n'importe quoi d'autre, ce qui compte dans cette société productiviste, c'est que le travail transforme 100 euros en 110 euros ! Les entreprises produisent ainsi de la valeur pour la valeur, de l'argent pour l'argent, de la richesse pour la richesse, et comme la compétition universelle rend ce processus inarrêtable, le travail, désormais dénué des finalités concrètes qui étaient les siennes au cours des siècles passés où il était destiné à produire des « valeurs d'usage », conduit à

1. Comme l'écrit Hemmens, « **dans les sociétés industriellement développées, les ouvriers fabriquent des produits qui ne sont pas nécessairement destinés à leur propre consommation, mais au marché local et international. La production sert seulement à augmenter la quantité de richesse sociale abstraite : l'argent se transforme en plus d'argent** ».

la destruction de la planète[1]. Comme un homme qui trébucherait en haut d'une forte pente et qui se mettrait à courir de plus en plus vite pour tenter d'échapper à la chute, le capitalisme mondialisé vise la croissance pour la croissance sans que nul sache si cette course folle conduit vers un véritable progrès, vers plus de liberté et de bonheur pour l'humanité.

Selon les militants de la décroissance radicale, c'est même à l'évidence tout l'inverse car, dans ce contexte, le travail, moteur du processus, au lieu de produire de la valeur d'usage, des biens utiles, ne sert plus qu'à alimenter un progrès qui en réalité n'en est plus un. Pour éponger la production incessante de richesses, ce productivisme doit séparer les Hommes de leurs besoins fondamentaux, naturels et authentiques et créer de toute pièce des besoins de plus en plus artificiels. Et pour y parvenir, il doit déconstruire les valeurs traditionnelles afin que la spirale infinie de la consommation[2] d'innovations aussi superficielles qu'inutiles ne s'arrête jamais, le tout au prix d'une destruction de la planète et d'une déshumanisation des activités humaines. Esclave d'un système absurde, le travailleur serait réifié, chosifié, il ne serait plus que le rouage aveugle d'une machinerie aveugle, l'agent d'une logique qui n'a plus d'autre finalité qu'elle-même. Comme Lafargue, les théoriciens de la critique de la valeur n'ont cessé de dénoncer la folie des organisations syndicales et

1. *Cf. Manifeste contre le travail*, *op. cit.*, p. 54 : « La machine capitaliste qu'il n'a pas d'autre finalité qu'elle-même, accapare naturellement toutes les ressources de la planète. »

2. Comme on peut le lire dans le *Manifeste contre le travail*, p. 21 : « Le capitalisme a historiquement conduit à la destruction successive de communautés et de modes de vie entiers, des communautés paysannes du Moyen Âge jusqu'aux communautés manufacturières de jadis. »

des partis de gauche qui ont voulu inscrire le droit au travail dans la Constitution sans comprendre que c'était à leur perte qu'ils œuvraient. La vraie révolution anticapitaliste ne résiderait donc pas seulement dans l'appropriation des moyens de production, mais dans l'anéantissement du travail en tant que moteur du productivisme. Et une fois cette révolution achevée, il faudrait stabiliser la consommation et la production comme le demandent les écologistes décroissants et les collapsologues : revenir aux *low-tech* et « refabriquer des 2 CV », comme le recommande sans rire un écologiste décroissant comme Jean-Marc Jancovici[1] dans son Shift Project, réapprendre à cultiver la terre en se passant des technologies modernes, bref, déconstruire la logique de destruction créatrice inhérente à la mondialisation libérale comme celle, plus profonde encore, de ce que Heidegger désignait comme le « monde de la technique ».

De la critique du travail à la critique du monde de la technique

Il est essentiel de bien comprendre ici les raisons pour lesquels des néomarxistes radicaux comme Jean-Marie Vincent ont pu reprendre à leur compte la critique

1. « Il faut impérativement diminuer la taille du parc automobile, donc remplacer une partie des voitures par autre chose (bus, vélo, train, marche...), et diviser par trois la consommation des voitures encore utilisées avant de les passer à l'électricité. Là, les *low-tech*, c'est-à-dire, en gros, refabriquer des 2 CV, rentrent dans l'équation en ce qu'elles sont une composante de la marge de manœuvre pour préserver une partie de la liberté de se déplacer dans un monde où il faut par ailleurs s'affranchir au plus vie des combustibles fossiles. »

heideggérienne du monde de la technique, une idée puissante qui éclaire comme nulle autre ce que nous appelons aujourd'hui la mondialisation. Ayant exposé cette critique dans d'autres livres, je me contenterai ici de la résumer de manière aussi claire et synthétique que possible afin que l'on comprenne bien en quel sens elle peut venir compléter la critique radicale du travail défendue par les théoriciens néomarxistes de la critique de la valeur en tant que processus abstrait intégré dans la logique insensée du toujours plus pour le toujours plus. Pour en saisir le thème essentiel, il faut commencer par éviter de confondre le monde de la technique avec la révolution scientifique des Lumières, avec le rationalisme des XVIIe et XVIIIe siècles. En effet, chez Descartes comme chez les Encyclopédistes, le projet d'une maîtrise scientifique de l'univers naturel, puis social, possédait encore une visée émancipatrice. Il s'agissait de réaliser des objectifs de civilisation aussi grandioses que bénéfiques pour l'ensemble de l'espèce humaine. Les grands esprits des Lumières ne visaient pas à dominer le monde pour dominer le monde, par pure fascination pour la puissance et la maîtrise, mais pour parvenir à plus de liberté et de bonheur pour les peuples. De là les deux credo du siècle des Lumières, le premier étant que la science va nous permettre d'émanciper l'humanité des chaînes de la superstition et de l'obscurantisme, le second que la maîtrise de la nature nous permettra, comme on le voit en 1755 dans les réactions des philosophes au fameux tremblement de terre de Lisbonne, de nous libérer des servitudes naturelles pour les retourner au profit de notre bien-être. Et c'est par rapport à ces deux finalités, la liberté et le bonheur, qui à elles deux définissaient le cœur de l'idée de progrès, que les Lumières apparaissaient comme le vecteur d'un autre progrès : celui de la civilisation. Peu importe ici qu'une telle vision des vertus de la raison soit naïve ou non. Ce qui compte c'est qu'en elle, la volonté de maîtrise s'articulait encore à des objectifs extérieurs à elle et qu'en ce sens, on ne pouvait pas la réduire à la logique technicienne d'une raison instrumentale qui ne prendrait en considération que les moyens au détriment des fins.

C'est là le point crucial, celui qui sépare une conception de la science mise au service du progrès, d'un monde de la technique d'où la considération des fins va disparaître au profit exclusif de celle des moyens. Pour que la raison instrumentale l'emporte sur la raison pratique ou « objective » au sens d'une raison qui vise encore des objectifs, pour que notre vision du monde devienne résolument technicienne, il faut en effet un pas supplémentaire. Il faut que la volonté cesse de viser des fins extérieures à elle pour se prendre elle-même comme objet. C'est là, selon Heidegger, ce qui advient, dans l'histoire de la pensée avec la doctrine nietzschéenne de la « volonté de puissance » conçue comme une « volonté de volonté », comme une volonté qui veut sa propre intensification, mais aussi dans la réalité avec l'avènement du productivisme planétaire, qu'il soit d'ailleurs socialiste ou capitaliste, américain ou soviétique. Dans l'univers technicien, le projet de maîtriser le réel cesse d'être un moyen pour réaliser des objectifs supérieurs, il devient une fin en soi. Il ne s'agit plus de dominer la nature ou la société pour être plus libre et plus heureux, mais de maîtriser pour maîtriser, de dominer pour dominer. Pourquoi ? Pour rien justement, ou plutôt parce qu'il est tout simplement impossible de faire autrement dans le cadre du monde de la compétition universelle au sein duquel l'animal *laborans* est désormais intégré.

C'est en ce point que la critique marxiste « ésotérique » du travail dans les sociétés capitalistes peut rejoindre la critique heideggérienne de l'animal *laborans* intégré à ce monde absurde qu'est selon lui le monde définalisé de la technique, un monde dans lequel l'économie est mise dans l'obligation absolue de progresser ou de périr. De là, au sein des nations, des entreprises, des laboratoires scientifiques et des centres de recherche, la nécessité d'entrer dans une logique de compétition qui pousse mécaniquement à augmenter la productivité grâce au travail, à développer les connaissances et surtout leurs applications à l'industrie, à l'économie, bref, à la production et, par suite, à une consommation de plus en plus artificielle. Une entreprise qui ne progresse pas est une entreprise vouée à la mort. De là le formidable et incessant développement d'une « technoscience » rivée à l'essor économique et largement financée par lui. De là aussi le fait que l'augmentation de la puissance des Hommes sur le monde est devenue un processus automatique et aveugle qui dépasse de toute part le travailleur réduit au statut de simple rouage de la machine.

À la limite, plus personne ne sait où nous mène le cours du monde, car nul ne peut prétendre aujourd'hui le contrôler. Comme une bicyclette doit avancer pour ne pas chuter ou un gyroscope tourner sur son axe pour rester sur le fil sur lequel on l'a posé, il faut « progresser » sans cesse et sans fin selon la logique d'un mécanisme au sens propre insensé qui ne peut plus prendre place au sein d'un grand dessein humain. Telle est la différence ultime qui nous sépare des Lumières : plus personne ne peut raisonnablement être convaincu que cette évolution nous conduise infailliblement vers le mieux. Les écologistes en doutent, les anticapitalistes et les critiques de la mondialisation aussi, mais ils sont rejoints par tous ces républicains, souvent d'anciens gauchistes, qui nous parlent de décadence de l'Occident et qui, pour cette raison même, deviennent nostalgiques d'un passé révolu. Il est évidement que l'idéal des Lumières fait place aujourd'hui à une inquiétude diffuse et multiforme, toujours prête à se cristalliser sur tel ou tel menace particulière, où l'on comprend comment, j'y reviens une dernière fois, chez un penseur marxiste comme Jean-Marie Vincent, la critique « ésotérique » du capitalisme par Marx ait pu paradoxalement trouver à se nourrir de la déconstruction heideggérienne du monde de ce monde de la technique qui n'est au fond qu'un autre nom de la mondialisation libérale. Il est évident que le débat est ouvert, qu'il mérite d'être pris au sérieux car il ne se réglera pas à coup de cocktails Molotov et de grenades lacrymogènes.

La question du sens de la vie dans un univers de loisirs ou pourquoi l'abolition du travail et des besoins réputés « artificiels » nous conduirait vers un monde invivable...

Qu'il y ait une part de vérité dans ces critiques de la mondialisation libérale me semble évident. Oui, c'est vrai, du point de vue du système capitaliste pris globalement, le travail est une abstraction destinée à produire plus d'argent à partir de l'argent. Reste que pour le travailleur, voire pour le chef d'entreprise, le travail n'en demeure pas moins une activité concrète qui demande des compétences, des savoir-faire et des objectifs concrets, spécifiques, en quoi il s'agit d'une activité qu'on peut aimer, dont on peut être fier et qui produit de la richesse pour l'ensemble de la nation, voire de l'humanité quand les innovations sont utiles, comme c'est souvent le cas, par exemple, dans le domaine de la santé. Qu'on veuille mieux partager la valeur, mieux réguler l'économie, qu'on souhaite que les innovations ne soient pas futiles est compréhensible. Qu'on veuille en finir avec le travail en tant que tel l'est d'autant moins que la société vers laquelle nous conduirait son abolition risquerait d'être un véritable enfer.

Nos néomarxistes ont-ils réfléchi au type de vie qu'engendrerait une existence vouée tout entière aux loisirs, une organisation sociale où l'on se contenterait de quelques heures d'activités productives par semaine (on ne parlerait plus de « travail »...), un monde dans lequel des gardes, rouges ou verts (ou pire : les deux à la fois !), veilleraient à ce que tous les besoins réputés « artificiels » soient pourchassés, à ce que toute innovation soit prohibée, à ce que les voyages au long cours soient interdits afin de préserver la planète, à ce que nous soyons tous désormais rivés au local, enracinés à vie dans le terroir sans possibilité de nous en arracher ? Pour quiconque aime l'innovation, la créativité, voire les artifices qui seuls rendent nos vies non seulement agréables, mais à proprement parler humaines, ce serait tout simplement une prison infernale. Je me souviens d'une blague qui circulait chez les dissidents russes et que j'ai entendue la première fois que je suis allé en Union soviétique, avant la chute du Mur, donc : ils racontaient que la grande question qui agitait l'académie de philosophie matérialiste de Moscou n'était pas celle de savoir s'il existait une vie après la mort... mais avant ! C'est la question que je me poserais si je devais vivre dans le monde que nous préparent les décroissants néomarxistes de la Théorie critique de la valeur et du travail.

C'est du reste la question que posait déjà Keynes dans sa remarquable conférence, déjà citée un peu plus haut, publiée sous le titre *Lettre à nos petits-enfants*. Il y annonçait la mort des sociétés de subsistance, la naissance des sociétés d'abondance et, avec ces dernières, la fin du règne de la nécessité et du travail. Il en concluait que la question du sens de la vie dans un monde qui ferait désormais droit à la paresse serait vertigineuse, que pour les femmes riches et désœuvrées, comme on le voit déjà aux États-Unis, et pour les gens incultes, ce serait très dur[1] ! La remarque, ni très féministe, ni très démocratique, a du moins le mérite de nous mettre clairement devant la vraie question, celle du sens de l'existence dans un monde débarrassé de ce travail dans lequel la parabole des talents voyait le

1. « Je pense avec effroi, disait-il, au réajustement des habitudes et des instincts de l'homme ordinaire, nourris en lui au fil d'innombrables générations : on va peut-être bien lui demander de s'en délester en quelques décennies. Pour user du langage actuel : ne faut-il pas s'attendre à une “dépression nerveuse” générale ? Nous avons déjà une petite expérience de ce que j'entends par là : une dépression nerveuse comme il y en a tant, en Angleterre et aux États-Unis, chez les femmes mariées des milieux aisés. Souvent, ce sont des malheureuses que leur fortune a privées de leurs tâches et occupations traditionnelles. Sans l'aiguillon de la nécessité économique, cuisiner, nettoyer, coudre ne les amuse pas assez, mais elles restent incapables de trouver d'autres activités plus distrayantes. Le loisir est un délice auquel aspire ceux qui gagnent leur pain à la sueur de leur front [...]. Pour la première fois depuis sa création, l'homme sera confronté à son vrai problème permanent : que faire de sa liberté arrachée à l'urgence économique ? Pour l'individu ordinaire, celui qui n'a aucun talent spécial, notamment s'il n'est plus enraciné dans le terroir comme dans la coutume et les conventions bien-aimées d'une société traditionnelle, s'occuper est un redoutable problème. »

principe fondateur de la dignité humaine, le seul et unique moyen de faire fructifier les dons naturels au lieu de les laisser en friche.

Les théoriciens de la critique de la valeur et les décroissantistes nous promettent certes un avenir radieux. Le problème, c'est qu'on connaît la musique, on l'a entendue tout au long du XXe siècle, et la vérité est que leur monde post-travail risquerait fort de tourner vite à la haine et au désespoir. Pour commencer, ils nous proposent, comme les zadistes et les black blocs, qui en sont aujourd'hui les héritiers les plus visibles, d'anéantir toutes les institutions démocratiques attendu qu'à leurs yeux, elles ne sont que les superstructures destinées à maintenir en place la logique capitalistique du travail et de la valeur pour la valeur. Comme on peut le lire dans le *Manifeste contre le travail* (Crise et Critique, 2020), les premières décisions du mouvement d'abolition consisteraient à supprimer toutes les structures de l'État de droit libéral au profit de conseils[1] – nos néomarxistes nous resservant sans rire le vieux discours totalitaire de l'autogestion associé à la suppression des frontières et des nations. De manière explicite, le *Manifeste contre le travail* ne se cache pas de vouloir abolir la démocratie, le pluralisme, les élections, les partis politiques, car « **ce n'est plus par la politique démocratique qu'il faut défendre ce qui fonde la civilisation, mais contre elle. [...] Les ennemis du travail ne**

1. Par exemple p. 160 : « **Les institutions aliénées du marché et de l'État seront remplacées par un réseau de conseils dans lequel, du quartier au monde entier, les associations libres détermineront le flux des ressources en fonction d'une raison sensible, sociale et écologique. [...] En même temps que le travail disparaîtront ces universalités abstraites que sont l'argent et l'État. Les nations seront remplacées par une société mondiale qui n'aura plus besoin de frontières.** » Ben voyons...

constituent pas un parti politique et ils n'en constitueront jamais un. Ils ne veulent donc pas s'emparer des commandes du pouvoir, mais ce qu'ils veulent, c'est les détruire ! », attendu que les superstructures libérales ne visent qu'à garantir le monde du travail dans son existence. Comme les black blocs et les théoriciens les plus radicaux de la décroissance, ils sont convaincus que ce n'est pas par les voies de la démocratie électorale qu'on parviendra à imposer à tous leur vision du monde, l'idée révolutionnaire retrouvant ici tout le potentiel de violence qu'elle avait perdu quand la classe ouvrière et les partis de gauche ont accepté non seulement de demander, comme les prolétaires de 1848, un « droit au travail », mais qui plus est de l'exiger par la voie d'élections bourgeoises... Quiconque a connu Mai 68 et se souvient de l'ambiance qui régnait dans les fameuses « AG » sait à quel point toute expression dissidente y était simplement impossible, aussitôt exclue qu'elle était par la violence verbale, puis très rapidement physique si on avait le malheur d'insister.

Ensuite, pour compenser l'arrêt de la production forcément lié à celui du travail, nos guides géniaux assurent qu'il faudra bien évidemment limiter drastiquement la consommation à la seule satisfaction des besoins dits « naturels », à l'exclusion de tous ceux que l'autogestion (et encore une fois, on sait ce que le terme signifie en réalité : une dictature sans faille des leaders du mouvement et ce d'autant plus qu'il n'y aurait plus d'élections...) définira comme superflus. Comme l'écrivait déjà l'un des pères fondateurs de l'écologie de la décroissance, Nicholas Georgescu-Roegen, un économiste roumain dont les articles ont été traduits en français en 1979 sous le titre *Demain la décroissance. Entropie, écologie, économie* (Pierre-Marcel

Favre, 1979), « **nous devrons nous débarrasser de la mode !** », mais aussi des voitures, des avions et, tant qu'on y est, de tous les articles de luxe, montres, bijoux, vêtements un tant soit peu sophistiqués, jouets, médicaments, cosmétiques, bref, de tous ces « gadgets » inutiles que la fin du travail rendra de toute façon inaccessibles : « **Les ennemis du travail auront pour but de rétablir cette culture de l'oisiveté que toutes les sociétés antérieures ont connue et qui fut anéantie pour que s'impose un productivisme effréné et privé de sens. C'est pourquoi les ennemis du travail fermeront d'abord toutes les branches de la production sans les remplacer, des branches qui ne servent qu'à maintenir impitoyablement la fin en soi délirante du système de production marchande. Nous ne parlons pas seulement des secteurs d'activité qui représentent manifestement un danger public comme les industries automobiles, de l'armement ou du nucléaire, mais aussi de la production de ces nombreuses prothèses de signification et de ces ineptes objets de divertissement supposés faire miroiter aux hommes de travail un ersatz d'existence pour leurs vies gâchées.** » Dans une optique proche, Jean-Marc Jancovici propose dans son Shift Project que l'on revienne aux *low-tech* et, précise-t-il, « **revenir aux *low-tech*, cela veut dire, en gros, refabriquer des 2 CV** ». Pourquoi deux ? Pourquoi pas, tant qu'on y est, un seul cheval, si possible à quatre pattes, un bon vieux percheron...

Bien entendu, on en profitera pour diviser par trois le revenu moyen par habitant. Parmi les propositions ordinaires des tenants de la décroissance radicale et de la fin du capitalisme, on tombe en effet sur ce projet grandiose, présenté sans rire par Serge Latouche dans son *Petit traité de la décroissance sereine* (Fayard, 2007), comme le premier pilier d'un bon programme décroissantiste : « **Retrouver une empreinte écologique égale ou inférieure à une planète, c'est-à-dire, toutes choses égales par ailleurs, une production matérielle équivalente à celle des années 1960-1970 !** », une mesure qui ne serait bien entendu qu'un premier pas vers la « vraie frugalité ». Un calcul rapide nous apprend que cette proposition reviendrait tout simplement à diviser au moins par trois le pouvoir d'achat moyen des Français, y compris bien sûr celui des plus modestes, tout en créant au passage quelques dizaines de millions de chômeurs, ce qui dans l'optique de l'abolition du travail serait bien entendu une excellente nouvelle. Comme le dit, du reste non sans courage, Jean-Marc Jancovici, toujours dans son fameux Shift Project, avec la joie mauvaise qui accompagne si souvent l'administration de ses remèdes, il va bien falloir que « **tout le monde se serre la ceinture, y compris le smicard !** ». La décroissance énergétique nécessaire à la limitation du réchauffement climatique se traduira pour tout le monde, y compris pour les plus pauvres, par une baisse considérable du pouvoir d'achat, de la consommation et de ce que nous tenons aujourd'hui pour la qualité de vie. Je souhaite bon vent aux politiques qui afficheront sans fard cet objectif dans leurs programmes, mais il est vrai que les institutions démocratiques ayant été abolies au profit d'un conseillisme généralisé, il n'y aura plus ni programme politique, ni pluralisme, ni droit de vote…

Comme il n'y aura plus non plus de voitures, ni de trains, d'avions ou même de bateaux autres que des pirogues ou des barques fabriquées à la main et en bois, il va de soi, j'y reviens car c'est évidemment une conséquence fatale de la désindustrialisation et de la fin du travail, que nous serons, comme au Moyen Âge, presque tous rivés au terroir et soumis à la logique implacable du locavorisme. Pour les habitants de la région parisienne, finis le bourgogne, le bordeaux, le whisky, le porto ou le cognac, mais aussi, entre autres, le thé, le café, le chocolat, les oranges, les citrons, les bananes, les artichauts, les poissons de mer, les coquillages, etc., etc. Je vous laisse compléter la liste. Les termes et les expressions dont use Serge Latouche pour se réjouir de ce retour à la terre sont à cet égard significatifs, par exemple quand il déclare (et il y revient sans cesse dans son livre) que « **ce qui compte, c'est l'existence d'un projet collectif enraciné dans le terroir comme lieu de vie en commun**[1] », que c'est ainsi à un « **retissage organique du local**[2] » qu'il faut désormais travailler. Ce qui se profile sur le plan politique derrière l'idéal décroissantiste de l'abolition du travail, c'est quelque chose comme les ZAD de Nantes ou les « biorégions » des effondristes, des structures en effet « organiques » et locales qui mettront fin à toute espèce d'ouverture au monde. Que le thème vienne ici de l'extrême gauche, en l'occurrence du marxisme et pas du pétainisme, ne le rend ni plus réjouissant, ni moins nocif pour autant.

Pour compléter ce réjouissant tableau, il faudra bien entendu tout faire pour diminuer la population mondiale. Convaincu, comme l'inénarrable Paul Ehrlich, que notre société productiviste courait à sa perte, Georgescu-Roegen égraina dans le livre déjà cité une série de mesures coercitives qui lui paraissaient devoir être imposées aux peuples de toute urgence :

1. *Petit traité de la décroissance sereine*, *op. cit.*, p. 74.
2. *Ibid.*, p. 76-77.

« **Diminuer progressivement la population mondiale jusqu'à un niveau où une agriculture organique locale suffirait à la nourrir convenablement, réglementer strictement tout gaspillage d'énergie tel que les excès de chauffage, de climatisation, de vitesse, etc.** » Dans le sillage de Malthus, on doit donc travailler à réduire la population, le moyen le plus simple étant de ne plus faire d'enfants ou, mieux encore (mais c'est en plus...), de ne plus soigner les vieux si j'en crois du moins l'invraisemblable tribune publiée en 2019 par Jean-Marc Jancovici dans l'étrange revue *Socialter*, un entretien que j'ai lu et relu afin de m'assurer qu'il ne s'agissait pas d'une mauvaise blague ou d'une *fake news*. Jancovici y appelle tout simplement à ne plus soigner les personnes âgées très malades : « **Dans les pays occidentaux,** écrit-il posément, **il y a un premier moyen de réguler la population de façon raisonnablement indolore : ne pas mettre tout en œuvre pour faire survivre des personnes âgées malades, [...] par exemple, plus de greffe d'organes pour des personnes de plus de 65 ou 70 ans.** » Qu'en termes élégants ces choses-là sont dites ! En clair : il faut laisser crever les vieux atteints par la maladie. Du reste, le simple fait de passer en médecine des *high-tech* aux *low-tech* permettra de faire mourir sans difficulté, en plus des vieux qu'on aura renoncé à soigner, plusieurs centaines de milliers de personnes chaque année rien qu'en France : sans scanners ni IRM, sans robots chirurgicaux ni thérapies ciblées, sans immunothérapies ni médicaments, bref, avec une médecine redevenue ce qu'elle était au temps de Molière, on peut espérer d'excellents résultats en termes de régulation démographique...

Un enfer adossé à un naturalisme qui nierait tout simplement l'humanité de l'Homme...

Cet idéal de zéro production, zéro travail, zéro croissance, zéro enfants, zéro vieux, zéro voyage, zéro artifices afin que l'abolition du capitalisme ne pose pas trop de problèmes à ceux qui resteront rivés à leur petit coin de paradis soulève encore une difficulté philosophique de fond. Si l'humanité a réussi au cours de son histoire à s'émanciper du local, de son enracinement dans le terroir, ce n'est pas en vain, mais parce que son essence se situe peut-être bien, non pas dans la seule nature, mais dans la possibilité de l'histoire et de l'innovation, dans ce que Kant appelait la « pensée élargie », dans cette liberté infinie qui en est la condition et qui lui permet de s'arracher à la glaise pour entrer dans l'histoire et créer, en effet, un monde artificiel. Là où l'esprit borné reste englué dans son terroir, dans sa communauté d'origine au point de juger qu'elle est la seule possible, et par conséquent la seule bonne, l'esprit élargi tente, en se plaçant autant qu'il est possible du point de vue d'autrui, de contempler le monde en spectateur intéressé et bienveillant. Acceptant de décentrer sa perspective initiale, de s'arracher au cercle limité de l'égocentrisme et du proche, il peut pénétrer les coutumes et les valeurs éloignées des siennes, puis, en revenant en lui-même, prendre conscience de soi d'une manière distanciée, moins dogmatique, et enrichir ainsi ses propres vues. C'est aussi en quoi la notion de « pensée élargie » est inséparable de cette « perfectibilité » qui, selon Kant, comme déjà pour Rousseau, fait le propre de l'humain, par opposition à l'animal. Toutes deux supposent, en effet, l'idée de liberté entendue comme faculté de s'arracher à la nature pour accéder à plus d'universalité, pour entrer dans une histoire individuelle ou collective – celle de l'éducation d'un côté, de la culture et de la politique de l'autre –, au cours de laquelle s'effectue ce que l'on pourrait appeler l'humanisation de l'humain. Or c'est aussi ce processus d'humanisation qui donne tout son sens à nos vies et qui, dans l'acception quasi théologique du terme, la « justifie » dans la perspective d'un humanisme universaliste. Ayant développé abondamment ces thèmes dans mes livres, je n'y reviens pas davantage ici.

Réguler la mondialisation et accéder aux demandes de plus de bien-être et de sens au travail

La vérité, c'est que de nombreuses personnes aiment malgré tout leur métier et considèrent leur travail comme un élément fort de construction de soi, de sociabilité et même de dignité humaine, à condition toutefois qu'on puisse prendre en compte certaines exigences nouvelles, certes, mais légitimes. Beaucoup pensent en effet que l'entreprise aujourd'hui commet des erreurs de management qui finissent par justifier la tentation du *quiet quitting* : réunions inutiles, pertes de temps, critères d'évaluation stupides, gestion tatillonne du travail, manque d'autonomie, horaires mal fichus, petits chefs autoritaires, manque de reconnaissance, hiérarchies trop rigides, salaires insuffisants, etc., de sorte qu'elles en viennent à faire valoir de nouvelles exigences : 1) de sens, d'abord et avant tout (une donnée parfois plus importante que le montant du salaire) ;

2) de liberté et d'autonomie, ensuite, l'aménagement des horaires devenant plus essentiel que le temps de travail proprement dit, le développement du télétravail permettant, s'il est panaché raisonnablement avec du présentiel, de rapprocher travail et vie privée ; 3) d'utilité sociale enfin, l'impact écologique de l'entreprise prenant par exemple de plus en plus d'importance, en particulier chez les jeunes. Bref, du qualitatif autant que du quantitatif, le bien-être au travail et l'utilité de son métier s'ajoutant aux revendications touchant le pouvoir d'achat. Quand on parle de « pénibilité » au travail, il n'est donc plus seulement question d'usure physique, mais aussi d'absence de sens, de responsabilité et d'autonomie.

Certains diront, plutôt à droite, que la paresse gagne du terrain, d'autres, plutôt à gauche, que le dynamitage « par le fait » de la société du productivisme et de l'hyperconsommation va dans le bon sens. Bien entendu ces exigences ne sont pas les mêmes chez le jeune diplômé d'une grande école qui peut faire la fine bouche et chez le chômeur de 45 ans qui cherche désespérément de quoi faire vivre sa famille. Ce qui est clair à tout le moins, c'est qu'au lieu d'abolir le travail ou de le remplacer par un RUB, il va falloir, du côté des chefs d'entreprise comme des politiques, tenir compte de ses métamorphoses directement liées au passage des idéologies du bonheur différé à l'exigence d'une vie heureuse ici et maintenant.

Chapitre VII

Frénésie du bonheur et métamorphoses du réel

Une « seconde vie » plus heureuse dans le métavers ?

Poursuivons donc, en suivant le même fil : s'il s'agit de cesser enfin d'attendre et de remettre le bonheur à plus tard, si la vie de tous les jours vous semble monotone, difficile, peu gratifiante, à tout le moins pas au niveau de vos espérances et que vous passez vos journées à travailler pour boucler des fins de mois qui n'en valent pas toujours la peine, alors le monde de la « tech », du numérique et de l'intelligence artificielle vous propose une solution : façonnez à votre convenance un avatar de vous-même, un double numérique, accessoirisez-le, rendez-le plus fort, plus beau et plus « *successful* » que vous ne pensez l'être vous-même, puis allez vous promener à la rencontre des autres dans un univers virtuel, un « métavers », comme il en existe déjà quelques-uns à votre disposition sur la Toile. Ce n'est pas par hasard qu'un des tout premiers s'intitulait *Second Life* (« deuxième vie »), la formule alléchante définissant bien son objectif : vous offrir la possibilité d'une existence nouvelle en immersion totale dans un univers numérique, une existence bien sûr plus agréable, plus intense et plus réussie que celle qu'on dit « vraie », mais qui, à bien y réfléchir, ne l'est pas tant que ça à vos yeux...

Le terme « *metaverse* » a été popularisé par Neal Stephenson dans son livre *Snow Crash* (*Le Samouraï virtuel*), publié en 1992. Il provient de la contraction de deux mots, « *meta* » et « *universe* », utilisés pour désigner un univers virtuel immersif en 3D issu du *gaming* (des jeux vidéo), un monde « méta-réel » au sens propre du terme, mais néanmoins accessible en ligne dans les nouvelles versions du Web (le Web3) où il peut s'associer à des réseaux sociaux, à des espaces collaboratifs de toute nature ainsi qu'à des places de marché et de e-commerce. Dans ce « nouveau monde », les utilisateurs peuvent, sous forme d'avatars, de doubles numériques qui les représentent de manière aussi « améliorée » qu'ils le souhaitent, interagir entre eux, faire toutes sortes de rencontres et accomplir, comme dans le monde réel, mais si possible « en mieux », une quantité quasiment illimitée d'activités en tous genres. Si vous n'êtes pas encore familiers des métavers et du *gaming*, si vous n'avez pas envie d'aller vous inscrire sur *Decentraland*, *The Sandbox*, *Zepeto*, *Fortnite*, *Minecraft*, *Roblox* ou *Horizon Worlds* (le dernier en date, créé par Mark Zuckerberg à coup de milliards de dollars), mais si vous voulez quand même vous en faire une idée, je vous conseille de regarder l'excellent film de Spielberg *Ready Player One*, qui vous transportera (bien que seulement en 2D) dans un de ces univers méta-réels. Mais pour bien en comprendre leur finalité, je vous recommande *Westworld* (1973), le film de Michael Crichton (avec Yul Brynner en prime...). Il raconte une histoire qui, bien qu'en partie encore située dans le monde réel (en fait, elle ne l'est plus tout à fait...), offre le mérite de nous donner déjà à réfléchir sur les motifs qui peuvent conduire à rechercher une « seconde vie » dans un univers hors normes afin de compenser les frustrations et déceptions d'une existence banale.

Si vous ne l'avez pas vu, en voici brièvement résumée l'intrigue : une société à but hautement lucratif offre à de riches touristes, pour les dépayser de leurs vies quotidiennes de « cadres dynamiques », la possibilité d'aller se divertir dans trois mondes, sinon virtuels, du moins aussi artificiels que merveilleusement exotiques : la Rome antique, le Moyen Âge et le Far West des années 1880. Ces trois univers sont soigneusement reconstitués par la firme sur le modèle des grands décors de cinéma hollywoodien, puis ils sont peuplés de robots qui ressemblent à s'y méprendre à de vrais humains, à ceci près qu'ils sont programmés pour satisfaire de manière infiniment docile tous les désirs des hôtes, y compris les plus ignobles (orgies romaines, sadisme et perversions sexuelles en tous genres, meurtres commis au cours de duels où les robots, réduits en esclavage, sont contraints de laisser toujours les humains gagner, etc.). Bien entendu, dans le film, selon un scénario popularisé par Isaac Asimov et classique à l'époque, les robots se révoltent, mais ce n'est pas ce qui vous menacera dans les métavers contemporains. Dans ces derniers, votre avatar ne risquera surtout rien de déplaisant, du moins dans un premier temps. Vous pourrez bien sûr modifier, customiser, habiller et transformer à volonté la représentation de vous-même que vous aurez choisie, vous pourrez lui donner de l'argent, en l'occurrence sous forme de cryptomonnaies, mais ce sera pour que votre avatar trouve enfin son bonheur en se faisant des amis, voire en rencontrant le grand amour, en achetant des terrains, des immeubles, des œuvres d'art virtuelles sous forme de NFT[1], des bijoux ou des vêtements eux aussi virtuels, mais néanmoins dotés d'une valeur tout à fait réelle. Vous pourrez à volonté changer de sexe, de couleur de peau, d'âge ou d'allure, et vous balader dans ce nouveau monde pour y avoir mille activités (sur lesquelles je vais revenir plus en détail dans un instant), le tout grâce à un casque de réalité virtuelle qui vous permettra d'être immergé en 3D dans des lieux extraordinaires que vous visiterez, que vous habiterez, dans lesquels vous pourrez vivre mille expériences qui vous sont en général refusées dans la réalité « réelle ».

À la différence de ce qui advient quand vous regardez un film sur un écran, vous ne vous contenterez plus de voir des images ou de suivre une intrigue déjà toute faite. Vous deviendrez vous-même acteur, voire créateur, vous pourrez en effet créer des situations nouvelles à volonté, inventer des jeux, des objets, des œuvres d'art, des voitures, des trains ou des avions encore inconnus, des créations que vous pourrez revendre en faisant des profits, bref, vous serez enfin l'auteur de votre nouvelle vie, l'auteur de ce qui s'y joue, et ce de façon d'autant plus réaliste que vous y serez immergé en 3D. J'ajoute qu'on pourra bientôt bénéficier dans ces univers d'une dimension « haptique » (un mot qui vient du grec et qui désigne le sens du toucher) grâce à une maîtrise, déjà en partie présente dans les jeux vidéo, des micro-vibrations : on aura ainsi des gants, des vêtements, voire des « combinaisons haptiques », qui permettront par exemple, lorsque votre avatar serrera la main d'un de vos collègues dans une réunion virtuelle,

1. *Non fongible token*, des « jetons non fongibles », des actifs numériques uniques, non duplicables, non modifiables, ni supprimables car ils sont enregistrés sur la blockchain de manière inaltérable et définitive. Ils s'achètent, s'échangent ou se vendent en cryptomonnaies.

pourquoi pas hors de votre entreprise, sur une île du Pacifique ou dans une cité romaine du Ier siècle, de ressentir chez vous, avec vos gants et votre casque sur les yeux, le toucher de la poignée de main. Je vous laisse imaginer les possibilités que cette dimension haptique ouvrira dans le monde de la pornographie virtuelle ou, pour mieux dire en l'occurrence, semi-virtuelle...

La meilleure définition qu'on puisse donner d'un métavers est à mon sens celle qu'a proposée Mark Zuckerberg, dont la maison-mère a été rebaptisée pour cette raison Meta : c'est tout simplement, disait-il, le « **futur de Net** », parce que, ajoutait-il, au lieu de se « **contenter de le regarder de l'extérieur sur un écran, on sera vraiment immergé dans des expériences avec la sensation puissante d'y être tout à fait présent** ». Comme Zuckerberg a investi des milliards de dollars dans *Horizon Worlds* et qu'en général cet homme ne fait rien d'inconsidéré, il n'est pas inutile de comprendre les raisons qui poussent aujourd'hui des oligopoles aussi puissants que le sien à investir des sommes exorbitantes dans ces mondes virtuels – ou pour mieux dire, j'y insiste, « semi-virtuels » puisque votre avatar et ceux que vous rencontrerez sont, bien que métamorphosés, des prolongements des êtres bien réels qui sont en quelque sorte dissimulés derrière[1].

1. En effet, il faut bien noter qu'il s'agit d'une réalité, non pas entièrement virtuelle, mais mixte, voire « augmentée ». Votre avatar, c'est bien vous augmenté, ou diminué, en tout cas modifié, et les avatars que vous rencontrez dans le monde virtuel sont eux aussi des avatars de personnes réelles.

Des obstacles qui pèsent sur la création des métavers

De nombreux observateurs se sont gaussés du peu d'enthousiasme suscité par *Horizon Worlds* à ses débuts, certains ont même annoncé son échec programmé. Je n'en crois rien. Il est vrai qu'une série d'obstacles expliquent les difficultés déjà rencontrées dans les années 2000 par *Second Life*, et aujourd'hui par Zuckerberg dans la mise au point de son *Horizon Worlds*. Ils sont évidemment bien connus des ingénieurs de Meta et relèvent d'abord de questions d'ordre technique, liées à la puissance insuffisante des serveurs et des réseaux, au coût exorbitant des appareils, en particulier des casques 3D (ce pour quoi Meta a fait l'acquisition d'Oculus VR, le premier fabricant de ces casques). Elles touchent aussi à des problématiques environnementales, la consommation d'énergie des métavers étant proprement dévastatrice. Si l'on ajoute que des risques majeurs de bulles spéculatives pèsent, comme on l'a vu ces derniers temps, sur les cryptomonnaies, mais aussi sur les œuvres d'art virtuelles achetées à des prix parfois hallucinants sous forme de NFT, et qu'enfin la régulation[1] de ce qui se trame

1. La menace de procès plane dès l'origine sur les intelligences artificielles. Elle a commencé à se concrétiser lorsque des artistes comme Karla Ortiz, Sarah Andersen et Kelly McKernan ont déposé une plainte contre les IA génératives Stable Diffusion, Midjourney et DreamUp, qu'elles accusent de plagiat et d'atteinte aux droits d'auteur des milliers d'artistes sur lesquels les logiciels se sont exercés. Même chose, bien évidemment, et pour les mêmes raisons, de la part des agences de photo comme Getty Images qui entament elles aussi des procès contre les IA génératives au motif qu'elles ne respectent pas les droits d'auteur en copiant des millions d'images dont ils sont les propriétaires.

dans ces univers virtuels pose des problèmes éthiques, juridiques et politiques encore non résolus, pour ne pas dire insolubles[1], il est en réalité tout à fait compréhensible que les débuts soient pour le moins compliqués, et ce d'autant plus, et c'est sans doute le sujet majeur, que le problème de l'interopérabilité des métavers n'est toujours pas résolu : en clair, les monnaies que vous utilisez et les objets que vous achetez sur une de ces plateformes ne sont pas utilisables, visualisables ou commercialisables sur une autre. Pire, si possible, non seulement vous ne pouvez pas transférer vos ressources de l'une à l'autre, mais pas non plus vos messages, de sorte qu'on est un peu dans la même situation que celle de l'Internet avant l'invention du Web, encore

1. Comme l'explique Maxime Recoquillé dans *L'Express* du 12 novembre 2012, les problèmes de droit et de régulation seront aussi nombreux que difficiles à résoudre dans un premier temps : « **Avec ces IA génératives, n'importe quel internaute peut donner vie aux univers qu'il imagine. Les entreprises, elles, peuvent obtenir rapidement et à peu de frais des visuels personnalisés ou déléguer à ces IA certaines missions (rédaction de mails type, de FAQ de site Web, etc.). Plus gênant encore, ces IA sont désormais en mesure de copier de manière automatisée le style d'artistes, morts comme contemporains. Un étudiant proposait ainsi en novembre dernier une version customisée de ces nouvelles IA pour générer en masse des illustrations inspirées de celles d'Hollie Mengert, illustratrice et conceptrice chez Disney. Créer cette version maison n'a pris à l'internaute que deux heures trente et lui a coûté moins de deux dollars. Ces IA constituent un vrai casse-tête juridique : l'apport individuel de chacune des œuvres sur lesquelles elles s'entraînent est à la fois important et infime. Car c'est précisément de leur multitude que naît l'intelligence. Par ailleurs, si cette intelligence survient, ce n'est que parce que des chercheurs en IA ont trouvé au préalable des manières ingénieuses d'analyser et d'exploiter ces masses de données.** » On peut en outre répondre que les humains procèdent de la même manière, que tous les peintres et tous les compositeurs se sont nourris et inspirés de leurs prédécesseurs, ce qui est parfaitement exact, et qu'en ce sens, l'IA générative n'est pas plus coupable qu'eux.

séparés les uns des autres par des codes, des langages et des objets incompatibles – toute la question étant de savoir si un des oligopoles finira par l'emporter tellement sur tous les autres (c'est sans doute ce que Meta a en tête) qu'il aura enfin intérêt à proposer d'harmoniser les métavers, de les connecter et de les rendre compatibles entre eux afin que tout le monde, à commencer par lui, puisse en profiter. Cette évolution est la plus probable pour une raison qui semble inéluctable : les créateurs de métavers voudront sans doute, au moins pendant un temps, garder leur spécificité, mais les marques, elles, auront intérêt à pouvoir vendre partout, pas seulement sur telle plateforme ou telle *marketplace* et pas sur les autres.

Quoi qu'il en soit, il est clair que ce sont ces difficultés qui expliquent des commencements laborieux, voire certains échecs comme celui de *Second Life*, qui était pourtant bien parti avant de péricliter. Mon pari est que dans le contexte actuel de la quête frénétique du bonheur non différé, ces ratés au démarrage n'augurent en rien d'un échec futur. Je suis convaincu que Zuckerberg a raison : les métavers sont bel et bien le futur du Net et boostés, non seulement par les idéologies du bonheur, mais aussi par la quête tout aussi frénétique de profits faciles et rapides, ils ont à mon sens un boulevard devant eux.

Pourquoi les métavers sont le futur du Net

Comme l'explique un de nos meilleurs spécialistes du sujet, Albert Meige[1], dès qu'ils seront techniquement bien au point, les univers virtuels vont offrir des usages à proprement parler « fantastiques » tant aux particuliers qu'aux entreprises, aux scientifiques, aux pédagogues et aux industriels. Or malgré les difficultés que je viens d'évoquer, les trois éléments nécessaires à l'essor des métavers sont aujourd'hui réunis. En effet, le *hardware* (les matériels informatiques, les ordinateurs) est pratiquement au point, le *software* (les logiciels) aussi, et la pandémie de Covid a conduit des millions d'internautes à se retrouver sur des plateformes de rencontre, préparant ainsi l'avènement des « métaversiens[2] ». Les particuliers qui n'en peuvent plus

1. Je vous conseille ses vidéos postées sur la Toile et faciles à trouver, en particulier celle intitulée « Univers virtuel pour économie réelle », qui montre à quel point ceux qui pensent que les métavers vont échouer se trompent du tout au tout. Je n'entre pas ici dans la question encore controversée de la définition du Web3 et de ses rapports avec les métavers. Le Web3, selon les inventeurs de l'expression, serait avant tout caractérisé par le fait qu'à la différence du Web2, il se veut à la fois décentralisé et porté par la technologie blockchain. En ce sens, les métavers en seraient une des illustrations, sans pour autant se confondre avec lui en totalité attendu que le Web3 a bien d'autres applications et illustrations que les métavers. Ces derniers, même s'ils se veulent eux aussi décentralisés et portés par la blockchain, notamment parce qu'ils utilisent des cryptomonnaies et qu'on peut y acheter des NFT, se définissent avant tout par leur spatialité, par l'invention de mondes en trois dimensions.

2. **« Technologiquement (hardware et software), tout est là. Qu'en est-il des utilisateurs ? Là encore, la rapidité de progression est fulgurante. La crise sanitaire et les confinements à répétition ont été un formidable accélérateur. Les entreprises ont cherché des solutions pour permettre**

du bonheur toujours différé pourront presque tout se permettre : se distraire avec des jeux fascinants, assister à des événements de tous ordres, des concerts, des expositions, des conférences, visiter des musées, faire son sport le matin avec un coach virtuel, avatar d'un coach réel, se faire des amis, prendre un verre avec eux, avec sa famille (enfin, avec leurs avatars...), suivre des cours avec des professeurs virtuels, prolongements de personnes réelles, etc., etc. Et ça marchera ! À preuve le fait que 10 millions de personnes ont déjà assisté au concert donné par Ariana Grande sur *Fortnite* en 2021 et 12 millions à celui de Travis Scott en 2020. On pourra aussi, c'est un point essentiel sur lequel on ne saurait trop insister étant donné l'importance prise par la question du pouvoir d'achat dans nos sociétés d'hyperconsommation, acheter des œuvres d'art et des objets virtuels (mais aussi réels, bien évidemment), des îles désertes ou des terrains dans des villes, y construire des maisons, des immeubles et des jardins, et on pourra bien sûr les revendre en essayant d'en tirer un profit maximal. Bien entendu, les rencontres que l'on fera pourront se concrétiser dans le monde réel – à condition toutefois que votre avatar ne soit quand même pas trop différent de vous « en vrai », l'atterrissage dans la vie réelle risquant sinon de se transformer en crash douloureux...

Dans les domaines de l'éducation et de la santé, les applications des métavers seront potentiellement infinies. Des écoles et des universités virtuelles sont déjà en préparation. On a pu mesurer pendant la pandémie à

à leurs collaborateurs de continuer à communiquer, les adolescents des solutions pour continuer à rencontrer leurs amis » (Albert Meige, « Metaverse : un univers virtuel pour une nouvelle économie bien réelle », *Harvard Business Review*, 5 octobre 2021).

quel point l'obligation de suivre les cours en distanciel avait été pénible pour nos élèves et nos étudiants. Si les cours avaient été dispensés sur un métavers mis à leur disposition par l'Éducation nationale, s'ils avaient pu s'y rencontrer entre eux, fût-ce sous forme de doubles numériques, il est fort probable que la situation aurait été assez différente, bien plus vivante, plus intéressante et pédagogiquement plus efficace. Pour les adultes aussi, l'éducation tout au long de la vie pourra enfin devenir réalité sans qu'il soit besoin d'aller s'inscrire dans une université, ni même d'avoir les diplômes requis pour y assister. Tout le monde pourra suivre des cours touchant tous les domaines de la science et de la culture sans avoir besoin pour cela de montrer patte blanche et d'exhiber son cursus scolaire. Dans le domaine médical, il est évident que les métavers auront des applications infinies, ne serait-ce que pour les étudiants en médecine qui pourront par exemple pratiquer des opérations en 3D et les répéter autant de fois que nécessaire sans risquer de massacrer leur patient…

Quand la quête du bonheur et celle du profit se rencontrent dans un métavers…

Mais c'est aussi, comme je l'ai suggéré, pour mettre du beurre dans les épinards, voire pour tirer des profits bien réels de leurs achats et de leurs reventes, que les particuliers pourront être tentés de s'aventurer dans ces nouveaux mondes. Il est clair qu'ils seront peuplés de récifs, qu'il faudra s'y méfier des arnaques en tous genres. Reste que le cas des œuvres d'art virtuelles achetées et revendues sous forme de NFT a suscité des réussites et des vocations aussi étonnantes que bien réelles. Un clip de dix secondes a été vendu 6,6 millions de dollars, l'artiste américain Beeple (de son vrai nom Mike Winkelmann) a vendu un collage numérique intitulé *Everydays, the First 5 000 Days* qui rassemble des images prises pendant cinq mille jours, pour la somme de 69,3 millions de dollars, un « CryptoPunk » créé par un simple algorithme, une petite image pourtant tout à fait dérisoire, a été vendue 11,8 millions de dollars en 2021 tandis que le premier tweet jamais émis, celui du fondateur de Twitter, Jack Dorsey, s'arrachait pour la coquette somme de 2,9 millions de dollars la même année. Les bulles spéculatives sont certes à craindre, parfois les prix s'effondrent (c'est du reste le cas de ce tweet qui a été remis en vente sans succès, la meilleure offre s'élevant seulement à 29 dollars !), mais tout le monde peut tenter sa chance. Il suffit de se rendre sur un site spécialisé – Verisart, OpenSea, Rarible… – pour transformer en un rien de temps et pour une somme modique n'importe quel fichier en NFT, qu'il s'agisse d'une vidéo, d'un son ou d'une image, un produit que son auteur pourra mettre en vente sur un métavers en cryptomonnaies, les plus utilisées (mais pas les seules) étant le Bitcoin et l'Ethereum. Un particulier a même déboursé la somme astronomique de 450 000 dollars pour s'offrir dans *The Sandbox* un terrain virtuel qui jouxte la maison, elle aussi virtuelle, du rappeur américain Snoop Dogg !

Par-delà le cas des particuliers, des consommateurs de bonheur et chercheurs d'or en tous genres, les entreprises pourront elles aussi tirer profit des métavers. Elles donneront au télétravail une dimension tout autre que celle à laquelle il se limite aujourd'hui. On pourra organiser à distance des réunions de travail dans des mondes encore inimaginables où les avatars auront la possibilité d'interagir de manière infiniment plus réaliste et directe que sur Zoom, Google Meet, Teams et autres applications de webinaires. Les entreprises achèteront elles aussi des terrains et des immeubles pour y exposer leurs produits et les vendre sous forme réelle ou virtuelle. Pour n'en donner qu'un exemple assez savoureux, Gucci vend d'ores et déjà sur *Roblox* des sacs virtuels plus chers que les réels, des accessoires qui servent à customiser les avatars. Adidas, Gap, Verizon, Carrefour, Nike, Coca-Cola, Warner, Havas, HSBC, Leader Price parmi tant d'autres sont déjà installés sur des métavers, et il est clair que les plateformes de vente en ligne du type Amazon s'y installeront dès que possible. Quant aux oligopoles de la tech, il est bien évident qu'ils se battront entre eux pour récupérer cette source colossale de profits que représenteront les données personnelles des « métaversiens[1] », au risque pour ces derniers d'être pistés, à vrai dire espionnés jusque dans les moindres replis de leurs goûts et de leurs traits de personnalité. Dans le monde industriel, mais aussi agricole, les métavers ouvriront des possibilités infinies de simulations pour la formation des pilotes de ligne, l'ensemencement des terres cultivables, le design des objets fabriqués, l'expérimentation de processus ou de systèmes divers grâce à l'étude des « jumeaux numériques », l'optimisation de la construction dans

1. Voir sur ce point l'article de Dominique Nora et Boris Manenti paru dans *L'Obs* du 16 août 2022, « Demain tous virtuels ? Plongée dans l'univers fascinant du métavers », qui souligne au passage comment ces plateformes deviendront, si l'on n'y prend pas garde, « **le paradis de la manipulation marchande où chacun de nous sera tracé, pisté, et ciblé de manière plus intense, plus intrusive et plus personnalisée encore qu'aujourd'hui sur Internet** ».

les domaines de l'architecture, du BTP ou du BIM[1]... Selon certaines analyses, en particulier un rapport de McKinsey de juin 2022, la création de valeur sur les métavers pourrait atteindre 5 000 milliards de dollars d'ici à 2030. Je n'ai bien sûr aucun moyen de vérifier avec certitude la validité de tels chiffres, trop de paramètres sont encore en jeu, mais il sont assez plausibles et il est clair que de nombreuses entreprises les prennent assez au sérieux pour investir d'ores et déjà dans ces DAO (*decentralized autonomous organization*, soit « organisations autonomes décentralisées »).

En attendant le couplage des intelligences artificielles (IA) génératives avec les métavers

Je pense que tout le monde (ou presque...) a maintenant entendu parler de ChatGPT, de Dall-E[2] ou de

1. *Building, information modeling* ou *management* : modélisation des informations de construction qui permettent de modéliser les données d'un édifice.

2. ChatGPT et Dall-E sont des IA génératives de textes et d'images inventées par OpenAI, une entreprise créée par Sam Altman, avec l'aide au départ d'Elon Musk, de Reid Hoffman (le cofondateur de LinkedIn) et Peter Thiel. À l'origine, OpenAI voulait que son invention soit offerte au public gratuitement, en *open source*, mais devant les coûts exorbitants requis par l'exploitation et le développement de ce type d'IA, Altman a finalement accepté que Microsoft entre au capital de la société et que l'usage de ses logiciels deviennent payant pour les entreprises qui le souhaitent, ce qui a permis à ChatGPT d'être intégré à Bing, le moteur de recherche de Microsoft. Devant le risque que les recherches sur la Toile soient rendues au moins en partie superflues (ChatGPT donne des réponses toutes faites et effectue pour ainsi dire les recherches à notre place), Google, qui contrôle environ 95 % du « *search* » (alors que Microsoft n'en contrôle que 3 %), a décidé de réagir en créant sa propre IA générative nommée « Bard ».

Midjourney, ces IA génératives qui sont capables en quelques secondes de créer des images à partir d'une demande formulée en langage naturel ou de répondre par un texte à nos questions sur une infinité de sujets, parfois de manière erronée, certes, mais le plus souvent bluffante, dans 150 langues et sans la moindre faute de grammaire ni d'orthographe. Certains prétendront encore, comme a osé le dire notre ministre du Numérique, M. Barrot, que ChatGPT n'est qu'un « perroquet approximatif ». À vrai dire je crains que la formule ne s'applique plus à lui qu'à cette fabuleuse « machine » : manifestement, il a répété ce qu'il avait lu dans la presse sans comprendre que nous étions en train de vivre une véritable révolution. À preuve le fait qu'un psychologue finlandais qui eut l'idée de faire passer un QI (le fameux Wechsler) à ChatGPT4 a établi que ce dernier avait obtenu la note de 155, ce qui le situe dans les 1 % de la population mondiale, sa compréhension du langage naturel étant supérieure à celle de 99 % des humains qui passent le même test... De fait, cette machine se comporte comme si elle comprenait ce qu'on lui dit et ce qu'elle écrit, comme si elle était capable de conscience et de pensée, ce qui n'est pourtant pas le cas, son fonctionnement étant purement statistique, et même si ses réponses ne sont pas toujours grandioses (mais sincèrement, celles des humains le sont-elles davantage ?), elles offrent à tout le moins une base de travail tout à fait acceptable. Je connais quelques étudiants qui, en adoptant la technique des questions complémentaires qui viennent enrichir la première réponse de ChatGPT, puis en les peaufinant un peu, ont fait leur mémoire de maîtrise *cum laude* grâce à lui, le plagiat étant quasiment indétectable. Au demeurant, je rappellerai à mon lecteur que si ChatGPT fait encore des erreurs, il s'est quand même déjà montré capable de passer un examen de licence de droit avec succès, de passer l'épreuve de physique mise en concours de Polytechnique en quelques secondes, là où les étudiants « humains » mettent plusieurs heures, une partie non négligeable d'entre eux échouant à l'épreuve... Si on ajoute que ChatGPT n'est encore qu'un bébé, à peine l'équivalent d'un enfant de 3 ans, que dans les années qui viennent il va se développer et progresser de manière exponentielle, notamment en se connectant au Net, donc à l'actualité, et en corrigeant pratiquement toutes les erreurs qu'il fait encore en raison de celles qui figurent dans ses bases de données, on comprendra que son couplage avec un métavers donnera des ailes à ce dernier en démultipliant des capacités techniques de dialogue et d'interaction avec les humains.

Du principal danger des métavers pour les « métaversiens »

Les dangers liés à l'absence de régulation des métavers n'en seront que plus nombreux[1], et les inquiétudes liées à la prévisible et sans doute peu évitable

1. Comme le notent Dominique Nora et Boris Manenti dans l'article de *L'Obs* que nous avons déjà cité : « **Ce qui est en jeu dans la gouvernance et la régulation des métavers, c'est la souveraineté des États-nations. [...] Qui sera garant de l'identité des "métaversiens" ? Qui régulera les cryptomonnaies de cette méta-économie ? Qui fera la police des méta-escrocs, des méta-agresseurs, des méta-pédophiles, des méta-trolls ? Qui garantira le respect de la vie privée, du droit de propriété ou de la propriété intellectuelle de ces nouveaux espaces privés et globaux ?** » Questions vertigineuses, en effet, et encore loin, très loin, d'avoir reçu des réponses.

prolifération des *deepfakes* et des vols d'identité que permettront ces nouvelles technologies sont plus que légitimes tant il sera facile de fabriquer à volonté des avatars qui auront votre visage, votre voix, et à qui on pourra faire dire n'importe quoi. De nombreuses *deefakes* se sont déjà retrouvées sur le Net, détournant les visages et les voix d'acteurs connus, les propulsant par exemple dans des films X contre leur volonté. Certaines vidéos sont allées jusqu'à mettre en scène Obama insultant Poutine et Trump avec un visage et une voix tout simplement impossibles à distinguer des vrais pour un observateur ne disposant pas des technologies sophistiquées. On imagine les dégâts que pourraient causer des manipulations de ce genre, tant sur des individus particuliers dont la réputation pourrait être durablement ruinée (il est plus facile de lancer des *fake news* que de les corriger une fois qu'elles tournent sur les réseaux sociaux), que sur des personnages publics ou des responsables politiques. Reste que pour les créateurs en tous genres, pour les artistes, les écrivains, les cinéastes ou les auteurs de pièces de théâtre, les métavers vont devenir des terrains de jeu (et de commerce...) irremplaçables. Si j'étais metteur en scène et auteur de scénarios, je commencerais à m'intéresser dès maintenant aux possibilités quasiment infinies que va bientôt offrir le couplage entre le métavers, l'intelligence générative et le clonage vocal.

Reste que le plus grand risque, à mon sens, est celui des effets d'une fuite hors du réel sur le psychisme de nos enfants comme d'ailleurs sur celui des adultes. Il est évident que les métavers, lorsqu'ils seront au point, risquent pour les raisons que j'ai dites (quête du bonheur immédiat et des profits rapides) de devenir une drogue, de tourner à l'addiction. Or le danger est grand qu'après l'addiction au virtuel, le retour au réel soit dévastateur sur le plan psychique, en particulier pour nos adolescents qui passent déjà en moyenne près de deux heures par jour à regarder des vidéos plus ou moins débiles sur TikTok. Qu'arrivera-t-il quand leur avatar reviendra sur terre comme une météorite qui se fragmente et se pulvérise en pénétrant dans l'atmosphère ? Il en ira alors de nos vies dans les mondes virtuels comme de ces rêves éveillés dont Freud disait à juste titre qu'à trop les cultiver, ils finissent par ouvrir la voie vers la névrose, la maladie mentale pouvant se définir comme une fuite hors du réel. Comme Perrette avec son pot au lait, on s'inventera des vies imaginaires et les histoires qu'on s'y racontera n'auront guère d'autre finalité que de réaliser dans la fiction certains désirs frustrés dans la réalité. La fable de La Fontaine donne une bonne idée de la structure potentiellement pathologique de l'immersion dans l'imaginaire. Le fait que le pot au lait finisse par se briser (que la rêverie se solde à un moment donné par un échec) est structurel, lié par essence à la nature la plus profonde du rêve éveillé. Quelques vers de la fable en tirent une leçon qu'on peut encore méditer : « **Quel esprit ne bat la campagne ? / Qui ne fait châteaux en Espagne ? / Picrochole, Pyrrhus, la Laitière, enfin tous, / Autant les sages que les fous ? / Chacun songe en veillant, il n'est rien de plus doux : / Une flatteuse erreur emporte alors nos âmes : / Tout le bien du monde est à nous, / Tous les honneurs, toutes les femmes.** » Certes, les humains font tous des « rêves de jour », rêves d'amour et de conquête, de vengeance, de réussite sociale…, mais parvenus à l'âge adulte, il vaut mieux ne pas en abuser car la réalisation imaginaire des désirs frustrés finit par être malsaine. Tel est l'immense danger que vont faire courir les métavers aux drogués du virtuel. Quand les narcisses transformés en super-héros vont retomber sur terre après avoir vécu des expériences fabuleuses en immersion totale et en trois dimensions, ils vont se retrouver dans la situation de l'ivrogne qui se réveille avec la gueule de bois, voire du cocaïnomane qui décompense…

Cauchemar abominable pour les uns (en général les plus âgés), utopie merveilleuse pour les autres (souvent les plus jeunes), quoi qu'on en pense, les métavers associés aux NFT, aux cryptomonnaies et aux progrès de la blockchain ouvriront très bientôt des possibilités de vie inouïes auxquelles les éducateurs et les parents devraient s'intéresser dès aujourd'hui si nous ne voulons pas que nos enfants finissent par passer l'essentiel de leur vie hors du monde réel.

Chapitre VIII

Les métamorphoses du tourisme

De la découverte de l'autre
à la découverte de soi

À défaut de fuir une existence monotone pour s'inventer une « seconde vie » dans un métavers, une réalité virtuelle qui ne séduira pas forcément tout le monde, en particulier les plus âgés, peu habitués aux joies du *gaming*, on peut chercher son bonheur dans une autre forme d'évasion : le tourisme. Pourquoi pas, par exemple, s'offrir une croisière – leurs prix se sont démocratisés – vers des lieux exotiques qui vont changer des réalités quotidiennes tout en permettant de « se retrouver », de « se recentrer sur soi », sur ses aspirations profondes, ces désirs et ces besoins que la vie de tous les jours fait parfois oublier ou mettre sous le boisseau ? De fait, comme l'a fait remarquer Raphaëlle Elkrief dans un fort intéressant article du *Figaro* intitulé de manière éloquente « Bien-être et yoga, la nouvelle vague des croisières "wellness" » (7 novembre 2022), nous sommes en train de vivre une évolution majeure dans le domaine du tourisme, une évolution dont vous allez pouvoir mesurer à quel point elle est directement liée à ce que nous avons décrit dans les précédents chapitres de ce livre : « **Depuis plusieurs années,** nous confie-t-elle, **les yogis, amateurs ou confirmés, ont investi l'espace public et les réseaux sociaux.**

Voilà qu'ils s'installent sur les pontons des bateaux de croisière qui semblent mettre le cap sur une nouvelle tendance, celle du bien-être et de la déconnexion. Ainsi de nouvelles escapades, centrées sur le bien-être, le yoga et la méditation, ont-elles fait leur apparition au catalogue des grands noms de la croisière pour l'année 2023. » Et pour illustrer son diagnostic, Raphaëlle Elkrief donne la parole à Christel Hancy, la personne qui s'occupe de choisir les thèmes des croisières de la célèbre Compagnie du Ponant : à bord du magnifique navire *Le Dumont d'Urville*, il s'agit désormais, nous explique-t-elle, non plus d'inviter des scientifiques, des philosophes, des politologues ou des spécialistes des médias, mais d'offrir aux passagers une « **odyssée spirituelle** », de leur permettre de pratiquer pendant les escales « **la marche en pleine conscience** » (*sic* !), ou encore de profiter en mer « **d'ateliers yoga** ».

La compagnie a donc recruté une spécialiste, Élodie Garamond, la fondatrice du Tigre Yoga Club, qui possède des antennes à Paris, Saint-Tropez et Deauville. Comme l'affirme cette dame, la croisière se prête admirablement à la « **médiation de pleine conscience** », au yoga et à la quête du bien-être ainsi qu'à la « **connexion avec son moi profond** », car, nous dit-elle, « **vivre avec le son des vagues, le bruit du vent sur un navire est idéal pour opérer une retraite. [...] La croisière permet de déconnecter et d'accéder à cette dimension plus intérieure qui n'est plus assez sollicitée dans nos milieux urbains. Par essence, le rythme du bateau est parfait pour se mettre au diapason de notre nature cyclique** ». On est là aux antipodes du tourisme à l'ancienne, qu'il s'agisse du voyage d'études, de découverte, ou même du voyage culturel où des conférenciers étaient censés ouvrir l'esprit des passagers, non sur leur « moi profond », mais plutôt sur les réalités du monde extérieur. Il ne s'agit plus d'en rester aux visites de lieux exotiques, encore moins de s'en tenir aux conférences destinées à donner des points de repère touchant la vie politique, géographique ou culturelle des pays visités, mais bel et bien d'aller plus loin, de faire retour sur soi, sur son intériorité et de viser la « **connexion avec soi** ». Si le voyage a désormais un sens, c'est dans cette perspective nouvelle. Se « connecter » avec le monde extérieur n'est plus un but en soi, seulement un moyen, l'essentiel étant plutôt de parvenir à « déconnecter », comme l'explique dans le même dossier Marc Bonomelli, l'auteur d'un livre intitulé de manière plaisante, mais significative, *Les Nouvelles Routes du soi* (Arkhè, 2022) : « **La nouveauté, c'est cette sensation assez globalement partagée de perte de sens dans son travail, cette impression de perdre la connexion à soi, et c'est par le voyage que l'on entend retrouver cette connexion à une sorte de moi authentique.** » Bon voyage, donc, vers votre nombril ! C'est dans cet esprit que se développe un tourisme « identitaire » et « genré », par exemple des voyages et des hôtels exclusivement réservés aux femmes comme en propose le *SHe Travel Club*.

L'histoire du tourisme est à cet égard passionnante, elle illustre à merveille les métamorphoses du temps présent, des évolutions en l'occurrence directement liées à la déconstruction des doctrines sacrificielles ainsi qu'à l'émergence des idéologies du bonheur centrées sur un éloge de Narcisse. Pour bien en mesurer l'ampleur, pour comprendre cette rupture avec les anciennes finalités du tourisme, je vous propose une brève rétrospective.

Aux origines du tourisme, la découverte de l'altérité

À l'encontre d'une opinion souvent reçue parce qu'on a spontanément tendance à confondre voyage et tourisme, ce dernier n'a pas toujours existé. Le mot « *tourist* » n'apparaît d'ailleurs pour la première fois qu'en 1800, en Angleterre, avec le développement de ce qu'on appelle alors le « Grand Tour », le voyage dit « circulaire » parce qu'*in fine*, on revient toujours chez soi, une aventure chaudement recommandée aux jeunes gens de l'aristocratie britannique qui se doivent, pour parachever leur formation, d'aller découvrir des lieux de haute civilisation afin de s'y instruire et d'y contempler les trésors de l'histoire et des arts. Certains récits, comme celui qu'on trouve dans le célèbre *Journal de voyage* de Montaigne, peuvent être considérés comme précurseurs, mais c'est seulement en 1803 que le mot est employé pour la première fois en France. Stendhal lui donnera ses lettres de noblesse avec la publication, en 1838, de ses *Mémoires d'un touriste*, un essai dans lequel il raconte ses pérégrinations dans diverses régions de l'ouest de la France.

On peut à grands traits distinguer quatre grandes phases dans l'histoire du tourisme. Après le « Grand Tour » estudiantin que je viens d'évoquer, apparaît un tourisme destiné à la découverte des cultures extra-occidentales, des civilisations qu'on juge par rapport à nous « exotiques ». Cette évolution est sans doute liée, au moins en partie, à l'aventure coloniale. On commence, par-delà la logique de l'impérialisme, à s'intéresser malgré tout aux autres, à l'altérité des coutumes qu'on a voulu dominer. Dans un troisième temps, se développe un tourisme culturel qui pourrait sembler être à certains égards le prolongement de la deuxième phase, sauf qu'à y regarder de plus près, il s'agit déjà moins de découvrir les autres que d'enrichir ses propres connaissances, certes au contact de civilisations qui ne sont pas la sienne, mais dans un but malgré tout plus personnel. Dans une quatrième phase, celle que nous vivons aujourd'hui, ce mouvement de recentrement sur soi s'accentue encore et, comme nous venons de le suggérer, le tourisme commence progressivement à déserter l'altérité au profit d'une culture du bien-être centrée sur la découverte de soi, de son « moi profond », au moins autant sinon plus que sur celle de l'autre.

Les enjeux économiques, sociaux et environnementaux du tourisme sont aujourd'hui tout simplement colossaux si l'on songe qu'on parle d'un phénomène désormais planétaire, qui concerne plus d'un milliard de personnes et génère près de 1 200 milliards de dollars de recette, soit environ 10 % du PIB mondial. En se plaçant du point de vue de l'histoire des idées, on a souvent considéré, du reste à juste titre, que c'est à Jean-Jacques Rousseau qu'il revenait d'avoir été à la fois le premier praticien et le premier théoricien du tourisme. Il faut bien comprendre, en effet, que les voyages anciens, à commencer par celui, légendaire, d'Ulysse, sont tout sauf « touristiques ». Voici d'ailleurs ce qu'on pouvait déjà lire dans l'édition du *Littré* de 1873 à l'entrée « touriste » : « **Touriste : Se dit des voyageurs qui ne parcourent des pays étrangers que par curiosité et désœuvrement, qui font une espèce de tournée dans des pays habituellement visités par leurs compatriotes. Se dit surtout des voyageurs anglais en France, en Suisse et en Italie.** » Il ne viendrait à l'idée de personne de dire que le malheureux Ulysse voyageait pour son plaisir, par curiosité et désœuvrement ! Même chose, ou peu s'en faut, dans la première édition du *Larousse* (1875), le premier dictionnaire à consacrer un long article à la définition du tourisme ainsi qu'à son invention : « **Du temps des diligences et des coches d'eau, le touriste existait à peine. Il n'y avait que des voyageurs. [...] Malgré le manque de moyens de communication faciles, le XVIIIe siècle a vu J.-J. Rousseau donner le premier exemple aux touristes par ses longs voyages pédestres en Suisse et en Italie qu'il accomplissait le sac sur le dos et le bâton à la main, se nourrissant de pain bis, de laitages et de cerises, en véritable enfant de la nature.** » De fait, c'est bien à la fin du XVIIIe siècle, avec la naissance du romantisme, que le tourisme est né, et c'est avec le penseur genevois, lui-même précurseur du romantisme, qu'il a trouvé ses toutes premières lettres de noblesse littéraires et philosophiques.

Diffusion et marché du tourisme

Certains, à l'instar de Marin de Viry[1], ont voulu faire remonter l'apparition du tourisme de masse à

1. *Cf.* son livre, *Tous touristes*, Flammarion, 2010. Marin de Viry est l'archétype de l'aristocrate convaincu que « tout fout le camp », que la seule chose qui soit en marche, c'est le déclin, la déréliction de la « modernité ». Proche des idées de Philippe Muray, c'est bien entendu sur le tourisme de masse que son esprit critique trouve à s'exercer avec acidité. Son livre est en ce sens à l'opposé de celui de Marc Boyer et c'est pourquoi nous l'avons retenu ici comme un point de vue contradictoire, une sorte de contrepoint. La thèse élitiste qu'il défend à chaque page n'en est pas moins intéressante dans la mesure où elle repose sur une périodisation historique qui va du tourisme aristocratique en vogue au XVIIIe siècle chez les jeunes nobles britanniques jusqu'au tourisme populaire qu'il vomit, en passant par le tourisme bourgeois du XIXe siècle dans lequel il

l'année 1841, date à laquelle Thomas Cook, un homme d'affaires britannique fondateur de la célèbre agence qui portera son nom, organise un voyage en train de Leicester à Loughborough pour les membres d'une société de vertu antialcoolique. C'est la première fois, assure de Viry, qu'on « **rassemble des gens dans une gare, qu'on les compte, qu'on vérifie s'ils sont bien sur la liste, qu'on déroule un programme**[1] ». C'est à la fois exact… et tout à fait erroné. Viry confond ici voyage organisé et tourisme de masse. Si le second implique presque toujours le premier, l'inverse n'est pas vrai, et ce pour une raison essentielle : il faudra attendre les congés payés, qui ne prendront véritablement effet que dans l'après-guerre, pour que les classes populaires puissent envisager « massivement » le voyage touristique. C'est donc dans les années 1960 que le tourisme de masse va prendre son véritable essor, avec la prolifération des guides (*Guide Michelin*, *Guide du routard*, *Guide bleu*, *Gault et Millau*, etc.), mais aussi avec celle des agences de voyage, des « tour-opérateurs », des voyages organisés, des entreprises comme celle de Gilbert Trigano (le Club Med), que la série des *Bronzés* va à la fois mettre en valeur et caricaturer avec humour. S'y ajoutent encore un certain nombre d'éléments qui vont expliquer la démocratisation du tourisme : l'élévation du niveau de vie, le développement de l'automobile et des infrastructures routières, celui des transports aériens bon marché (les vols « charter »), celui de l'hôtellerie à la chaîne de grande capacité,

---

ne voit au fond qu'une tentative ratée de singer l'aristocratie. Le livre, très idéologique mais néanmoins savant, offre l'intérêt de comprendre de nombreux exemples à l'appui de ses analyses.

1. *Cf.* L'entretien réalisé par Eugénie Bastié avec Marin de Viry dans *Le Figaro* du 25 juillet 2014.

des villages de vacances, des voyages « forfait tout compris ». L'e-tourisme se développera un peu plus tard, quand Internet offrira le haut débit, mais c'est aussi et même surtout la fin du communisme, dans les années 1990, l'ouverture de la Chine, de la Russie et des pays de l'Est qui vont booster le tourisme à partir de pays où il était purement et simplement interdit du temps des « rideaux de fer ». C'est alors, et alors seulement, que les voyages touristiques tout à la fois se massifient et se diversifient.

Les chiffres en témoignent, qui sont éloquents. En 1950, ce sont seulement 25 millions de touristes qui franchissent la frontière de leur pays. Ils sont 500 millions dans les années 1990, le milliard est franchi en 2012, et on en compte 1,322 milliard en 2017, selon les chiffres que donne l'OMT (l'Organisation mondiale du tourisme). L'Europe accueille alors 671 millions de personnes, soit la moitié du flot touristique. Les recettes du tourisme se développent en proportion : 2 milliards de dollars en 1950, 104 milliards en 1980, 495 milliards en 2000 et 1 260 milliards en 2015, soit 10 % du PIB mondial ! Les dix villes les plus visitées au monde sont alors, dans l'ordre : Paris, Londres, New York, Antalya (en Turquie), Singapour, Kuala Lumpur, Hong Kong, Dubaï, Bangkok et Istanbul. Au fil de ce développant exponentiel, les voyages touristiques prennent de multiples significations nouvelles et des dimensions différentes : tourisme de mémoire, tourisme de santé, tourisme religieux, tourisme œnologique, tourisme social avec la création du Bits (Bureau international du tourisme social), à Bruxelles en 1963, tourisme fluvial, tourisme de chasse, de pêche, croisières lointaines sur ces nouvelles villes flottantes que sont les paquebots modernes, tourisme vert, camping populaire, camping chic, tourisme en famille, en groupes, entre amis et même tourisme sexuel que des livres de Michel Houellebecq ont pour une part déculpabilisé en évoquant sans fard les expériences qu'il permet… Bref, chacun doit pouvoir trouver chaussure à son pied en fonction de ses envies et de ses moyens.

Les motivations sur lesquelles les pays et les entreprises doivent jouer pour attirer le chaland sont donc, elles aussi, de plus en plus diverses : santé, remise en forme, plaisir, aventure, chasse, pêche, casino, cures thermales, découvertes naturelles, zoologiques, historiques, ethniques… Bien évidemment, ce que les sociologues, depuis les travaux de Pierre Bourdieu, appellent la « distinction » joue une part importante dans l'offre et dans la demande. Pas question, par exemple, pour une élite bourgeoise « distinguée » d'aller se presser avec les milliers de passagers d'une croisière Costa qui enchantera au contraire les classes sociales aux goûts plus simples et aux revenus plus modestes grâce à la diversité des activités ludiques, mais aussi des possibilités de rencontres qu'elle offre à tous. Le développement du tourisme de masse s'accompagne encore d'un phénomène remarquable, à l'impact économique considérable, à savoir le passage du saisonnier au « en toute saison ». Aujourd'hui, on va aussi bien en hiver qu'en été vers la mer ou la montagne. Les Alpes, qu'on ne visitait guère au XIXe siècle qu'en été, deviennent une destination d'hiver privilégiée avec l'invention des sports de la glisse, notamment du ski, par les Norvégiens. Inversement, la Méditerranée, qu'on ne visitait guère qu'en dehors des mois d'été considérés comme trop chauds et trop ensoleillés, devient la Méditerranée estivale.

Il faut dire un mot du rôle joué par ceux qu'on appelle « *gatekeepers* », ces personnalités publiques qui « inventent » un lieu et donnent envie « d'en être » : Picasso, les peintres cubistes et les surréalistes à Saint-Paul-de-Vence, Brigitte Bardot et la « bande à Vadim » à Saint-Tropez avec un film comme *Et Dieu créa la femme*, film culte qui installe l'imaginaire touristique du « *see, sex and sun* » et fait la gloire du Saint-Tropez des années 1960. Cannes et Juan-les-Pins sont « lancés » dans les années 1920-1930 avec des personnalités comme Hemingway, Scott et Zelda Fitzgerald, mais aussi par des membres de la famille royale d'Angleterre. Tout dernièrement, la série *Game of Thrones*, regardée par des centaines de millions de personnes, a suscité un véritable engouement touristique pour certains des lieux où elle avait été tournée, notamment en Espagne, en Inde et au Maroc, où des centaines de milliers de visiteurs ont afflué. Dubrovnik, où certaines scènes de la série ont aussi été tournées, a vu sa fréquentation augmenter à tel point que les autorités locales ont tout simplement dû instaurer en 2017 des quotas quotidiens de visiteurs – ce qui confirme les analyses selon lesquelles le marché du tourisme dépend plus de données culturelles relativement contingentes que de caractéristiques naturelles ou historiques intangibles.

Les critiques du tourisme

Le tourisme de masse allait susciter, comme on pouvait s'y attendre, des réactions de rejet, une espèce de « tourismophobie » de la part des populations locales qui à la fois en profitent sur le plan financier et en pâtissent en termes de tranquillité, de mode de vie et d'environnement. Du reste, par opposition au voyage d'aventure, qui est admiré aujourd'hui comme en témoigne par exemple le succès des livres de Sylvain Tesson, le tourisme n'est pas toujours bien considéré. Le mot lui-même est le plus souvent utilisé dans le langage courant de manière négative. Quand un professeur demande à un élève s'il est venu dans sa classe « en touriste », ce n'est pas bon signe. Le tourisme suscite en effet trois grands types de critiques de la part des écologistes, des autochtones et, plus généralement, des contempteurs de la modernité.

– *Chez les écologistes*, on dénonce la destruction des modes de vie traditionnels, la surconsommation, la surexploitation des ressources locales (chasse, pêche, récoltes d'espèces rares, d'animaux empaillés, de coquillages, etc.), la destruction des écosystèmes, l'exploitation des pays pauvres par les pays riches, mais aussi la prostitution et la « folklorisation » ou « consommation de mœurs traditionnelles », à quoi s'ajoutent une production exponentielle de déchets, une consommation d'eau et d'énergie aberrante, la pollution, les émissions de gaz à effet de serre, d'abord par les transports aériens (le tourisme, c'est 60 % du trafic !), mais aussi par les bus touristiques et les bateaux de croisières. Les cas de Venise, d'Aldabra aux Seychelles ou de la baie d'Along, qui en 2019 reçoit 15 000 visiteurs par jour contre 7 500 en 2016, sont évoqués comme typiques de la pollution tous azimuts causée par ces usines à touristes que sont certains bateaux de croisière.

– *Chez les autochtones*, ensuite, le tourisme de masse suscite deux types de réactions, les unes violentes, les autres d'autant plus soucieuses de régulation que le tourisme est malgré tout une source incomparable de revenus dans certaines régions. C'est ainsi qu'à Venise, Barcelone ou Dubrovnik, on voit dans les rues des panneaux « *Tourists go home !* », le Pays basque et la Corse recourant de leur côté à des mesures parfois plus explosives... Du côté de la régulation, les autorités locales cherchent à limiter les flux de touristes en fixant des quotas en termes de nombre de personnes sur les sites les plus visités, en mettant en place des accès payants, en limitant la construction d'hôtels et de nouveaux immeubles, le nombre de nuitées Airbnb, etc.

– *Chez les contempteurs de la modernité à la Philippe Muray, comme Marin de Viry*, un nostalgique du voyage aristocratique d'étude et de découverte qui reproche au tourisme de masse d'être « autophage », de se dévorer lui-même, de scier la branche sur laquelle il croyait être assis, son prétendu amour de la planète conduisant à son épuisement impitoyable. De Viry ne voit dans cette massification ludique et hédoniste du voyage qu'un des aspects parmi tant d'autres du déclin de l'Occident moderne, voire, comme le suggère le titre de son livre, la fin pure et simple du voyage en tant que tel. Sa thèse principale tient à son analyse de la différence entre le XVIIIe siècle aristocratique, le XIXe bourgeois et le XXe populaire[1], une évolution funeste à ses yeux au

1. Ainsi qu'il le dit sur le mode du « tout fout le camp » dans un entretien accordé au *Figaro* : « **Le tourisme n'a plus rien à voir avec ses racines. Quand il est né au XVIIIe siècle, c'était l'expérience personnelle d'un homme de "condition", un voyage initiatique au cours duquel il devait confronter son honneur à des mondes qui n'étaient pas le sien, un moyen d'atteindre l'âge d'homme en somme. [...] Au XIXe siècle, tout change : le bourgeois veut se raccrocher à l'aristocrate à travers le voyage qui devient alors une forme de mimétisme statutaire. Avec l'époque contemporaine, on a une totale rupture du tourisme avec ses racines intellectuelles. Là où le voyage était un besoin, au XVIIIe siècle, pour devenir un homme, pour se former, parachever son âme et son**

cours de laquelle le tourisme aurait remplacé l'idée d'un perfectionnement humain par le seul et unique souci du divertissement, de la détente et du plaisir.

La revalorisation du tourisme par le bien-être : de la découverte des autres à la découverte de soi

De fait, après avoir connu un réel intérêt pour les croisières culturelles, les séminaires et les congrès où l'on était censé se cultiver, c'est le tourisme du plaisir, de la remise en forme et de la quête de soi qui a clairement pris aujourd'hui le relais des étapes antérieures. *Le Figaro*, qui à juste titre s'intéresse au sujet, y revient dans un article de Marine Sanclemente consacré à l'essor fulgurant de ce fameux « tourisme du bien-être[1] ». Selon une enquête réalisée par le cabinet McKinsey, 79 % des personnes interrogées considèrent que le bien-être est le but premier, et à vrai dire ultime, du temps libre, et 42 % en font leur « priorité absolue ». Il va de soi que les organismes de tourisme, croisiéristes, hôteliers, centres de vacances ou agences de voyages, ont compris le message. Le filon étant désormais connu de tous, on propose aux clients des stages qui associent temps libre et souci de soi. C'est ainsi qu'un grand

intelligence, il devient quelque chose de statutaire au XIXe siècle, puis une simple façon de s'éclater aujourd'hui. C'est une modalité de la fête permanente, laquelle est devenue banale. [...] Le tourisme contemporain est l'accomplissement du divertissement pascalien. Le monde moderne est une "conspiration contre toute espèce de vie intérieure", écrivait Bernanos. Je crois que le tourisme est une des modalités de la destruction de la vie intérieure. »

1. « Le bien-être, nouveau pilier du tourisme face à des vacanciers en quête de sérénité », *Le Figaro*, 13 décembre 2022.

hôtel, le Mandarin Oriental, propose à ses hôtes des myriades d'« activités bien-être », des stages de l'inévitable « méditation de pleine conscience » au yoga en passant par la découverte des techniques ayurvédiques destinées à atteindre un état de « samatva ». Julie Quéron, fondatrice de Nouveaux Bosseurs, une entreprise engagée dans la lutte contre les maux professionnels, note que « **prendre soin de soi est devenu un besoin, et cela commence quand on a du temps libre, donc principalement pendant ses vacances** », le tourisme changeant alors de sens et de destination : il ne s'agit plus de découvrir l'altérité d'un univers exotique, de tenter de comprendre des cultures différentes ou d'apprendre des éléments touchant le monde extérieur et les autres, mais de revenir à soi. Émilie Briand, une maîtresse de conférence à Sciences Po Paris qui se définit comme « logothérapeute » (?), précise que le souci de soi n'est en aucun cas une lubie passagère, mais au contraire « **une vague de fond répondant à un enjeu de protection de ce que l'on appelle l'écologie individuelle** », une notion destinée à orienter les principes fondamentaux de l'écologie, non plus vers la protection du monde extérieur, de la planète, mais de son ego dès lors qu'on a réalisé que c'est aussi dans le domaine du soi, et pas seulement dans celui de l'environnement, que « **nos ressources ne sont pas non plus illimitées, que nous ne pouvons plus vivre à crédit** », de sorte qu'à l'en croire, il serait grand temps de « **ralentir dès que nous le pouvons** », ce qui, on l'aura compris, fait signe discrètement vers le *quiet quitting*.

L'article du *Figaro* donne alors quelques « bonnes adresses », par exemple celle de la Maison de sens, qui vous propose de vous « **sortir du burn-out en cinq jours** », coaching et pension complète inclus, pour la modique somme de 1 050 euros, tandis qu'une retraite du 2 au 4 juin à Fonscolombe vous sera facturée à partir de 2 200 euros… De nombreux stages vous proposeront, sous l'égide de coachs autoproclamés, des séjours « ultrapersonnalisés », souci de soi oblige, où on vous apprendra enfin à respirer (ça fait soixante-douze ans que j'y arrivais tout seul, mais je suis certain qu'un coach m'expliquerait que je le faisais mal avant qu'il ne me dispense ses conseils éclairés…). On vous donnera aussi de la « neuro-nutrition » (?), le tout entrecoupé comme il se doit de cours de développement personnel et de psychologie positive. L'article du *Figaro* cite alors les propos d'une psychiatre, Aurélia Schneider, qui nous invite à « **lutter contre les vieux schémas qui nous empêchent de ne rien faire** », comme si « ne rien faire » pouvait devenir un but en soi et la paresse le nouvel idéal de l'époque, comme si depuis un bon moment déjà, à vrai dire depuis les années 1960, on ne nous invitait pas déjà à déserter les troupes de ces « **prisonniers du boulot qui ne font pas de vieux os** », comme si notre tendance la plus naturelle qui soit n'était pas depuis l'aube des temps à la paresse…

Pour aller jusqu'au bout de cette logique, je propose aux parents et aux professeurs d'éducation positive ainsi qu'aux ministres de l'Éducation enfin soucieux du bien-être des élèves, bref, à tous les pédagogues qui ont « déconstruit » les « vieux schémas », d'adresser ce message à la fois moderne et fort à tous les élèves des collèges : « **Surtout n'en faites pas trop, ne vous fatiguez pas, ne visez surtout pas l'excellence et, plus que tout, apprenez enfin à ne rien faire, à ne pas travailler ! C'est difficile, je sais, mais encore un effort, et je suis sûr que vous y arriverez…** » Seul souci, je crains que la leçon ne soit déjà passée, qu'elle ne soit quelque peu superflue, le temps consacré au *gaming* et aux écrans étant d'ores et déjà bien supérieur à celui dédié à l'étude. Un coach d'éducation positive m'assure néanmoins qu'on peut toujours progresser, surmonter davantage les obstacles qui nous empêchent encore de parvenir enfin à ne vraiment rien faire... Voyons maintenant comment et pourquoi.

Chapitre IX

Les métamorphoses de l'éducation

De la méritocratie républicaine à l'éducation positive, ou de la quête de l'excellence à celle de l'imperfection

Si l'on tient absolument à ce que le premier des Petits Cochons du conte l'emporte sur le troisième, c'est toute la logique de l'éducation traditionnelle qu'il s'agit de « déconstruire ». C'est donc aussi dans le cadre scolaire, et pas seulement dans la perspective d'une réforme des retraites, qu'il n'est plus question de sous-estimer la « pénibilité du travail », a fortiori d'accepter si peu que ce soit la part d'ennui et de frustration qu'impose toujours à des degrés divers l'acquisition de connaissances nouvelles. Au passage, si le seul et unique but de l'éducation est le bien-être d'un enfant désormais sacralisé, il faut en finir avec cette prétendue autorité que s'arrogent les adultes comme si leur monde était supérieur à celui des enfants. C'est dans cet esprit « progressiste » qu'un article de Mme Tarisayi de Cugnac intitulé « Éducation positive. Les 5 clés pour comprendre », et publié sur son site intitulé « My Kid is Happy » (un programme alléchant : qui voudrait en effet que son enfant chéri soit malheureux ?), détaille les ruptures qu'il convient d'opérer avec « **nos vieux réflexes éducatifs** ». La dame en question se présente comme « **formatrice en Discipline Positive certifiée par Dr Jane Nelsen et Lynn Lott, les fondatrices de cette**

méthode ». On notera au passage que cette prétendue « certification » n'a évidemment ni sens ni statut : il ne s'agit ni d'un diplôme d'État, ni d'une certification professionnelle délivrée par une école ayant pignon sur rue. Elle nous assure pourtant, en évoquant, comme on le fait toujours dans cette littérature, son « cas personnel », que, grâce à « l'éducation bienveillante », elle est « **passée de 80 % de stress éducatif à 80-90 % de véritable joie éducative !** ». Là encore, comment résister ? Qui voudrait vraiment d'une éducation négative et malveillante ? Dans cet article, Mme de Cugnac, tout acquise aux idéologies à la mode, nous invite donc à « **déconstruire nos réflexes éducatifs** » hérités du passé, à « **remplacer la discipline par l'autodiscipline** », à utiliser ses « **outils de parentalité qui remplacent les punitions par des jeux** » (comme si les deux relevaient de la même logique !), la « **Discipline Positive, qui se veut ni laxiste ni autoritaire, n'utilisant ni cri, ni punition, ni chantage, ni menace, ni récompense** ». Pour y parvenir, il faut juste que la « **relation parent-enfant soit égalitaire afin que l'on respecte les besoins de chacun** », les adultes devant cesser de prétendre « **en savoir plus** » et, bien entendu, il est hautement souhaitable de s'inscrire à un stage pour sortir enfin des ténèbres et entrer dans la lumière...

Première recommandation de l'éducation positive : surtout, ne pas discipliner ses enfants ! Sérieusement ?

Telle est en effet, dans cette perspective « moderne » et « innovante », la première et principale recommandation de cet avatar de la « rénovation pédagogique » héritée de Mai 68 et des principes de la psychologie positive appliquée. Comme je viens de le suggérer, on l'appelle aussi « éducation bienveillante » ce qui permet de culpabiliser, de manière assez délicate et implicite pour rester convenable, ceux qui seraient assez encroûtés dans le passé pour être encore attachés à ce qu'on leur a appris dans leur jeunesse, des vieilleries que cette nouvelle pédagogie ancrée dans l'air du temps et la mode de la déconstruction entend bien liquider. Pour se légitimer et impressionner les parents qui, comme tous les parents du monde, rencontrent quelques difficultés avec leurs enfants, l'éducation « positive et bienveillante » se présente bien évidemment comme « scientifique », comme adossée de manière solide aux « **derniers progrès des neurosciences** » (bien entendu sans jamais les citer autrement que sur le mode, déjà bien éprouvé dans la psychologie positive, du « **les études montrent que...** », « **les chercheurs ont prouvé que...** »). Elle met ainsi ceux qui ne sont pas convaincus en position a priori de faiblesse : à moins d'avoir vraiment un mauvais fond ou d'être sénile, insensible au progrès, refuser les principes novateurs de l'éducation positive et bienveillante reviendrait, consciemment ou non, à vouloir en rester à ceux d'une éducation assez négative et malveillante pour croire encore aux vertus de la discipline...

Là encore, ne pensez pas que j'exagère, que je caricature. C'est même l'inverse, je suis encore en deçà de la vérité, comme en témoigne, parmi tant d'autres, l'inénarrable livre de Fabrice Midal, *Foutez-vous la paix !*. On y trouve un chapitre intitulé sans rire : « **Cessez de discipliner vos enfants !** », où l'on peut lire ceci, qui laisse rêveur : « **Quand nous intimons l'ordre à un enfant de se retirer dans sa chambre, nous entendons**

que, dans sa solitude, il va réfléchir à son comportement et comprendre qu'il a mal agi. Ce n'est évidemment pas ce qui se produit. L'enfant va s'isoler et il va ressasser l'injustice de cette punition et se désoler, non pas de son comportement, mais de l'injustice de ses parents. » Le problème c'est que cette prétendue analyse est fausse, tout simplement fausse. D'abord, pourquoi confondre punition et injustice ? Si la punition – en l'occurrence physiquement non violente – tombe à bon escient, si elle est à la fois justifiée et proportionnée à la faute commise, l'enfant, qui n'est pas forcément aussi stupide que le croit Midal, le comprendra très vite. Il surmontera assez rapidement la frustration qui engendre la colère et évitera sans doute de recommencer dès le lendemain. Contrairement à ce que suggère cet absurde principe d'éducation positive, ce qui importe ici, ce n'est pas la punition en tant que telle, c'est la question de savoir si elle est juste ou injuste, proportionnée ou pas, car de fait, très tôt, les enfants acquièrent un fort sentiment de la justice, un sentiment que les contes de fées et la littérature de jeunesse mettent depuis toujours en valeur. Dans leur for intérieur, ils savent très bien s'ils ont, oui ou non, « fait une bêtise », et si c'est le cas, il est indispensable de faire preuve d'une certaine autorité afin qu'ils comprennent la notion de loi et puissent un jour entrer dans le monde des adultes. La discipline, dès lors qu'elle est pratiquée de manière intelligente, ne s'oppose en rien, ni à l'amour, ni à la justice. C'est même tout l'inverse, et les enfants le savent parfaitement, pourvu que nous appliquions les règles que nous avons posées de manière raisonnable et raisonnée.

Trois grands principes doivent servir de guide à une éducation réussie : l'amour, la loi et les grandes œuvres, ou, si l'on veut, et pour ce qui relève de notre culture occidentale, l'élément chrétien, l'élément juif et l'élément grec. Sans l'amour, un enfant n'aura pas cette capacité de rebond face aux difficultés de la vie que Cyrulnik appelle à juste titre la « résilience ». Sans la loi mosaïque, cette fameuse « discipline » que nos modernistes veulent « déconstruire », il n'accédera pas à l'univers du « symbolique », à l'espace public et collectif de la cité des adultes. Mais sans les œuvres (et c'est dans l'Antiquité qu'apparaissent les genres littéraires), l'enfant ne parviendra pas à se comprendre lui-même, ni à saisir le monde qui l'entoure. Il sera privé des schémas intellectuels les plus puissants, ceux qui permettent de se repérer dans l'univers social et affectif, mais aussi, plus profondément encore, de s'humaniser. L'amour, la loi, les œuvres : voilà ce que l'éducation et l'enseignement doivent transmettre autant qu'il est possible en se complétant. Et cette transmission suppose à l'évidence amour, autorité et travail.

Dans ses *Réflexions sur l'éducation*, Kant a clairement expliqué pourquoi la discipline, le moment mosaïque si l'on veut, était indispensable à l'humanisation de l'enfant : en effet, dit-il, c'est elle qui « **transforme l'animalité en humanité. Par son instinct un animal est déjà tout ce qu'il peut être, une raison étrangère a déjà pris soin de tout pour lui. Mais l'homme doit user de sa propre raison. Il n'a point d'instinct et doit fixer lui-même le plan de sa conduite. Or, puisqu'il n'est pas immédiatement capable de le faire, mais vient au contraire au monde pour ainsi dire à l'état brut, il faut que d'autres le fassent pour lui** ». Deux idées fortes, à vrai dire d'une profondeur abyssale, dans ce passage, des idées que l'éducation positive tente à tout prix de nous faire abandonner au nom du sacro-saint « bien-être » de l'enfant. Première idée, l'animal est guidé d'entrée de jeu par un logiciel qui est celui de la nature, le petit d'homme est au contraire un être d'historicité, ce qui signifie qu'au départ, il n'est encore rien de défini, de déterminé. Deuxième idée : la discipline est par conséquent vitale pour lui, sur le plan négatif pour qu'il comprenne et accepte l'existence de limites, et sur un plan positif pour qu'il entre dans le processus infini de la perfectibilité, d'une éducation qui pourra durer tout au long de sa vie tant qu'il sera en bonne santé – une historicité infinie, donc, que l'animal ignore puisqu'il est presque d'emblée, à tout le moins au bout de quelques semaines ou au pire de quelques mois, tout ce qu'il sera dans la suite de sa vie. Renoncer à la discipline, ce serait donc renoncer à l'humanité de l'enfant en quoi, comme toujours, l'enfer est pavé de bonnes intentions. Si on les écoutait, les conseils pleins de douceur et de gentillesse de l'éducation positive tourneraient tout simplement à la catastrophe.

Mettre l'enfant et l'adulte sur un pied d'égalité, chercher toujours des compromis en cas de conflit. Vraiment ?

Au lieu de réfléchir à la question fondamentale des liens entre la loi, la punition et la justice, l'éducation positive s'enferre en ajoutant au refus de toute discipline autre qu'autogérée deux principes fondamentaux plus insensés encore, à vrai dire dramatiquement nuisibles : que l'enfant et l'adulte soient mis sur un pied d'égalité et que l'on recherche toujours des « compromis » en cas de conflit avec un de ses enfants, comme si on était face à un syndicat et qu'on avait affaire à une négociation ! C'est ainsi qu'on trouve sur le site « Passeport Santé » un article intitulé « Dix choses à savoir sur l'éducation positive », un texte comme toujours truffé de ces formules qui finissent par être insupportables du type « **les recherches en neurosciences montrent que...** », « **les études des chercheurs montrent que...** », sans qu'aucune référence soit jamais donnée à quoi que ce soit qui pourrait étayer ou même confirmer ces assertions. Pour éviter de braquer d'entrée de jeu le lecteur, l'auteur prend soin d'indiquer qu'il ne s'agit pas d'être « laxiste », l'enfant ayant besoin de règles... mais la suite du texte précise aussitôt qu'il ne faut jamais les imposer au nom de l'autorité des parents ! Suivent alors deux exemples particulièrement savoureux de la façon dont une mère idéale doit se comporter. Le petit a soigneusement décoré le mur de sa chambre avec sa boîte de peinture ? Surtout, on ne le gronde pas, mais on lui dit ceci qui est bienveillant et positif : « **Tu as dessiné sur les murs ? C'est un joli dessin, tu as un vrai talent. En revanche, je préférerais que tu dessines sur une feuille.** » En effet... Le soir, rouge de colère, il a jeté son assiette pleine de purée sur le sol de la cuisine. Au lieu de pousser des cris, la maman doit lui dire qu'elle est triste car elle a « **passé beaucoup de temps à rendre la cuisine propre, elle doit alors lui demander comment il pourrait réparer, et l'enfant, comprenant qu'il a fait de la peine, comprend que c'était une mauvaise idée** ». Comme c'est simple ! Comme c'est facile ! Jamais un enfant ne s'entête, jamais il ne s'oppose, jamais il ne fait preuve d'un caractère difficile, d'agressivité, de colère, non, il est tout de gentillesse, d'innocence et de bonté, il comprend toujours ce qu'on lui dit et en toute circonstance, il est disposé à s'amender…

Punition, loi, justice et justesse

Qu'on me comprenne bien : si le petit qui a repeint le mur de sa chambre a 5 ans et qu'il a fait ça en toute innocence, voire pour faire plaisir à sa maman ou à son papa, il va de soi que le gronder et le punir serait aussi absurde qu'injuste. Où l'on retrouve la question fondamentale, celle de la justice et de la proportion du châtiment. Mais il est possible, s'il est un peu plus âgé, s'il a par exemple 10 ans ou 12 ans et qu'il sait parfaitement ce qu'il fait, qu'il ait dégradé le mur de sa chambre, non point du tout pour faire plaisir à ses parents, mais pour enfreindre une règle, s'opposer aux adultes, peut-être même se venger d'une frustration qu'il a subie. La situation est alors tout à fait différente, de sorte que la question de la justice, de la réponse juste qui doit venir, non pas du tout de lui comme le voudraient les partisans de la seule « autodiscipline », mais de la part des parents, ne peut ni ne doit être la même que dans le cas du petit de 5 ans. Il faut fixer la loi, imposer son autorité, raisonnablement bien sûr, non pour soulager l'adulte, encore moins par vengeance, mais pour le bien de l'enfant, pour qu'il ait une chance de grandir, de surmonter ses démons, bref, de devenir un jour, pour parler comme le Petit Prince de Saint Exupéry, une « grande personne », ce qui est et doit rester le but ultime de toute éducation.

C'est là pourtant ce que l'éducation positive semble tout à fait incapable de comprendre, comme le montre un récent article consacré à « l'éducation bienveillante » dans *Le Journal des femmes*[1]. L'auteur y pose la question qu'en effet tout parent se pose un jour ou l'autre : « **Comment punir l'enfant en cas de bêtise ?** » Et voici sa réponse : « **Quand l'enfant estime avoir mal agi, il essaiera de se rattraper pour convenir aux attentes de ses parents. Le parent, quant à lui, incite son enfant à réfléchir sur son comportement. Dans ce mode d'éducation, on ne parle pas de récompenses ou de punitions : si l'enfant ne se comporte pas correctement, le parent lui explique pourquoi son attitude n'était pas bonne et ce que ce comportement engendre comme dérangement. Par la suite, l'enfant peut choisir d'arrêter son comportement ou alors il cherche à trouver un compromis avec le parent. De la même manière, un comportement positif ne doit pas aboutir à une récompense. Le parent explique de façon naturelle en quoi il apprécie le comportement et ce qu'il ressent. Le parent peut remercier l'enfant pour son comportement et le plaisir sera partagé des deux côtés.** » Pour être franc, je pense exactement l'inverse. Pas de malentendu : je suis résolument hostile aux châtiments corporels comme à toute forme de violence physique, d'abord parce que se croire obligé d'en arriver là pour se faire obéir est toujours un aveu d'échec, ensuite parce que les enfants battus deviennent des adultes violents – sur ce point au moins je rejoins l'éducation positive. Reste que je suis résolument hostile aux « compromis » (je vais y revenir) et en revanche tout à fait favorable aux récompenses : elles aident puissamment à renforcer chez les enfants le sentiment de justice, elles sont appréciées à juste titre par eux et fort bienvenues quand ils ont

1. « Éducation bienveillante : quelles sont les limites de l'éducation positive ? », *Le Journal des femmes*, 2 juin 2023.

fait de réels efforts dans le « bon sens », qu'ils aient ou non obtenu les résultats qu'ils espéraient. J'y suis à vrai dire favorable non seulement dans la sphère privée de la famille, mais tout autant dans la sphère publique des établissements scolaires, et je regrette profondément qu'en France on ne pratique plus, ni à l'École ni à l'université, ces cérémonies de remises de prix ou de diplômes qu'on pratique encore avec beaucoup de tenue dans de nombreux pays comme la Suisse ou les États-Unis. Par ailleurs, je suis convaincu qu'il faut éviter à tout prix de chercher toujours des compromis avec ses enfants. Il vaut mieux, avant de prendre une décision qui fixe une règle, donc forcément aussi l'interdit qui lui est associé, y réfléchir à deux fois. On doit être en mesure d'appliquer un principe sans doute simple en théorie, mais parfois difficile à tenir dans la pratique : que votre oui soit un oui et votre non un non ! Sauf s'il s'agit d'enfants déjà en âge adulte, ou à tout le moins de grands adolescents, ne négociez pas, ou le moins possible, avec des petits qui ne sont pas encore sortis de la préadolescence. Encore une fois, ce ne sont pas des syndicalistes ! Chercher des « arrangements » leur donnera le sentiment que vous ne savez pas ce que vous voulez, que vous n'êtes pas sûr de la légitimité ou de l'utilité des règles que vous essayez de poser, bref, que le monde des adultes est fragile, incertain, donc peu fiable – un écueil à éviter à tout prix, ce qui suppose, pardon d'y insister, que l'on ait bien réfléchi à ce que l'on souhaite, qu'on soit certain que les règles qu'on fixe sont justes et qui plus est tenables dans la durée.

Les cinq erreurs fondamentales de l'éducation dite « positive »

Dans un fort intéressant article qu'on trouvera sur son site internet, Caroline Goldman, une psychologue pour enfants qui dispose d'un doctorat et a enseigné pendant quinze ans à l'université, analyse avec beaucoup de pertinence les cinq points aveugles, à vrai dire les cinq erreurs fondamentales de l'éducation positive : « **1. La confusion entre le besoin d'amour et le besoin de limites 2. Le déni de l'agressivité 3. La négation de la différence des générations 4. Les limites de l'application concrète de cette idéologie 5. L'instrumentalisation culpabilisante de données neuroscientifiques. La parentalité positive fait semblant de croire que la haine et l'ambivalence (mélange d'amour et de hargne) n'existent pas. Les parents doivent reprendre confiance en eux en ayant à l'esprit qu'un enfant qui est aimé le sait profondément. Il ne confond jamais un parent maltraitant avec un parent de mauvaise humeur. Il ne s'agit pas de soumettre l'enfant à l'adulte, mais de l'initier à la loi, c'est une nécessité. L'éducation bienveillante est un marché basé sur l'instrumentalisation culpabilisante et grossière de données neuroscientifiques. La culpabilisation est le moteur de ce business. L'éducation positive présente une vision édulcorée de la vie à des fins marketing. La culpabilité des parents est un marché. On joue sur un sentiment qui ne demande qu'à être réveillé pour vendre des livres et des stages de parentalité**[1]. » Ces observations me paraissent intelligentes,

1. De fait, dans le rapport de l'année 2021 consacré par la Mission interministérielle de vigilance et de lutte contre les dérives sectaires à la

non seulement justes et profondes, mais qui plus est frappées au coin du bon sens. Je me permettrai seulement d'y ajouter quelques remarques qui me semblent aller dans le même sens.

1. D'abord sur la confusion entre le besoin d'amour et le besoin de limites. Les deux n'ont rien d'incompatible et, comme le dit Caroline Goldman, un enfant qui se sait aimé comprendra parfaitement que l'amour de ses parents ne va pas disparaître au motif qu'ils sont ponctuellement fâchés, et ce même s'ils ont fait les « gros yeux et la grosse voix », ce qui, désolé de m'opposer là encore aux principes mielleux de l'éducation bienveillante, est parfois indispensable ! Ensuite, il est tout à fait faux de prétendre que les limites nécessaires à la construction de soi, pour des raisons qu'indique déjà le texte de Kant que nous avons cité, puissent

« pédagogie dite positive », on lisait ceci qui va dans le sens de ce que dit Caroline Goldman. Comme elle, en effet, la Miviludes déclare avoir « **pu observer ces dernières années une prolifération de pratiques et d'offres pédagogiques dites "alternatives" dont le succès tient au fait de cibler des difficultés particulières – scolaires, d'insertion sociale ou de handicap – et à la propagande offensive portée par des associations et des entreprises venant d'horizons très différents [...]. Certaines fondent leur prétention pédagogique et scientifique sur des labels et techniques qu'elles créaient** ***ad hoc.*** **Mise à part l'absence d'évaluation pédagogique et scientifique, ce ne sont pas tant les pratiques ou méthodes elles-mêmes qui posent problème que l'utilisation déviante qui peut en être faite. En effet, comme dans beaucoup de pratiques, les risques de dérives sont étroitement liés à l'usage que l'instructeur en fait. Ainsi, le danger observé actuellement par la Miviludes réside dans l'amateurisme de certains prestataires, dans l'absence de formation psychologique ou pédagogique des instructeurs et dans le manque de recul critique, à la fois pédagogique et déontologique. Le risque est d'autant plus important lorsque la pratique s'adresse à des mineurs sur lesquels l'instructeur peut facilement exercer un fort ascendant [...]. De manière générale, toute méthode présentée comme un remède universel est à manier avec grande vigilance, d'autant plus lorsqu'elle pourrait présenter un intérêt économique et/ou idéologique** ».

être acquises sans l'impact d'une autorité extérieure à l'enfant, par les seules voies de l'autodiscipline.

2. Il y a clairement, dans les conseils dispensés par les éducateurs qui se veulent positifs et bienveillants, un déni des réalités de l'agressivité enfantine, qui s'avère être au final d'une incroyable et coupable naïveté. Quand un enfant, rouge de colère, jette son assiette de purée par terre, il est insensé d'imaginer qu'on va le raisonner avec des paroles toutes de douceur. Même tous petits, les enfants ont dans ce domaine les mêmes défauts que les adultes. À vrai dire, ils sont même pires, attendu qu'ils n'ont pas encore un surmoi bien solide. Si les yeux des enfants de 2 ans en colère étaient des mitraillettes, l'humanité aurait sans doute disparu depuis belle lurette. À moins de retomber dans le mythe de l'enfant pur et innocent, à moins de croire que nous naissons tous bons, polis et civilisés par nature, ce qui à l'évidence est archifaux, il est clair que des conflits violents ne manquent jamais d'apparaître un jour ou l'autre entre parents et enfants, en particulier au moment de l'adolescence. Prétendre le contraire n'a qu'un objectif : les culpabiliser.

3. La négation de la différence entre les générations est un désastre. Non, les enfants et les adultes ne sont pas à mettre sur le même plan, nous savons des choses qu'ils ne savent ni de près ni de loin, et c'est ce qui justifie qu'on doive les protéger et les discipliner, comme le dit Kant, « de l'extérieur », attendu que, pendant des années, ils sont incapables de connaître les dangers du monde extérieur comme de saisir l'utilité et le bien-fondé des règles qu'on leur demande de suivre.

4. Oui, les règles de l'éducation positive étant inapplicables en pratique (aucun parent ne peut ni ne doit s'empêcher de récompenser un enfant s'il le souhaite,

d'élever parfois la voix pour le gronder s'il a fait une grosse bêtise, ni de le punir et de l'envoyer au coin ou dans sa chambre si c'est nécessaire), il en va ici comme des promesses de bonheur inaccessibles : elles ne servent au final qu'à culpabiliser ceux qui ont la faiblesse de se laisser avoir afin de les faire entrer dans une dépendance qui peut parfois, comme le note le rapport de la Miviludes que nous avons déjà cité, les conduire au désastre.

L'apprentissage de l'imperfection, but ultime de l'éducation ? Sérieux ?

En lisant certains traités de psychologie positive appliquée aux questions d'éducation, on a l'impression que les auteurs viennent de visiter un orphelinat en Corée du Nord, en tout cas un établissement où les élèves en uniforme noir sont soumis à une discipline de fer assortie de châtiments corporels aussi douloureux qu'humiliants. Ils semblent obnubilés par l'idée que nos petits sont littéralement tyrannisés par des parents et des enseignants qui exercent sur eux d'insupportables pressions dans le but de les pousser vers une quête traumatisante de la réussite, de l'excellence, voire de la perfection. À les en croire, il serait urgent de renverser la vapeur, de faire demi-tour afin de passer de l'apprentissage de la perfection à ce que Tal Ben-Shahar, un psychologue américain qu'on présente comme un des fondateurs de la psychologie positive, appelle l'« apprentissage de l'imperfection ». C'est d'ailleurs le titre d'un de ses livres (publié en français chez Belfond en 2010), un ouvrage si important aux yeux des tenants de l'éducation positive qu'il est préfacé par

Christophe André lui-même. C'est dire ! Dans la préface du célèbre psychiatre, on peut lire ceci, qui me donne à penser que ce monsieur n'a sans doute pas mis les pieds dans un établissement scolaire depuis au moins Mai 68 – faute de quoi il aurait pu se rendre compte que les idées d'excellence et de perfection ont depuis belle lurette disparu dans notre enseignement, les « pédago » l'ayant emporté sur les républicains : « **La liste des dommages collatéraux de la quête obsédante du “parfait partout” est longue,** assure sans rire Christophe André. **Beaucoup d'ennuis en perspective, donc, si nous n'apprenons pas à freiner nos tendances au perfectionnisme.** »

Ce que décrit Christophe André en parlant de perfectionnisme pourrait avoir une part de vérité s'agissant des rituels épuisants d'un grand névrosé obsessionnel, mais pour nos adolescents qu'on a tant de mal à sortir de leurs smartphones, de leurs jeux vidéo, de leurs difficultés à se lever le matin, à faire leurs devoirs ? A-t-il regardé un jour ce qu'était devenu le niveau moyen des bacheliers d'aujourd'hui ? Convaincu que nos enfants sont en danger de stress à cause de la bêtise d'adultes obsédés par la réussite scolaire, puis sociale, de leurs petits, le psychiatre s'enfonce : « **Se dégager de ce perfectionnisme auquel nous pousse notre environnement, mais aussi parfois nos propres névroses, est une vraie démarche et un travail psychologique qui a fait ces dernières années l'objet d'un nombre étonnant de publications scientifiques dans le monde de la psychothérapie.** » Ici encore, comme toujours, la référence à la scientificité reste d'une vacuité que je n'oserai dire bouddhiste, mais surtout, la confusion semble totale entre névrose obsessionnelle et environnement scolaire ! Fort heureusement, poursuit le gentil psychiatre, Tal Ben-Shahar, tel Zorro, est arrivé, et son merveilleux livre nous apporte la solution miracle : « **Il plaide pour un apprentissage de l'imperfection : pour vivre heureux, il faut accepter de vivre imparfaits [...]. Se libérer du perfectionnisme, s'en alléger, c'est la porte ouverte à une vie plus libre et plus heureuse [...]. L'auteur nous décrit ainsi précisément les efforts à accomplir dans tous les domaines du quotidien pour accueillir l'imperfection et apprendre à lui sourire : la manière d'éduquer nos enfants, et nous épanouir dans notre travail et dans notre couple.** »

Ayant apparemment quitté le monde réel, le psychiatre en rajoute encore, allant jusqu'à nous expliquer avec le plus grand sérieux que l'imperfection n'est pas seulement un point de départ de l'éducation, mais qu'elle doit en vérité devenir son véritable objectif, son « but ultime », la finalité de nos efforts les plus assidus – et je le cite pour qu'on ne pense pas que j'invente : « **L'imperfection comme motivation et point de départ, donc, mais aussi, peut-être, comme but ultime, car il faut bien comprendre que l'imperfection est un marqueur d'humanité et qu'après avoir lu tout l'ouvrage [de Tal Ben-Shahar], les lecteurs ne réagiront plus de la même façon puisqu'ils auront appris à accepter et à aimer l'imperfection, à comprendre que c'est en elle que se niche notre humanité.** » Certes, c'est indéniable, les humains ne sont pas parfaits, ils ne sont ni des dieux, ni des anges. Qui pouvait ignorer ce truisme ? Le problème cependant reste entier. Si nous étions à Spartes, au ve siècle avant notre ère, ce discours sur l'imperfection aurait peut-être son utilité, comme il peut l'avoir face à une névrose obsessionnelle sévère (encore qu'il serait de toute façon inefficace dans ce dernier cas de figure...). Mais aujourd'hui, dans 99 % de nos collèges et de nos familles ? Est-ce bien raisonnable d'envoyer comme message à nos enfants, à nos élèves et à nos étudiants que, désormais, grâce aux dernières découvertes de la « science du bonheur », tous leurs efforts doivent tendre vers l'imperfection, que c'est le but ultime de leur apprentissage de la vie ? Que penser alors de ces artisans, de ses jeunes musiciens, sportifs, écrivains, scientifiques, qui, passionnés par leur métier ou leur vocation, visent l'excellence ? Sont-ils vraiment stupides, névrosés, archaïques, voire inhumains ?

Supprimer la pénibilité, l'ennui et les notes à l'école ?

Étant donné que l'éducation positive nous invite à supprimer les récompenses tout autant que les punitions, il était inévitable que de bonnes âmes souhaitent aller jusqu'au bout de cette logique en proposant de supprimer les notes à l'école, au collège et au lycée. Publiée par *Le Nouvel Observateur*, depuis toujours en pointe quand il s'agit de « modernisme pédagogo », une pétition en faveur de la suppression des notes à l'école primaire fut lancée en novembre 2010, ce qui ne manqua pas de susciter quelques réactions, comme on s'en doute indignées à droite et enthousiastes dans la deuxième gauche. Nul ne lui aurait sans doute prêté attention si elle n'était signée par des personnalités aussi éminentes qu'Axel Kahn, Michel Rocard, Marcel Rufo ou François Dubet. Le but de la pétition, inspirée par les principes de l'éducation bienveillante, était de faire disparaître le caractère « répressif » de la notation en même temps que la notion de « mauvais élève ». On notera que les bons disparaîtraient eux aussi au passage si cette mesure était retenue. Fini « l'école des flics et des patrons » ! Aux oubliettes, la « sélection de classe », la « reproduction » des « héritiers » par les « appareils idéologiques d'État », et par-dessus tout, cessons enfin d'encourager nos enfants à viser l'excellence. Comme y insiste la pétition, « **la culture de la note est encore très présente dans l'école française, historiquement tournée vers la sélection. Alors que la confiance en soi est indispensable à la réussite scolaire, les conséquences de ce système sur les élèves en difficulté sont désastreuses** ». L'idée, pleine de gentillesse et de bienveillance, est tellement en phase avec les nouvelles idéologies du *care*, du souci de l'autre, du développement personnel, de la psychologie positive qu'on s'en voudrait de ne pas y adhérer. Selon l'argumentation des signataires de la pétition, la note, « traumatisante », ne ferait qu'enfermer les enfants en difficulté dans la logique de l'échec. Sa véritable finalité ne serait donc pas pédagogique, mais exclusivement sélective, conformément à la logique d'un « système » qui vise à éliminer plutôt qu'à rattraper, à trier plutôt qu'à sauver.

Pour être populaire, cette version affadie de la sociologie de Bourdieu n'en est pas moins tout aussi fausse que son modèle d'origine. Si on la prenait vraiment au sérieux, elle serait tout simplement insultante pour l'immense majorité des enseignants qui n'ont guère d'autre idée en tête que d'arracher leurs élèves à la logique de l'échec. Supprimer la notation, c'est oublier qu'elle constitue un repère indispensable à la mesure des progrès accomplis par les enfants, c'est nier au passage les vertus de la « bonne note » qui réjouit, rassure et encourage. Ici comme ailleurs, il n'est pas d'éloge flatteur sans liberté de blâmer, pas d'encouragement possible ni d'incitation à progresser sans notation objective. La preuve ? Quand on demande aux pétitionnaires par quoi ils remplaceraient les défuntes notes, les réponses se font hésitantes, pour ne pas dire comiques : à la place, on mettra des couleurs, proposait l'un des éminents signataires ! Parce que la couleur, comme chacun sait, surtout si elle est pastel, c'est plus gentil, moins rude et moins raide que la note. Prend-on les élèves et leurs parents pour des imbéciles ? À qui fera-t-on croire que le feu rouge signifie autre chose qu'une mauvaise note, le feu orange une moyenne et le vert une bonne ? Imagine-t-on sérieusement que, pour être seulement plus floues, ces notations déguisées changeront quoi que ce soit au fond du problème ? À quand la constitution de groupes de niveau, avec, comme dans la série *Desperate Housewives*, des lions, des girafes et des kangourous dont les parents s'efforcent avec angoisse de déchiffrer le sens et, finalement, la traduction en termes de notations ?

De toute évidence, le problème, c'est l'échec scolaire, pas la note, la fièvre, pas le thermomètre, et ce n'est évidemment pas en le cassant qu'on guérira le malade. Faut-il pour autant s'interdire toute réflexion sur l'évaluation ? Évidemment non. Pour ne donner ici qu'un seul exemple, depuis des décennies, je ne cesse de dire qu'il faut s'interroger sur les épreuves du bac, notamment sur la grande dissertation, dont les principes rhétoriques ne sont plus enseignés. Comme ancien correcteur et président de jury, j'avoue que je préférerais infiniment qu'on remplace cet exercice par des explications de textes extraits d'œuvres explicitement au programme. Pourquoi ? Tout simplement parce que je ne sais pas évaluer un laïus portant sur des questions abyssales auxquelles je suis moi-même bien incapable de répondre, tandis que je peux déterminer objectivement si un élève a correctement lu et compris son Platon ou son Descartes. Même chose, par exemple, pour la dictée, qui devrait être imposée à tous et tous les jours jusqu'en troisième, mais avec une signification pédagogique touchant des difficultés précises de grammaire. Discutons-en, mais quelle qu'elle soit, il n'y a pas d'évaluation sans notation.

Éducation nationale ou instruction publique ?

Cette déclaration de Victor Hugo (1872), qu'il faut citer dans son entier, m'a toujours servi de boussole : **« Quant à moi, je vois clairement deux faits distincts, l'éducation et l'instruction. L'éducation, c'est la famille qui la donne ; l'instruction, c'est l'État qui la doit. L'enfant veut être élevé par la famille et instruit par la patrie. Le père donne à l'enfant sa foi ou sa philosophie ; l'État donne à l'enfant l'enseignement positif. De là cette évidence que l'éducation peut être religieuse et que l'instruction doit être laïque. Le domaine de l'éducation, c'est la conscience ; le domaine de l'instruction, c'est la science. Plus tard, dans l'homme fait, ces deux lumières se complètent l'une par l'autre. »** Les partisans de cette opposition entre éducation et instruction, en général plus « républicains » que « pédagos », citent également Condorcet et son célèbre *Mémoire sur l'instruction publique* (1791) qui, bien avant Hugo, mais dans le même sens, insistait déjà sur le fait que « **l'éducation publique doit se borner à l'instruction** ». On fera observer, et on aura raison, qu'il faut malgré tout se garder de tomber de l'autre côté du cheval. Il est clair, c'est l'évidence, qu'il y a, qu'il doit y avoir des points de passage entre éducation et instruction, entre le rôle des familles (Hugo parle du père, aujourd'hui nous parlerions évidemment des parents) et celui des professeurs. L'école ne peut se désintéresser de l'éducation, en particulier civique, et les parents ne devraient en aucun cas laisser de côté l'instruction, s'en débarrasser au motif qu'elle appartient aux seuls enseignants. Reste que le texte de Hugo me paraît plus d'actualité que jamais une fois introduites les nuances que je viens d'évoquer. Car il pose une question brûlante dans le contexte actuel, celle du rôle des professeurs face à la montée d'un individualisme narcissique qui a largement déconstruit les valeurs et les autorités traditionnelles, qu'il s'agisse de civilité, de respect des lois ou encore, mais ça va avec, de grammaire, d'orthographe et de « bon français ». Quand l'éducation n'est pas suffisamment donnée aux enfants dans les familles, la mission d'instruction qui est celle des enseignants devient mission impossible, en quoi le rôle des professeurs ne me semble pas être, une fois nuancée la distinction hugolienne, de pallier les défaillances de parents qui, n'assumant plus leur rôle d'éducateurs, confient un peu trop facilement à l'École le soin de les remplacer.

Chapitre X

Les métamorphoses du rapport à soi. De l'universalisme au différentialisme

Wokisme, théorie critique de la race et langage non binaire

L'élévation de Narcisse au rang d'un modèle de vie devait inévitablement conduire à une déconstruction radicale de l'universalisme républicain, et ce non seulement dans le cadre scolaire, comme nous venons de le voir, mais aussi dans la vie politique et même, comme je le montrerai à la fin de ce chapitre, dans le domaine du langage qui, après s'être voulu « inclusif », se veut désormais « non binaire » afin de rendre justice à l'identité tous. Alors qu'au XIXe siècle encore, le « droit à la différence » était lié aux communautarismes prémodernes et se situait au cœur du cœur des idéologies contre-révolutionnaires, il est aujourd'hui passé de l'extrême droite à l'extrême gauche sous la forme de la discrimination positive et du wokisme. Dans mon livre *Le Nouvel Ordre écologique* (Grasset, 1992), j'avais déjà analysé ce sidérant chassé-croisé, tenté d'expliquer comment la notion de « droit à la différence », si chère aux idéologies réactionnaires, avait pu passer de la contre-révolution à la révolution. La clef de cette singulière migration était déjà lisible dans les écrits que Félix Guattari avait consacrés à l'écologie après son adhésion, en 1985, au parti d'Antoine Waechter. Dans un article rédigé en collaboration avec

Dany Cohn-Bendit, il résumait son hostilité à l'universalisme républicain sur un mode qui offrait au moins le mérite de la clarté : « **Le but,** écrivait-il, **n'est pas de parvenir à un consensus approximatif sur quelques énoncés généraux couvrant l'ensemble des problèmes en cours, mais, tout au contraire, de favoriser ce que nous appelons une culture de dissensus œuvrant à l'approfondissement des positions particulières et à une re-singularisation des individus et des groupes humains. Quelle ineptie que de prétendre accorder sur une même vision des choses : les immigrés, les féministes, les rockers, les régionalistes, les pacifistes, les écologistes et les passionnés d'informatique ! Ce qui doit être visé, ce n'est pas un accord programmatique gommant leurs différences**[1]. »

J'avoue ne pas voir ce qu'il y a d'inepte à rechercher un accord entre des individus qui ont des préoccupations divergentes. À vrai dire, je vois mal en quoi le fait de vouloir à tout prix les enfermer dans des communautarismes hostiles les uns aux autres serait l'idéal, ni en quoi le souci de les réconcilier au nom du bien commun et de l'intérêt général serait destructeur des différences. On mesure ici combien, dans la perspective qui est ici celle de Guattari, une vision du monde qui annonce déjà le wokisme d'aujourd'hui, l'universalisme fondateur de la *res-publica*, cet espace public au sein duquel seul il est possible de construire par la discussion et l'argumentation, le consensus de la loi, est bel et bien balayé au profit d'un discours que les représentants de la Nouvelle Droite pourraient signer des deux mains. Car si les différents groupes humains

1. « Contribution pour le mouvement », *Autogestion, l'Alternative* (hebdomadaire du PSU), novembre 1986.

ne peuvent ni ne doivent chercher à communiquer entre eux, si toute référence à des valeurs communes n'est que tyrannie et violence de l'universel, si la démocratie consiste à renforcer chacun dans sa singularité narcissique, c'est bel et bien à la déconstruction de l'idée républicaine que nous assistons au profit d'un retour à la vision romantique d'individus et de communautés viscéralement clos sur eux-mêmes, incapables de dépasser leurs particularités ataviques pour entrer en communication avec les autres. C'est dans cet esprit « différentialiste » que le narcissisme lié à la quête frénétique du bonheur nous invite aujourd'hui à déconstruire tout ce qui peut ressembler de près ou de loin à l'universalisme républicain.

Aux origines du différentialisme et de l'anti-universalisme, l'idéologie de la « déconstruction »

Dans un débat qui l'opposait à son collègue Yannick Jadot pour savoir lequel des deux allait se présenter à l'élection présidentielle de 2022, Sandrine Rousseau a pour le moins intrigué la France entière en éprouvant le besoin de faire cette déclaration qui, en effet, pouvait sembler à première vue quelque peu étrange : « **Je vis avec un homme déconstruit et j'en suis hyper heureuse. Je ne fais pas confiance à des hommes ou femmes qui n'ont pas fait le chemin de la déconstruction.** » Comme on pouvait s'y attendre, la notion de « déconstruction » s'appliquant à un être humain a suscité sur la Toile un joyeux mélange d'incompréhension et de moqueries. Les images d'un petit bonhomme en plastique désarticulé ont circulé sur les réseaux sociaux sans que ceux qui les diffusaient comprennent que le vocabulaire employé par

Mme Rousseau renvoyait en réalité à un des concepts philosophiques clefs de la « Pensée 68 », un concept emprunté à Heidegger et popularisé par Derrida qui fut à l'origine intellectuelle de la vague du « politiquement correct » qui submergea les universités américaines dans les années 1980 avant de prendre la forme du wokisme. Si je vous en parle aujourd'hui, c'est parce que j'ai pu, pour avoir enseigné et donné de nombreuses conférences au Canada et aux États-Unis, mesurer l'ampleur des dégâts que cette lame de fond a pu provoquer, les propos de Mme Rousseau n'étant qu'un des symptômes parmi tant d'autres de cette lame de fond qui naquit dans la France des années 1960 avant d'émigrer aux États-Unis pour nous revenir comme un boomerang avec plus de violence encore.

Je me souviens qu'invité en 1989 à donner une série de conférences sur la Déclaration des droits de l'homme de 1789 dans plusieurs universités d'Ottawa et de Montréal, mes interventions furent interdites à la demande les « *women studies* » au motif que je devais impérativement parler de « droits humains » et surtout pas de « droits de l'homme ». J'eus beau expliquer qu'il s'agissait d'un texte historique dont je ne pouvais pas changer l'intitulé, rien n'y fit : mes exposés furent boycottés par des étudiantes et des « professeures » qui, cela dit au passage, appartenaient à un « *ovarium* de philosophie » (*sic* ! ce n'est pas une blague), le mot « séminaire » étant lui aussi prohibé au motif qu'il était exclusivement d'origine « blanche et mâle ». Un de mes amis canadiens m'a raconté l'autre jour que, non seulement rien n'avait changé depuis, mais qu'au contraire, les choses s'étaient aggravées : sa petite-fille, invitée par son école à un bal costumé où elle s'était rendue déguisée en Pocahontas, fut renvoyée chez elle avec une lettre furieuse de la directrice acquise aux thèses wokistes pour cause « d'usurpation d'identité culturelle », la petite n'étant pas d'origine « indienne », ou pour mieux dire « *Native American* ». Pour ceux qui l'ignoreraient encore, je rappelle que l'idéologie wokiste (de l'anglais *woke*, qui veut dire « éveillé »), une idéologie ultrapuissante sur le continent nord-américain, mais désormais chez nous aussi, en particulier à Sciences Po et dans certaines universités, est née dans le sillage du fameux « Black Lives Matter ». Elle agrège autour d'elle non seulement les féministes radicales, mais aussi les décoloniaux ainsi que les fondamentalistes verts, anticapitalistes, collapsologues et décroissants. Sans que nos politiques, comme d'ailleurs la plupart de nos concitoyens, en aient pris conscience, les discours de Greta Thunberg contre le patriarcat blanc, occidental et, cela va de soi, atrocement capitaliste, en sont pétris.

Or le mot « déconstruction », qui appartenait naguère encore au vocabulaire technique de la philosophie, commence à prendre sa place, comme aux États-Unis, dans le langage ordinaire, ainsi qu'en témoignent les propos de Sandrine Rousseau sur son « homme déconstruit ». Il est à mes yeux essentiel de bien comprendre dès maintenant d'où il vient, ce qu'il signifie à l'origine, mais aussi de cerner les raisons pour lesquelles il est devenu aujourd'hui une formidable machine de guerre contre l'universalisme et l'idée républicaine « à la française », des notions que la presse américaine de gauche considère tout simplement comme racistes, car daltoniennes, « *colorblind* », aveugles à la couleur des races en même temps qu'au désormais fameux « privilège blanc », une expression que notre président, Emmanuel Macron, n'a pas hésité à reprendre à son compte. Si notre bonheur passe d'abord et avant tout par le « souci de soi », s'il s'agit de saisir son moi profond, de cerner son identité la plus singulière et la plus intime afin d'y parvenir, alors il est clair que cet universalisme républicain qui tend à gommer les différences n'est plus compatible avec la frénésie du bonheur. Le temps est donc venu de sa déconstruction.

Tout commence avec Nietzsche, qui explique dans un passage célèbre de son œuvre comment il convient de « philosopher au marteau » afin de casser les illusions de la philosophie classique et de la religion. C'est dans cet esprit que dans un de ses livres que je tiens pour un des plus abouti, le *Crépuscule des idoles* (1888), il esquisse les linéaments du projet de la déconstruction qu'il définit de manière limpide dans la préface de son *Ecce homo* (1888)[1]. Malgré tout ce qui le sépare de Nietzsche, Heidegger lui emboîte le pas, son projet prenant tout entier le nom d'une « déconstruction de la métaphysique » (*Abbau der Metaphysik*). Son principal disciple, situé à l'extrême gauche de l'échiquier politique, Jacques Derrida, un penseur français qui deviendra aux États-Unis le pape du politiquement correct, l'ancêtre du wokisme actuel, popularisera le thème dans les universités américaines. Il y expliquera comment il faut selon lui « déconstruire » ce qu'il appelle le « phallo-logo-centrisme ».

1. « N'attendez pas de moi que j'érige de nouvelles idoles. Que les anciennes apprennent plutôt ce qu'il en coûte d'avoir des pieds d'argile. Renverser les idoles – c'est ainsi que j'appelle tous les idéaux –, voilà mon vrai métier. C'est en inventant le mensonge d'un monde idéal qu'on a fait perdre à la réalité sa valeur, sa signification, sa véracité. Le mensonge de l'idéal a été jusqu'à présent la malédiction pesant sur la réalité. L'humanité même est devenue menteuse et fausse jusqu'au plus profond de ses instincts, jusqu'à l'adoration des valeurs opposées à celles qui auraient pu lui garantir une belle croissance et un bel avenir. »

Décortiquons le jargon derridien : déconstruire le « phallus », c'est d'abord s'attaquer à la domination du « mâle blanc » sur les femmes, en quoi la déconstruction va devenir le *flagship* du féminisme radical ; déconstruire le « *logos* », c'est s'attaquer au rationalisme, non seulement à ce que Heidegger appelle la « métaphysique de la subjectivité », mais tout autant au visage que lui a donné le capitalisme dans le monde moderne, à savoir celui de la rentabilité à tout prix ; quant à la « centralité », il s'agit bien entendu de la prétention de l'Occident, masculin, blanc et capitaliste, à coloniser le reste du monde. En quoi la « déconstruction du phallo-logo-centrisme » contient en condensé tous les ingrédients du wokisme et de la *cancel culture* qu'on retrouve aujourd'hui chez les fondamentalistes verts, les antifas, les décoloniaux, Extinction Rebellion, les indigénistes et les islamo-gauchistes : anticapitalisme radical, écologie décoloniale, écoféminisme, haine de l'universalisme et de l'idée républicaine, bref, le cœur du cœur de l'« intersectionnalité » ou « convergence des luttes ». Quand j'ai critiqué, en 1985, avec Alain Renaut dans notre livre *La Pensée 68*, puis en 1992 dans *Le Nouvel Ordre écologique*, les premiers linéaments de la déconstruction et du wokisme antirépublicain, la gauche bien-pensante nous a littéralement pulvérisés. Malgré les efforts des plus lucides, je pense notamment au colloque organisé en 2020 à la Sorbonne sur le wokisme, ces mouvements tendent hélas à devenir aujourd'hui envahissants dans certaines universités et ils le font, comme aux États-Unis, au nom de l'omniprésente « théorie critique de la race » et du « privilège blanc », des doctrines calamiteuses encore mal connues en France, mais qu'il est essentiel de commencer à bien comprendre, attendu qu'elles vont sans aucun doute gagner du terrain dans les années qui viennent, portées qu'elles sont d'ores et déjà par le souci de soi et la quête de l'identité personnelle qui s'est emparé de l'individu désormais sommé de prendre le narcissisme comme modèle.

Théorie de la race. La France républicaine accusée de daltonisme

C'est bien dans cet esprit que la France républicaine est sans cesse accusée dans la presse démocrate américaine de daltonisme, d'être « *colorblind* », aveugle aux couleurs, à cause de son universalisme et de sa fidélité à l'héritage libéral des Lumières, des critiques qui, outre-Atlantique, tendent à prendre des proportions proprement hallucinantes. C'est ainsi que le *Washington Post* dressait à la une, en juin 2020, un fort élogieux portrait d'Assa Traoré, se réjouissant que dans les manifestations parisiennes contre les « violences policières », on associe enfin le nom des martyrs pour demander d'un même élan « **justice pour George Floyd et Adama** », le journal phare du parti démocrate de Joe Biden qualifiant pour finir la France de « **société officiellement daltonienne** », c'est-à-dire aveugle à la question des races, autrement dit structurellement raciste – une critique que notre ancien ministre de l'Éducation, M. Pap Ndiaye, aussitôt nommé, n'a pas hésité à reprendre à son compte lors de son déplacement aux États-Unis. L'idéologie qui préside à ce jugement partagé par une grande partie de la gauche américaine aujourd'hui au pouvoir porte un nom : on l'appelle « théorie critique de la race », et comme elle s'infiltre chez nous à la vitesse grand V, non seulement dans les discours de

Greta Thunberg, de Sandrine Rousseau ou d'organisations écologistes comme Extinction Rebellion, mais plus largement dans les milieux scolaires et étudiants gagnés par l'indigénisme et la *cancel culture*, il vaut mieux s'y intéresser dès maintenant si on veut le cas échéant limiter les dégâts.

La théorie critique de la race (TCR) regroupe à l'origine deux courants distincts, mais qui, globalement, se rejoignent sur un certain nombre d'idées fondamentales. Le premier est celui de la *critical theory of race*, héritière de la théorie critique et du marxisme de l'École de Francfort, et le second est la *critical race theory*, issue des *critical legal studies*, elles-mêmes héritières à la fois de la déconstruction derridienne, du marxisme et des thèses de Foucault sur les méfaits du rationalisme cartésien. Ces courants se veulent évidemment *woke*, « éveillés », l'Office québécois de la langue française définissant le wokisme comme un « **mouvement qui prône une sensibilisation accrue à la justice sociale ainsi qu'un engagement actif dans la lutte contre les discriminations et les inégalités** », une définition volontairement assez abstraite pour dissimuler des engagements déconstructionnistes, anticapitalistes, antiracistes, décoloniaux, décroissantistes, LGBT, indigénistes, féministes, écoféministes, afroféministes, voire islamo-gauchistes, autant de sensibilités que regroupe le wokisme. On le fait parfois remonter à un discours de Martin Luther King, mais c'est sans aucun doute les mouvements féministes radicaux, les marches pour le climat et le mouvement « Black Lives Matter » qui lui ont donné la visibilité politique qu'il a aujourd'hui aux États-Unis et maintenant en France. La TCR défend un certain nombre de thèses dont les plus fondamentales sont les suivantes :

– Thèse I : La race (comme le sexe si l'on en croit les *gender studies*, qui servent ici largement de modèle, les deux théories étant à peu près contemporaines) ne doit pas être considérée comme une donnée biologique, mais comme une construction sociale discriminante. Comme l'écrit Magali Bessone, une enseignante en philosophie à l'université Panthéon-Sorbonne qui se présente elle-même comme une des principales théoriciennes en France de ce courant, la TCR « **repose sur une désessentialisation et une dénaturalisation de la notion de race et met l'accent sur les processus de construction sociale pour saisir le type de réalité que revêt la race et elle ne tient pas pour acquis le sens ordinaire attribué au mot race aux États-Unis**[1] », c'est-à-dire le sens biologique et anthropométrique qui ne tient compte que des ascendants familiaux et des caractéristiques visibles comme la couleur de la peau. Il en va de même quand on parle à tort de la « diversité visible » en croyant bien faire alors que c'est déjà une formule biaisée, raciste sans le savoir.

– Thèse II : L'idéologie libérale progressiste et démocratique héritée des Lumières n'a pas fait avancer les choses en supprimant l'esclavage, les lois racistes et la ségrégation : « **Le grand enjeu de la CRT est d'expliquer pourquoi les progrès formels dans l'égalité des droits pour les Afro-Américains liés à la fin de la ségrégation légale n'ont pas produit d'amélioration réelle dans leurs conditions de vie et n'ont fait progresser ni l'idée, ni l'espoir d'une intégration socio-politique dans une société américaine toujours aussi fermement**

1. Magali Bessone, « Quelle place pour la critique dans les théories critiques de la race ? », *Revue philosophique de la France et de l'étranger*, vol. 142, n° 3, 2017.

ségréguée[1]**.** » Il s'agit donc, selon Magali Bessone, « **de se méfier de l'universalisme surplombant la *colorblindness*** », une formule qu'on trouve à satiété dans les discours et les écrits de Pap Ndiaye, où l'on détecte, si l'on y regarde d'un peu plus près, l'attitude « généalogique » qui caractérise dans les « philosophies du soupçon » la déconstruction de l'universalisme républicain.

– Thèse III : Pourquoi cet échec ? Réponse de Magali Bessone : parce que, comme l'a montré Marx dans ses analyses de l'État de droit et des systèmes juridiques formels considérés comme des « superstructures de la classe dominante », les partisans de la TCR « **mettent l'accent sur la manière dont ces prétendues avancées constitutionnelles liées à la déségrégation légale n'ont pas promu l'égalité raciale réelle car elles correspondaient en réalité à la promotion des intérêts de la majorité blanche, la normativité juridique fonctionnant alors pour reproduire les inégalités réelles** ». On notera que c'est bien sûr dans cette thèse III que s'enracine la notion de « privilège blanc », une forme insidieuse de discrimination dissimulée sous l'apparence trompeuse de l'égalité formelle. Voilà pourquoi la prétendue « indifférence à la différence » qui caractérise le droit universaliste des démocraties libérales depuis les déclarations des droits de l'Homme, et a fortiori l'idée républicaine à la française avec son universalisme de façade et son humanisme qui prétend faire abstraction des enracinements communautaires, « **n'a en rien éradiqué les inégalités raciales réelles par ailleurs activement produites grâce au maintien du privilège de la blanchité dans toutes les strates de la société** ». Dans la réalité

1. *Cf.* sur ce point les travaux de Angela P. Harris, qui partent de cette thèse principale.

réelle, et non formelle, donc, « **la loi a activement contribué à établir, renforcer et légitimer les bénéfices que l'on peut tirer de ce privilège de la blanchité** ».

– Thèse IV : Cette critique marxiste (de fait assez banale), qui consiste à opposer l'égalité réelle à l'égalité formelle, vaut aussi pour la tradition républicaine française : c'est en effet à partir de cette critique qu'elle est qualifiée de daltonienne, « *colorblind* », aveugle au fameux « privilège blanc » en raison de l'universalisme abstrait qui la caractérise.

– Thèse V : Conclusion, elle aussi typique de la même vulgate marxiste : puisque, *de facto*, le droit seulement formel va dans le mauvais sens, utilisons-le pour agir dans le bon sens, pour mettre en place des politiques de discrimination positive qui, si l'on en croit Magali Bessone, sont « **la meilleure manière de renverser le privilège de la *whiteness* (blanchité), non pas en lui substituant celui de la *blackness*, mais en œuvrant à la déracialisation des structures sociales. Par la mise en place des programmes de discrimination positive, il s'agit de désinstitutionnaliser activement la blanchité, c'est-à-dire de la dénaturaliser, de lui ôter son caractère d'évidence et d'"attente de droit"** ». L'idée qui préside à cette apologie de l'*affirmative action* est que, même chez les personnes se croyant activement et consciemment antiracistes, les biais du « système » restent présents en permanence. En effet, selon les partisans de la TCR, la psychologie sociale montre « **l'existence de biais raciaux implicites très répandus dans la population, y compris de la part d'agents soutenant consciemment la lutte contre le racisme en arborant la croyance consciente en l'égalité des races** ». Or, continuent les partisans de la TCR, si nos systèmes juridiques ne condamnent que les comportements consciemment et explicitement racistes sans s'intéresser aux biais inconscients, « **c'est tout un ensemble de conduites où la race est une catégorie mentalement encodée et pertinente, quoiqu'à l'insu de l'agent, pour rendre compte du comportement discriminatoire qui devient impossible à traiter et à réguler par des mesures sociales et pénales** ». Pour résumer cette thèse : si on ne condamne que le racisme conscient, on passe à côté du racisme systémique ! Ce qui implique que l'on régule et punisse aussi les comportements inconscients – je laisse à mon lecteur le soin d'imaginer jusqu'où cette idéologie punitive pourrait entraîner nos systèmes juridiques si elle venait par malheur à les influencer. Quoi qu'il en soit, c'est bien en ce point que la TCR rejoint le marxisme de la théorie critique de l'École de Francfort.

– Thèse VI : Il faut en effet bien distinguer, d'un côté, la théorie traditionnelle dont le droit formel est une des illustrations, un droit qui se dit universaliste, démocratique, républicain et qui se veut officiellement aveugle à la race, et de l'autre, la théorie critique qui comprend que la pseudo-théorie pure est en réalité animée par des intérêts de classe et, en l'occurrence, de race (*whiteness* contre *blackness*) plus ou moins inavouables. Il revient à Max Horkheimer, un penseur marxiste, d'avoir dans les années 1930 développé pour la première fois la notion de théorie critique dans un petit texte fondateur de l'École de Francfort : *Théorie traditionnelle et théorie critique*, un article que j'ai d'ailleurs traduit moi-même en français. La théorie critique, pour Max Horkheimer, s'apparente à la fois à la psychanalyse et au marxisme, dans la mesure où elle tente de dévoiler l'inconscient social, économique et personnel de la théorie traditionnelle. La théorie traditionnelle, c'est, selon Horkheimer, la théorie qui se croit pure, qui pense qu'elle n'est pas animée secrètement par des intérêts socio-économiques. Elle se veut autonome, coupée de la société, complètement objective et impartiale. La théorie critique au contraire tente de lui faire prendre conscience du fait qu'elle est secrètement animée, inconsciemment téléguidée par des intérêts socio-économiques qui la poussent dans telle ou telle direction sans qu'elle s'en aperçoive[1]. Ce qui est clair pour les tenants de la TCR, c'est que la société capitaliste a tout intérêt à diviser classe et race, voire à exciter le racisme des classes populaires grâce à un racisme systémique inscrit dans le système de l'égalité formelle afin d'éviter que les dominés fassent

1. Voici ce qu'écrivait à ce sujet Max Horkheimer dans un petit texte que j'ai traduit dans mon jeune temps, « Théorie critique hier et aujourd'hui » (« *Kritische Theorie gestern und heute* »), un article datant des années 1970 : « **Comment naquit la théorie critique ? Je voudrais tout d'abord vous faire comprendre la différence entre la théorie traditionnelle et la théorie critique. Qu'est-ce que la théorie traditionnelle ? Qu'est-ce que la théorie au sens de la science, de la science positive, la physique, les mathématiques ? Permettez-moi de vous donner une définition très simplifiée de la science. La science, c'est la mise en ordre de faits de notre conscience telle qu'elle permet finalement d'attendre chaque fois à tel endroit exact de tel espace et du temps ce qui doit exactement y être attendu. Cela vaut même pour les sciences humaines, lorsqu'un historien affirme quelque chose avec une prétention à la scientificité, on doit alors être en mesure d'en trouver la confirmation dans les archives. L'exactitude est dans ce sens le but de la science. Toutefois – et c'est ici qu'apparaît le premier thème de la Théorie critique –, la science elle-même ne sait pas pourquoi elle met en ordre les faits justement dans telle direction, ni pourquoi elle se concentre sur certains objets et non sur d'autres. Ce qui manque à la science, c'est la réflexion sur soi, l'autoréflexion, la connaissance des mobiles sociaux qui la poussent dans une certaine direction, par exemple à s'occuper de la lune, et non pas du bien-être des hommes. La science manque d'autoréflexion, c'est-à-dire qu'elle ne réfléchit pas sur ses finalités, sur ses choix, sur les raisons pour lesquelles elle est animée dans telle direction et pas dans telle autre.** »

front commun. Pour certains partisans marxistes de la TCR, je cite toujours Magali Bessone, « **la race n'est qu'un effet secondaire du conflit de classe : les propriétaires des moyens de production, pour des raisons historiques, sont blancs et l'insistance sur la différence raciale entre les travailleurs est l'effet d'une stratégie délibérée de leur part qui consiste à diviser pour mieux régner afin d'éviter la mise en place d'une organisation collective unitaire et transversale racialement** ».

– Thèse VII : De là, aux yeux des militants de la TCR, la nécessité de la *cancel culture*, la culture du boycott, véritable fléau liberticide aux États-Unis, qui a hélas déjà pointé son vilain museau en France, mais qui, n'en doutez pas, va croître et embellir dans les années qui viennent, les boycotts de la *cancel culture* ayant clairement pour but de conduire à la mort sociale, voire au suicide. En témoigne les cas de J. K. Rowling, qui eut le malheur d'apporter en 2019 son soutien à Maya Forstater, une chercheuse britannique licenciée parce qu'elle avait osé affirmer qu'on ne pouvait pas changer de sexe biologique. En témoignent aussi le suicide de Mike Adams en 2020, ou encore le cas du professeur d'allemand de Sciences Po Grenoble qui eut le courage de dire qu'on ne pouvait pas mettre antisémitisme et islamophobie sur le même plan...

– Thèse VIII : Enfin, toujours selon les doctrinaires de la TCR, les systèmes démocratico-libéraux fondés sur l'égalité formelle ne parviennent pas à justifier les inégalités réelles, surtout quand elles sont liées à la race, car, à en croire encore Mme Bessone, « **négliger le fait qu'en raison d'une construction socio-économique et juridique tel groupe de personnes plutôt que tel autre se trouve de manière disproportionnée au bas de la stratification sociale est impossible à légitimer par** des arguments de justice ». Oui, en effet, c'est injustifiable au nom de la justice, mais qui dit le contraire ? Comment ne pas être d'accord avec cette assertion ? Le problème, c'est qu'elle passe complètement à côté de son sujet. La question, en effet, n'est nullement de tenter une impossible justification des inégalités qui peuvent frapper un groupe entier quel qu'il soit, qu'il s'agisse d'ailleurs des femmes ou des immigrés, ce que personne à ma connaissance ne cherche à faire en dehors d'une poignée de racistes avérés et conscients mais archiminoritaires et en toute hypothèse combattus par notre droit, mais de savoir comment on choisit de lutter contre l'injustice : par la discrimination positive ou par un travail réel sur l'égalité des chances et la promotion sociale ? C'est là toute la question, une question à laquelle la discrimination positive souhaitée par les partisans de la TCR répond toujours dans le même esprit, celui de cet individualisme narcissique qui fait l'éloge des identités singulières et des particularismes que le souci de soi est censé détecter en chacun d'entre nous afin que la quête du bonheur puisse y apporter des réponses. De là aussi, parfois jusqu'à l'absurde, le projet de modifier le langage, de faire en sorte qu'il rende enfin justice à toutes les singularités, et ce tout particulièrement bien sûr dans le domaine de la sexualité.

Vers un français adapté aux « non-binaires » ?

Pour la clarté du propos qui va suivre, permettez-moi de rappeler quelques définitions dont je suis certain qu'elles ne sont pas encore connues du grand public français. On appelle « cisgenres » (du latin *cis*, « en deçà de » ou « du même côté que ») des personnes qui se sentent du même genre que leur sexe (un garçon ou une fille qui se sentent garçon ou fille, en accord avec leur biologie de naissance). « Cisgenre » s'oppose donc à « transgenre », le terme désignant les personnes dont le genre est différent du sexe (une fille qui est bien fille biologique, mais qui se sent garçon ou l'inverse). Certains vont jusqu'à considérer que le sexe lui-même n'est qu'une construction sociale et qu'il n'existe aucune base biologique certaine de la différence sexuelle (ce qui pourtant est tout simplement délirant d'un point de vue scientifique). Du coup, ils pensent que les cisgenres, qui représentent 90 % de l'humanité, ont tendance à rejeter les autres par pur conformisme social. Dans une lutte contre les stéréotypes qui n'a aucune raison de s'arrêter en si bon chemin, les plus radicaux proposent d'aller plus loin encore et de considérer, par-delà les transgenres, le cas des personnes « non binaires » ou « *genderqueer* ». Il s'agit, pour dire les choses le plus simplement possible, de personnes qui ne s'identifient ni comme homme, ni comme femme, mais comme un mélange des deux, voire comme aucun des deux.

C'est par exemple dans ce contexte que des élèves de l'IEP de Paris (mais ils sont loin d'être les seuls) ont demandé à leur direction qu'on cesse d'écrire « homme » ou « femme » sur les toilettes ou qu'on installe à tout le moins des « toilettes non binaires » afin de ne pas stigmatiser les personnes qui ne se sentent ni homme, ni femme. Le non-binaire se situe donc, non seulement au-delà du sexe biologique, mais au-delà du genre (du « sexe social »). De nombreux pays reconnaissent d'ores et déjà cette nouvelle catégorie dans les actes administratifs et, du reste, notre « parent 1/ parent 2 » va hélas lui aussi dans ce sens. Hélas parce que je suis un père, pas une mère, et qu'après tout, j'ai bien, moi aussi, le droit de revendiquer cette identité et cette différence. Mais allons jusqu'au bout. Au Canada, Florence Ashley, de la prestigieuse université McGill, vient de publier un manifeste sur la nécessité de modifier la langue française pour tenir compte de toutes les catégories nouvelles de non-binaires. Fanatique de la différence, adepte de la « déconstruction » promue par la « Pensée 68 », elle (d'après son prénom je présume qu'il s'agit quand même d'une dame…) commence son papier par cette phrase qui peut laisser perplexe : « **Les personnes qui ne s'identifient ni au genre masculin, ni au féminin peuvent n'être d'aucun genre (agenre), être de deux genres (bigenre), d'identification partielle (demigenre) ou de genre qui varie dans le temps (*genderfluid*), pour ne nommer que quelques identités non binaires** » (on frémit quand même à l'idée qu'elle en trouve encore d'autres…). Du coup, cette dame (?) propose, par-delà l'écriture inclusive, la création d'un « français non binaire », exemples : « blanche-blanc » devient « blanc.he » en inclusif et « blanxe » en non-binaire ; cousin-cousine devient cousin.e en inclusif, puis cousaine en non-binaire. Autres exemples : ami-amie/ami.e/amix ; docteur/docteure/docteur.e/docteurx, quant à père et mère, on les appellera désormais mapa et paman en non-binaire !

Bon je vous fais grâce du reste, tous les mots y passent. Une fois qu'on a bien ri, la question se pose néanmoins face à cette lutte contre les stéréotypes : comment argumenter sérieusement contre ce qui, au nom du narcissisme de l'identité et du « souci d'être soi », tourne à l'absurde ? Je vois trois objections qu'il faudra bien un jour développer : 1) au nom du droit à la différence, on finit par nier des différences essentielles (désolé, mais un père et une mère, ce n'est pas la même chose et le sexe biologique, quoi qu'en disent les militants de la TCR, est une réalité factuelle et scientifique incontestable) ; 2) c'est impraticable pour nos enfants qui ont déjà un mal fou à apprendre le français « ancien » ; 3) enfin et surtout, le but caché de ce grand délire n'est pas seulement d'affirmer son identité singulière, de sacraliser sa différence, mais d'en profiter pour faire passer toute l'histoire de l'humanité, en particulier toute celle de la littérature, pour discriminatoire. Alors, comme dans le *1984* d'Orwell, il faudra, depuis l'Antiquité jusqu'à nos jours, réécrire tous les livres en novlangue et faire table rase du passé.

Ne rions pas, restons vigilants, n'oublions pas que ce qui se trame outre-Atlantique finit toujours par arriver chez nous et prenons conscience que sous les routes pavées de bonnes intentions affichées couve presque toujours un enfer bien réel. De fait, la *cancel culture* et la censure animées des meilleures intentions sont déjà en passe de réécrire une bonne partie de la littérature, comme en témoigne parmi tant d'autres l'affaire Roald Dahl, l'auteur de *Charlie et la chocolaterie*, dont le livre a été réécrit par des « lecteurs de sensibilités », des tâcherons chargés de gommer les propos supposés discriminatoires pour les minorités. Bien d'autres romans, comme ceux d'Agatha Christie, sont eux aussi dans le collimateur de ces nouveaux puritains, mais ce sont sans doute les œuvres de littérature de jeunesse qui sont les plus touchées, de plus en plus soumises qu'elles sont à des réécritures parfois aussi absurdes qu'indécentes de bêtise. Le plus inquiétant est qu'elles ne touchent plus seulement les œuvres récentes, mais qu'elles commencent à s'attaquer à celles du passé qui se voient expurgées des mots qui fâchent tels que

« race », « nègre », « gros », « juif », « handicapé », « tapette », etc. Pas de malentendu : qu'on puisse détester certains mots et dénoncer leur usage est aussi compréhensible que légitime. Faut-il pour autant réécrire l'histoire, en gommer tout ce qui nous déplaît en fonction des idéologies d'aujourd'hui au risque de ne plus pouvoir même la comprendre, fût-ce pour la critiquer ? C'est toute la question, une question à laquelle les régimes et les idéologies totalitaires n'hésitent jamais à répondre par l'affirmative...

Chapitre XI

Pourquoi ça marche

Puissance du dogmatisme et intérêts de la raison

Je me suis souvent demandé pourquoi les tenants des idéologies du bonheur, de la psychologie positive et du développement personnel étaient si nombreux à prendre avec enthousiasme pour modèle la philosophie de Spinoza. C'est le cas, parmi tant d'autres, de Frédéric Lenoir, qui dans un de ses derniers livres, *Le Miracle Spinoza* (Fayard, 2017), n'hésite pas à déclarer que Spinoza est dans le domaine de la quête du bonheur un guide aussi admirable qu'irremplaçable, « **l'inventeur d'une philosophie fondée sur le désir et la joie qui bouleverse notre conception de Dieu, de la morale et du bonheur** ». Là encore, je pense exactement l'inverse. Dans mon dernier livre, *La Vie heureuse* (Éditions de l'Observatoire, 2022), j'ai consacré un long chapitre à exposer et déconstruire le dogmatisme de la métaphysique spinoziste, un système que je considère comme le plus fallacieux que l'histoire de la philosophie nous ait offert. Il repose en effet sur une conviction qui incarne à l'état chimiquement pur ce que la métaphysique dogmatique a produit de plus illusoire : il tente par tous les moyens d'établir un lien essentiel et indissoluble entre, d'un côté, un déterminisme absolu qui fait du libre arbitre une idée « délirante », attendu que du point de vue de Dieu ou du sage, tout est déjà écrit dans nos vies de manière inaltérable jusque dans les moindres détails, et de l'autre le rejet des passions tristes qui toutes, qu'il s'agisse de la colère, de l'indignation, de la culpabilité ou de l'espoir, supposent en effet que le réel pourrait être autre qu'il n'est. Conclusion : il faut, comme nous avons vu que Lenoir le répète avec insistance dans tous ses livres comme si c'était la clef du bonheur, aimer « en toute circonstance » le cours du monde tel qu'il est avec ses hauts et ses bas, il faut pratiquer, comme le dira Nietzsche dans le sillage de Spinoza, l'*amor fati* ou, comme dit Spinoza lui-même, « l'amour intellectuel de Dieu », c'est-à-dire du réel, Dieu et la nature ne faisant qu'un (*Deus sive natura*). Dire « oui » en totalité au monde tel qu'il est au lieu de vouloir le transformer au nom d'une liberté qui n'est qu'illusion serait donc selon lui la clef de la sagesse.

Le sage, comprenant qu'il n'y a aucune alternative au réel tel qu'il est, cesserait de le juger et de vouloir le changer – ou, pour mieux dire, notre volonté de le transformer serait déjà comprise dans la nécessité, déjà prévue et prise en compte du point de vue de Dieu. Le sage devrait donc se débarrasser d'un même mouvement du libre arbitre, de la morale qui prétend distinguer le bien et le mal, et des passions tristes. Comme ne cesse d'y insister Spinoza : « **L'amour, la haine, la colère, l'envie, l'orgueil, la pitié et les autres mouvements de l'âme sont à considérer, non comme des vices, mais comme des propriétés de la nature humaine, des manières d'être qui lui appartiennent comme le chaud et le froid, la tempête, le tonnerre et tous les météores appartiennent à la nature de l'air. Quels que soient les désagréments que puissent avoir pour nous ces intempéries, elles sont nécessaires car elles ont des causes**

déterminées. » Ayant quelque peine à me mettre à la place d'un Dieu omniscient, n'ayant donc jamais pu me persuader que les mauvaises actions des hommes s'apparentaient à des intempéries, ni les crimes contre l'humanité à de mauvaises pluies, les « passions tristes » non seulement me paraissent inhérentes à la condition humaine, mais vouloir s'en affranchir ne serait pas à mes yeux un signe de sagesse, mais de pure folie, car ce serait nier notre essence même, ce qui nous rend humains, en quoi la prétendue sagesse de Spinoza me semble délirante et ce qu'il tient pour du délire être au contraire un premier pas vers la lucidité...

De quelle séduction les illusions de la métaphysique parviennent-elles à se parer ?

Ce qui m'intéresse ici, ce n'est pas la critique des illusions de la métaphysique dogmatique en tant que telle, mais la question de savoir ce qui en elle parvient à tant séduire. Comment expliquer que des penseurs dont l'intelligence ne fait guère de doute, à commencer par Spinoza lui-même, aient pu adhérer à des thèses aussi évidemment délirantes, aussi évidemment contraires au bon sens autant qu'à un rationalisme véritable, c'est-à-dire critique ? Et comment expliquer au passage que certains intellectuels continuent encore aujourd'hui à considérer Spinoza comme l'un des plus grands philosophes de tous les temps ? La question est non seulement légitime, mais essentielle car elle touche à la différence entre les systèmes dogmatiques et la pensée critique ou réflexive, un sujet philosophique que je tiens pour absolument fondamental. Elle nous oblige à nous interroger sur la très mystérieuse puissance des idéologies, y compris les plus fausses et les plus dévastatrices.

Comment expliquer, pour prendre un exemple assez proche, que le communisme, y compris dans ses versions les plus totalitaires et les plus meurtrières, ait pu fasciner tant d'intellectuels, et ce jusque dans les années 1980, voire au-delà si l'on en juge par l'adhésion toujours fervente d'un idéologue comme Alain Badiou au maoïsme ? La révolution culturelle fit en Chine près de 60 millions de morts dans des conditions d'une absurdité et d'une cruauté inimaginables. De nombreux spécialistes de la Chine, à commencer par l'excellent Simon Leys, donnaient pourtant *urbi et orbi* toutes les informations nécessaires à une compréhension lucide des abominations en cours. Or des intellectuels français parmi les plus réputés, à commencer par Foucault (qui fut aussi, cela dit au passage, un admirateur zélé de la révolution iranienne), non seulement fermaient les yeux, mais trouvaient cette horreur finalement justifiée quand il leur arrivait (rarement) de les ouvrir. C'est là une énigme qui peut laisser sans voix, mais qui n'est pas pour autant sans raison. Elle tient, comme nous allons le voir dans ce chapitre, au fait que la plupart des humains ont une propension naturelle à se laisser séduire par la pensée, au sens propre du terme, « dogmatique », c'est-à-dire à s'intéresser davantage au contenu d'une idéologie plutôt qu'à la réflexion critique sur les contenus qu'elle expose. Un intellectuel qui, au demeurant, ne risque rigoureusement rien dans une France paisible adhérera volontiers aux promesses mirifiques d'égalité entre les hommes, de révolution radicale, d'extermination des exploiteurs et de bonheur pour tous (« à chacun selon ses besoins ») à condition d'oublier de penser sa propre pensée, c'est-à-dire de réfléchir, d'adopter un regard critique sur la négation de liberté et d'humanité qu'implique inlassablement l'idée révolutionnaire quand elle promet l'exécution des opposants.

Ce qui me fascine depuis les années 1960, moi qui ai toujours été à la fois gaulliste et social-démocrate (j'avais de l'estime et de l'amitié pour Michel Rocard...), c'est que les idéologies les plus délirantes et les plus nuisibles aient pu et puissent encore gagner autant de terrain, non pas chez des imbéciles estampillés, mais d'abord et avant tout chez les intellectuels. En 1972, j'étais parti faire mes études en Allemagne parce que l'atmosphère communiste ou gauchiste de l'université française était devenue irrespirable. Je voyais le « parti des intellectuels » s'effondrer dans la haine de la liberté et de la démocratie. Je combattais l'extrême droite antisémite plus encore si possible que le gauchisme et, convaincu que le bon sens et la raison pouvaient encore l'emporter, je tentais de faire lire à mes amis gagnés par les folies de l'époque les ouvrages de Raymond Aron sur le totalitarisme et ceux de Simon Leys sur la révolution culturelle chinoise. Bien évidemment, je ne parvenais qu'à passer pour un modéré, c'est-à-dire un imbécile, voire pour un « fasciste » hostile à l'émancipation du prolétariat[1]. Il y avait certes une gauche antitotalitaire, celle

1. Je me souviens de disputes mémorables, dans les années 1980 encore, avec des amis proches, devenus célèbres depuis, qui traitaient Aron de salaud et de lâche. Aujourd'hui, la plupart d'entre eux sont plus à droite que moi, mais ils ont malgré tout conservé leur haine des sociétés libérales. C'est désormais l'écologisme radical qui, sous les couleurs de l'« effondrisme » (quel mot ridicule !), prend le relais de leur anticapitalisme, c'est lui qui poursuit l'idéal antilibéral du gauchisme et du tiers-mondisme défunts. Et là encore, ce ne sont pas les plus incultes qui portent le flambeau. Nos collapsologues en chef sont souvent des universitaires. Pas de malentendu : la protection de la planète, au même

de Lefort et Castoriadis, qui devint plus tard un de mes meilleurs amis, mais elle était ultraminoritaire. Même Edgar Morin, François Furet et Le Roy Ladurie venaient du PCF. Althusser, qui dominait la vie philosophique rue d'Ulm, était bien sûr lui aussi membre du Parti communiste, tandis que Derrida et Sartre jouaient le rôle de compagnons de route particulièrement vigilants, sans doute plus dogmatiques encore que s'ils avaient été encartés. Parmi les intellectuels de ma génération, les plus brillants étaient à l'extrême gauche, trotskystes, maoïstes, voire membres eux aussi du PCF. En 1968, séduit par la déconstruction kantienne et heideggérienne des illusions du communisme et du spinozisme, je passais auprès de mes camarades pour un « ennemi de classe », ce qui était d'autant plus comique que je venais de tout sauf d'un milieu bourgeois et que mes parents

---

titre que l'idéal de justice sociale que prétendait (de manière ô combien fallacieuse) porter le communisme sont à mes yeux plus que légitimes. La pomme de discorde n'est pas là. Elle se situe dans le caractère antilibéral et « décroissant » de ces idéologies mortifères, voire de ces gamineries pseudo-révolutionnaires qui nous invitent à abandonner les bienfaits incomparables des sociétés démocratiques au profit d'un modèle politique dont la calamiteuse ZAD de Nantes a donné un avant-goût. Question : comment des gens intelligents peuvent-ils défendre de pareilles absurdités ? Nous avons aujourd'hui tous les moyens de protéger la planète et il est clair que les sociétés occidentales s'attellent à cette tâche comme jamais, qu'elles ne sont plus dans la logique du jetable et du capitalisme sauvage des années 1960. Pourtant nos « effondristes » clament que tout est fichu, qu'il faut en finir avec le libéralisme. Au fond, tout se passe comme si le taux d'idéologies totalitaires était stable d'une génération à l'autre, comme si le passage du communisme à l'écologisme fondamentaliste n'était finalement qu'une affaire de vases communicants. Il y a cinquante ans, dans le monde des arts et de la culture, il fallait impérativement être de gauche ou on passait à la trappe. C'était « socialisme ou barbarie ». Aujourd'hui, si vous voulez exister, il vaut mieux repeindre d'urgence vos idées en vert et, à l'image de notre Assemblée nationale, se coucher sans barguigner devant l'infantilisme apocalyptique de Greta Thunberg.

étaient de grands résistants. Aujourd'hui, la plupart de mes anciens camarades sont passé à droite, certains à l'extrême droite, ce qui en dit long sur ce qu'Aron, que j'avais invité dans mon séminaire à l'École normale supérieure de la rue d'Ulm, appelait « le rôle de la bêtise dans l'histoire », un facteur qu'il considérait à juste titre comme un objet d'étude de premier plan.

Pour comprendre comment des idéologies aussi fausses que mortifères ont pu emporter tant d'adhésion chez des esprits malgré tout distingués, il faut accepter cette idée, au premier abord étrange, que la raison qui s'égare dans les sphères de la métaphysique, loin d'être toujours neutre, impartiale et objective, est au contraire, dans certaines conditions bien précises que nous allons analyser ici, *intéressée*, guidée par des intérêts politiques, éthiques et spirituels qui lui font perdre son chemin de vérité, celui de la science authentique et de la rationalité réflexive (critique). Ne pensez surtout pas que cette analyse va de soi au motif, par exemple, que le communisme aurait fini par disparaître du paysage politique. Il ne s'agit pas de tirer sur une ambulance, mais de comprendre en profondeur ce qui a pu se passer avec une idéologie aussi clairement totalitaire ou, sur un mode moins dramatique, avec une métaphysique aussi évidemment dogmatique et illusoire que le spinozisme. Comment rendre raison, sans pratiquer l'ironie, des motifs qui peuvent entraîner des êtres qui ne sont pas stupides vers des idées aussi fausses que calamiteuses ? Pour répondre à cette interrogation, un travail de réflexivité est d'autant plus nécessaire que, la nature ayant horreur du vide, de nouvelles idéologies se reforment en général dès que les précédentes ont disparu. Le communisme défunt fait place aujourd'hui à d'autres courants, moins mortifères sans doute, mais tout aussi dogmatiques, à commencer par cet écologisme radical qui prend la forme du décroissantisme et de l'« effondrisme » afin de continuer le travail de sape des social-démocraties libérales.

Comme je voudrais le montrer dans ce qui suit, l'analyse des intérêts de la raison est d'une profondeur si abyssale qu'elle n'est presque jamais prise en compte par les intellectuels qu'on disait « engagés », le bon sens populaire se montrant en général moins aveugle qu'eux sur les sujets qui mettent en jeu la vie humaine : la guerre et la mort de leurs enfants ne leur apparaissent pas comme de simples broutilles sur la voie de l'avenir radieux. Il faut faire un réel effort pour comprendre cette analyse réflexive, mais je m'engage auprès de mon lecteur : le détour, pour escarpé qu'il soit, en vaut vraiment la peine.

De la critique kantienne de la métaphysique comme modèle de réflexivité antidogmatique

Commençons par la base, et la base, en l'occurrence, c'est, dans la *Critique de la raison pure* de Kant, un petit chapitre, fort peu lu et commenté, un passage assez bref et pour tout dire quelque peu énigmatique, qui s'attache à livrer les secrets de l'étrange notion d'« intérêts de la raison ». Son approche du problème est aussi simple que géniale[1]. Pour aller d'emblée à l'essentiel, elle consiste à montrer qu'en quittant le domaine de l'expérience, donc de la science véritable[2], la raison qui

1. Jürgen Habermas la reprend en partie, mais sous une forme moins profonde et moins radicale, dans *Connaissance et intérêt* (1968).

2. Dans son langage : de l'entendement lié à des intuitions pures ou empiriques.

se meut par-delà la sphère de la physique, donc dans un espace au sens propre du terme « méta-physique », cesse d'être impartiale pour n'être animée que par des intérêts, voire par des passions plus ou moins délirantes. Il est clair, en effet, que les interrogations métaphysiques, précisément parce qu'elles sont indécidables par le recours à l'expérience (« infalsifiables », dira plus tard Popper dans le sillage de Kant), nous passionnent souvent davantage que les questions scientifiques proprement dites. Elles touchent aux fins ultimes et aux causes premières, c'est-à-dire à des sujets qui font rêver et qui engagent le sens de la vie au point de vue moral et spirituel, de sorte que, malgré les contradictions dans lesquelles elle tombe, la métaphysique ne peut, comme le dit Kant, « **ni reculer, ni regarder avec indifférence ces querelles comme s'il s'agissait d'un simple jeu, parce que l'objet de la dispute est d'un immense intérêt** ». L'auteur de la *Critique* donne alors quatre exemples de ces questions brûlantes qui « intéressent » la raison, mais que la science ne peut pas résoudre et qui, pour ce motif même, suscitent des débats sans fin, des débats où les passions éthico-religieuses prennent le pas sur ce que Max Weber appelait la « neutralité axiologique », autrement dit l'impartialité et l'objectivité qui conviennent à la science véritable :

– Le monde a-t-il un commencement premier (thèse) ou, au contraire (antithèse), y a-t-il toujours un état antérieur à sa naissance, et ce jusqu'à l'infini sans qu'on puisse jamais remonter à une cause première, à un premier commencement de l'univers ?

– Existe-t-il quelque chose comme un atome, un moi indivisible (thèse) qui serait comme la préfiguration d'une âme immortelle, ou bien le réel, et en particulier le moi, est-il toujours divisible à l'infini (antithèse) ?

– Disposons-nous d'un libre arbitre qui nous permettrait de choisir entre des possibles, nos choix intentionnels et volontaires (causes finales) étant alors les premiers commencements libres des actions qui s'ensuivent (thèse), ou nos actions sont-elles au contraire déterminées (antithèse) par des causes naturelles (causes efficientes), comme le pensent Spinoza et les déterministes ?

– Enfin, existe-t-il, oui ou non, un « Être nécessaire », un Dieu créateur qui serait cause première du monde (thèse) ou le monde n'est-il au contraire (antithèse) que le résultat d'une suite infinie et indéterminée de causes dont nul ne peut poser l'origine première ?

Comme on voit, ces sujets mettent en jeu des intérêts éthiques majeurs, des passions spirituelles radicalement opposées entre elles, voire des émotions dont découlent des visions du monde, du sens de la vie et de la sagesse tout à fait conflictuelles. D'entrée de jeu, le rationalisme critique se situe à l'opposé du « rationalisme absolu » de Spinoza et de sa connaissance du troisième genre, à l'opposé de Hegel et de son Savoir Absolu ou de Marx et de sa science de l'histoire, autant de systèmes dogmatiques qui prétendent de manière aussi naïve qu'aberrante pouvoir traiter les sujets métaphysiques scientifiquement (« *more geometrico* » chez Spinoza, « *wissenschaftlich* » chez Hegel et Marx). C'est l'erreur première, le *proton pseudos*, dont toutes les autres découlent, une erreur qui réside dans la confusion entre métaphysique et science, le fameux *more geometrico* de Spinoza n'ayant ici aucune pertinence puisqu'on se meut dans le domaine du suprasensible, hors de toute expérience possible, hors de toute contestation factuelle et expérimentale par un recours au réel situé dans l'espace et le temps.

S'agissant de l'existence de Dieu, pour ne prendre que cet exemple, il est évidemment impossible, ni de démontrer qu'il existe (contrairement à ce que prétend de manière puérile l'argument ontologique spinoziste), ni non plus qu'il n'existe pas, en quoi l'athéisme est une croyance comme une autre. Si on avait pu démontrer l'existence de Dieu, ou son inexistence, croyez-moi, depuis le temps, ça se saurait ! Même chose pour la question de la liberté et du déterminisme, comme pour celle de l'autonomie du sujet. Avec la prétendue « science de l'histoire » marxiste, on retrouve le même glissement funeste, la même confusion des genres entre ce qui relève de la science authentique et ce qui appartient à la métaphysique – un glissement catastrophique humainement, puisque s'il existe une science de l'histoire qui nous dit en toute certitude où aller, comme se tourner vers un bien absolu, il est évident que les opposants ne représentent plus que le monde de l'erreur et de la folie, voire de la faute, et que, dans ces conditions, il n'y a rien de mieux à faire que de les envoyer en hôpital psychiatrique ou de les exterminer[1]. Le rationalisme critique hérité de Kant part du constat autrement plus raisonnable, plus profond et qui plus est plus rationnel, que les conflits que soulèvent les questions éthico-spirituelles, à commencer par ceux qui

1. À certains égards, on tombe dans le même type d'illusion avec la prétention des sciences de l'éducation ou de la science politique à ériger la pédagogie ou la conduite des affaires publiques, qui relèvent à l'évidence du domaine de l'art (ou de l'artisanat), au statut de sciences expérimentales. Que la psychologie de l'enfant, les neurosciences ou la sociologie électorale puissent nous apprendre factuellement un certain nombre de choses qui pourraient être utiles à l'art éducatif ou politique est une chose, que pour autant ces arts puissent devenir des sciences en est une autre qui relève de la plus pure illusion.

s'installent entre les thèses et les antithèses qu'on vient d'évoquer, relèvent a priori des « intérêts de la raison », c'est-à-dire de la métaphysique. De toute évidence, en effet, ils ne se déploient pas dans le domaine de la science, fût-elle mathématique, puisqu'ils se situent hors de toute expérience possible. Ce sont alors ces intérêts qui guident en sous-main nos choix et nos préférences, chacun s'empressant de choisir la thèse ou l'antithèse qui lui convient le mieux en fonction de ses partis pris éthico-spirituels.

En général, et là encore, l'analyse kantienne est lumineuse, les croyants préféreront les thèses, tandis que les scientistes et les matérialistes (que Kant regroupe sous le nom d'« empiristes », selon le vocabulaire de l'époque), se rangeront de préférence du côté de l'antithèse, sans que personne puisse jamais trancher objectivement leur débat en retournant devant ce juge de paix qu'est l'expérience puisque, par essence même, elle est ici impossible à convoquer[1]. Pour donner un exemple particulièrement limpide des intérêts de la raison qui peuvent être en jeu dans ces conflits de la

1. Comme le dit Kant de manière géniale dans le passage qui suit et que je retraduis (la traduction habituelle de la *Critique de la raison pure* publiée par les PUF étant si fautive qu'elle en devient involontairement comique) : « **De quel côté prendrions-nous le plus volontiers parti si nous y étions contraints ? Comme nous n'interrogeons pas ici le critère logique de la vérité, mais simplement notre intérêt, attendu que cette recherche ne peut rien décider s'agissant du litige juridique opposant les deux partis en présence, notre enquête n'en aura pas moins l'avantage de faire comprendre pourquoi ceux qui prennent part à ce combat se tournent plus volontiers d'un côté que de l'autre, alors même qu'une connaissance éclairée de leur objet n'en est nullement la cause. Elle aura en outre encore l'avantage d'expliquer d'autres choses, par exemple le zèle ardent d'un des partis et la froide résolution de l'autre, pourquoi on donne avec joie son assentiment à l'un, tandis qu'on se montre par avance et de manière définitive hostile à l'autre.** »

métaphysique avec elle-même, il est clair que celui qui choisit les thèses ne les choisit pas pour des raisons logico-scientifiques, mais bien évidemment parce qu'il défend subrepticement des partis pris qui servent de piliers à la morale et à la religion. Comme l'écrit Kant, « **que le monde ait un commencement, que mon moi pensant soit une nature simple et par suite incorruptible, qu'il soit en même temps libre dans ses actions volontaires et situé au-dessus de la contrainte de la nature et qu'enfin, l'ordre entier des choses qui constitue le monde dérive d'un Être premier à qui tout emprunte son unité et son enchaînement en vue des fins, ce sont là autant de pierres angulaires de la morale et de la religion. L'antithèse nous enlève, ou du moins semble nous enlever, tous ces appuis** ».

Les thèses offrent en effet un grand intérêt « pratique », c'est-à-dire hautement moral et religieux : l'être humain y est décrété libre de ses choix, donc responsable de ses actes, en quoi il existe ici une distinction possible entre le bien et le mal sur le plan moral (et non seulement, comme chez Spinoza, entre le bon et le mauvais en un sens platement alimentaire ou médical[1]). Mais il y a plus : la possibilité d'une âme

1. Comme le note Deleuze, il n'y a ni bien ni mal moral chez Spinoza, seulement du bon et du mauvais. C'est la grande erreur d'Adam d'avoir cru que Dieu lui donnait une loi morale en lui interdisant de goûter au fruit, alors qu'il le protégeait seulement de quelque chose qui lui ferait du mal comme une espèce de poison. Rien de moral dans tout cela. Le bien, par exemple un bon aliment, c'est ce qui se compose avec moi, qui entre dans un rapport favorable avec moi et qui par là même me renforce ; le mal, c'est le contraire, c'est ce qui me contrarie au sens où ça ne s'harmonise pas avec moi, où ça me décompose et m'affaiblit. La joie vient du bon et la tristesse du mauvais. À quoi il faut ajouter la fameuse phrase de Spinoza selon laquelle je ne désire pas une chose parce qu'elle est bonne, mais elle est bonne parce que je la désire. Avec ces trois thèses

immortelle est préservée dès lors que le moi est pensé comme un atome incorruptible, ainsi que celle d'un Dieu créateur, ce qui à l'évidence sert les intérêts des religions. Les thèses offrent en outre des avantages sur le plan spéculatif ou « architectonique » puisqu'elles

(le bien et le mal remplacés par le bon et le mauvais, la définition de la joie et de la tristesse, et la place accordée au désir), on a la déconstruction quasi nietzschéenne de la morale, on est déjà par-delà le bien et le mal. On peut parfaitement accorder à Spinoza que sa définition de la joie et de la tristesse, comme celle du bon et du mauvais sont excellentes... sans que cela supprime en rien pour autant la distinction du bien et du mal. J'ai toujours travaillé de manière parfaitement spinoziste : ce qui m'intéresse, même quand je suis en total désaccord avec quelqu'un ou avec une idée, une théorie, une philosophie, etc., c'est ce qui me renforce, non pas au sens où je ne prends que ce qui va dans mon sens, mais au contraire au sens où même ce qui me contredit peut me permettre d'aller plus loin, de renforcer la vision de la vérité que j'essaie de construire. Quand je lisais un grand auteur, c'est à partir de ce que j'avais compris à coup sûr (de ce qui s'était « composé avec mon propre rapport », dirait Deleuze dans son jargon) que je pouvais chercher à comprendre ce que je ne comprenais pas encore de sorte que, peu à peu, comme un maçon qui ajoute brique sur brique, je finissais par comprendre tout l'ensemble au point que Kant, Hegel, Nietzsche ou Heidegger me devenaient limpides quasiment comme si j'avais écrit moi-même leur texte. Je finissais par savoir ce qui allait venir après la page que j'avais lue et, en effet, comme un bon aliment qui renforce le corps, une pensée qui renforce l'âme suscitait en moi une joie infinie. Morale de cette remarque : oui, bien entendu, comme chez tout grand philosophe, il y a des analyses intéressantes et vraies chez Spinoza. Ça explique que certains aient pu aimer Spinoza, mais ça ne justifie pas pour autant qu'on soit spinoziste. Car le système d'ensemble, tout grandiose qu'il soit, n'en relève pas moins de la naïveté ontothéologique la plus désolante, ce qui rend ses thèses fondamentales, à commencer par l'argument ontologique qui sous-tend l'*Éthique* de A à Z et sans lequel ni la définition de la connaissance du troisième genre, ni celle de l'amour intellectuel de Dieu n'auraient la moindre signification, au sens propre, pour parler comme Spinoza à propos du libre arbitre, totalement « délirantes », c'est-à-dire sans aucun rapport possible avec la réalité réelle, avec notre expérience humaine située dans l'espace et le temps.

posent toujours un inconditionné (la liberté comme cause première intentionnelle et volontaire de nos actes, le moi pensé comme un atome incorruptible, Dieu cause première du monde...), ce qui permet à la raison d'arrêter sa quête indéfinie des causes et des conditions de toute chose, en quoi elle peut trouver le repos. Enfin, les thèses présentent également un intérêt qu'on pourrait dire « populaire » : spontanément, le peuple (la conscience commune) croit volontiers en la liberté de choix comme en la distinction morale entre le bien et le mal.

De l'autre côté, bien que les propositions défendues par les antithèses aient du point de vue de la conscience commune l'inconvénient de détruire tout intérêt éthique (il n'y a plus de libre arbitre, donc plus de distinction entre le bien et le mal sur le plan moral, ni de religion puisqu'il n'y a plus non plus d'âme immortelle, ni de Dieu créateur du ciel et de la terre), elles donnent malgré tout des ailes à un certain type de rationalisme dogmatique, à ce qu'on appelle le scientisme, en laissant croire que la science est partout chez elle et toujours sur son terrain et qu'elle est en outre la seule rationalité possible[1] (ce dont on vient de voir que c'était l'erreur par excellence, la science ne pouvant jamais trancher les questions métaphysiques *more geometrico*). À défaut d'être moraux ou populaires,

1. Comme l'écrit Kant, les antithèses offrent ainsi « à l'intérêt spéculatif de la raison des avantages fort attrayants et qui dépassent de très loin ceux que peut promettre le maître dogmatique qui enseigne les idées de la raison [*les thèses*] car, à en croire les antithèses, l'entendement est partout chez lui, sur son propre terrain, c'est-à-dire sur le terrain d'expériences tout à fait possibles, des expériences dont il peut chercher les lois et, au moyen de ces lois, élargir sans limites sa connaissance compréhensible et certaine ».

nous savons, nous, post-nietzschéens et post-soixante-huitards, que c'est précisément cette déconstruction de la morale conventionnelle et cet élitisme antipopulaire qui offrent aux yeux des intellectuels dogmatiques un charme tout à fait supérieur à celui des thèses qui ne reçoivent guère d'autre assentiment que celui de la très populaire conscience commune[1].

---

1. Par contraste avec les thèses, « **les propositions de l'antithèse sont de telle nature qu'elles rendent absolument impossible l'achèvement d'un édifice de connaissances. Suivant elles, il y a toujours, au-dessus d'un état du monde, un autre plus ancien encore ; dans chaque partie, il y en a toujours d'autres, qui sont, à leur tour, divisibles ; avant chaque événement, il y en a un autre qui, à son tour, avait lui aussi été engendré par un autre ; et enfin, dans l'existence en général, tout est toujours conditionné sans que l'on puisse jamais trouver où que ce soit une existence première et inconditionnée. Donc, puisque l'antithèse n'admet nulle part un premier terme et un commencement qui puisse servir absolument de fondement à l'édifice, un système complet de la connaissance est entièrement impossible sous de telles suppositions, ce pourquoi l'intérêt architectonique de la raison qui exige, non une unité rationnelle empirique, mais une unité rationnelle pure a priori contient une recommandation naturelle en faveur des affirmations de la thèse** ». Au final, on comprendra que six positions différentes sur les quatre questions métaphysiques (donc, non scientifiques) en discussion puissent s'opposer entre elles sur fond, non de démonstrations *more geometrico*, mais tout simplement d'intérêts éthico-spirituels divergents : a) Celle des thèses prises dans la perspective de la métaphysique dogmatique : c'est le cas de cette partie de la théologie qui, par exemple, admettait la validité de certaines preuves de l'existence de Dieu et qui accorde encore aujourd'hui à la création du monde à partir d'un Être suprême considéré comme cause première ou à l'immortalité de l'âme le statut de vérité (révélées certes, mais d'autant plus vraies aux yeux des croyants) ; b) celle des thèses prises de manière critique, donc comme objets de foi ou comme des idées simplement régulatrices, et non comme des propositions démontrables scientifiquement ; c) celle des antithèses prises de manière dogmatique : le rationalisme absolu et dogmatique, dont le spinozisme fournit le modèle presque parfait (Hegel lui sera encore supérieur dans le même registre), c'est-à-dire une confusion entre la sphère de la science et celle de la métaphysique, ou pour parler comme Popper,

Sans entrer plus avant dans le détail de l'argumentation kantienne, on comprend déjà comment elle nous met sur la voie d'une idée fondamentale pour comprendre la puissance de conviction que peuvent acquérir les idéologies les plus funestes dès lors qu'elles se meuvent dans le domaine de la métaphysique où seuls les intérêts de la raison dominent le débat hors

---

une confusion entre la sphère du falsifiable et celle du non-falsifiable. Postuler la réalité du point de vue de Dieu (alors que pour le rationaliste critique, il ne s'agit que d'une idée régulatrice pour guider la science et l'esthétique), c'est comme prendre une assurance contre l'irrationnel, contre le mystère du monde, c'est postuler (car il s'agit évidemment d'un simple postulat), que notre raison ne sera jamais prise en défaut, que le réel est déjà rationnel et le rationnel réel avant même qu'on ait expliqué ou démontré quoi que ce soit. C'est rassurant pour l'esprit inquiet de trouver des raisons à toute chose, soucieux d'éradiquer à la racine tout ce qu'il peut y avoir d'imprévisible, d'inattendu dans l'histoire, que cette dernière soit du reste collective ou privée ; d) celle des antithèses prises de manière critique, une possibilité que Kant évoque explicitement et qui correspondrait finalement au point de vue d'un scientifique authentique, c'est-à-dire ni scientiste, ni métaphysicien, puisque les antithèses seraient prises ici comme objets de suppositions ou de foi et non comme des vérités objectives démontrées, ce qui leur permettrait d'être compatibles avec certaines aspects des thèses, elles aussi considérées à titre de simples hypothèses : en effet, l'empirisme (le matérialisme) pourrait s'en tenir, s'il était plus rigoureux que dans le point 3, à l'idée que les idées transcendantes de la métaphysiques « **ne nous font connaître en vérité qu'une seule chose, à savoir que nous ne savons rien ! Si, dis-je, l'empirisme s'en tenait là, son principe serait alors une maxime qui nous prescrirait d'être modérés dans nos prétentions, réservés dans nos assertions, et en même temps d'étendre le plus possible notre entendement sous la direction du seul maître que nous ayons véritablement, à savoir l'expérience. Dans ce cas, les *suppositions* intellectuelles et les *croyances nécessaires* en vue de notre intérêt pratique ne nous seraient pas enlevées. Simplement, on ne pourrait pas les produire sous le titre pompeux de "savoirs scientifiques" et de "vues rationnelles" puisque le savoir spéculatif ne peut avoir d'autre objet que celui de l'expérience et que, si l'on dépasse ses limites, la synthèse qui recherche des connaissances nouvelles**

de tout rapport au réel (de toute falsifiabilité). Cette remarque vaut tout particulièrement pour les pseudo-sagesses du bonheur inspirées du spinozisme comme pour la pseudo-science de l'histoire héritée du marxisme – et ce n'est du reste pas un hasard si les intellectuels

---

et indépendantes de l'expérience n'a aucun *substratum* d'intuition où elle puisse être appliquée ». Le problème, ajoute aussitôt Kant, qui pense ici à Spinoza davantage encore qu'aux empiristes, c'est que le matérialisme ne s'en tient presque jamais là, comme on l'a vu avec le point 3 : il sombre presque toujours dans la métaphysique dogmatique du rationalisme absolu de sorte que « **l'empirisme devient lui-même dogmatique par rapport aux idées (comme cela arrive le plus souvent), ce qui le fait tomber dans le défaut de l'exagération, un défaut qui est d'autant plus blâmable que l'intérêt pratique de la raison en reçoit un préjudice irréparable** » puisque, bien entendu, le rationalisme absolu conduit à nier l'existence du libre arbitre et par là même de toute morale. Comme le dira Hegel, à la suite de Spinoza, dans la préface de la *Phénoménologie*, le « **bien existe tout aussi peu que le mal** », ces catégories supposant le libre arbitre que le rationalisme de l'antithèse renvoie bien évidemment au statut d'illusion puisqu'aucun premier commencement n'est possible au sein de la nature qui est dominée par une chaîne continue de causes et d'effets ; e) le spinozisme et l'hégélianisme, c'est-à-dire la métaphysique des antithèses qui au lieu d'être ouverte comme en (3), se veut architectonique en ce sens qu'elle prétend prendre la forme d'un système complet (la connaissance du troisième genre ou le Savoir Absolu). Ils empruntent à la thèse l'idée de cause de soi, mais ils la prennent évidemment dogmatiquement en adhérant à l'argument ontologique (comme Schelling, déjà, le reprochait à Hegel dans ses magnifiques *Conférences de Munich*) et, du coup, en détruisant tout intérêt pratique ; il n'y a plus ni libre arbitre, ni distinction entre bien et mal), ni dieu créateur (*Deus sive natura*). En quoi le spinozisme culmine tous les inconvénients de la thèse et de l'antithèse prises dogmatiquement, ce qui en fait la philosophie la plus illusoirement métaphysique et dogmatique de tous les temps ; f) la position de celui qui, comprenant qu'on se meut hors objectivité scientifique, choisirait de ne pas choisir, refuserait de céder à un intérêt plutôt qu'à un autre, et qui du coup, selon Kant, « **se trouverait un jour convaincu que la volonté humaine est libre, mais le lendemain, en considérant la chaîne indissoluble de la causalité naturelle, tiendrait pour certain que la liberté n'est qu'une illusion du moi et que tout est nature uniquement** »...

communistes de ma génération étaient presque tous spinozistes. Contrairement à ce qu'on pourrait croire, la raison n'est donc pas toujours désintéressée ou « axiologiquement neutre ».

Je peux maintenant répondre sur le fond à la question touchant l'écho reçu par le spinozisme chez des intellectuels dont le renom aurait pu laisser penser qu'ils n'étaient pas privés d'esprit. Dans la métaphysique dogmatique de Spinoza, trois types intérêts viennent percuter en permanence des raisonnements qui, loin d'être *more geometrico*, sont en réalité déterminés par de puissants partis pris à la fois théoriques, éthiques et spirituels, des partis pris à vrai dire d'autant plus tenaces qu'ils sont dissimulés. Tâchons de lever un coin du voile, mais faisons-le sans illusion : aucun argument réflexif ne convaincra jamais le dogmatique parce qu'il refuse par principe la logique de la réflexion, celle qui consiste à penser sa propre pensée au lieu de se borner à ne considérer que le contenu de l'idéologie à laquelle il adhère. Nous allons revenir dans un instant sur ce point essentiel, mais commençons déjà par dévoiler les intérêts de la raison à l'œuvre dans la métaphysique dogmatique de Spinoza.

Un intérêt théorique pour le rationalisme dogmatique

Si j'aime la connaissance, si je suis animé, pour parler comme Nietzsche, par une authentique « volonté de vérité », il est clair que je serai inévitablement tenté de postuler que rien n'advient sans raison, que tout a une cause, que tout événement possède une raison d'être, une explication, et que, dans ces conditions, la science est bel et bien partout chez elle. Bien entendu, je dois bien reconnaître que je ne sais pas tout, que nul n'est omniscient, qu'aucune science n'est achevée, que personne ne peut *de facto* se placer du point de vue de Dieu (de la fin de l'histoire) ; mais, en droit au moins, j'ai bien envie de postuler, et ce même si je ne suis pas croyant, que ce point de vue existe d'ores et déjà quelque part, en soi sinon pour moi, et qu'en conséquence, tout est déjà rationalisé dans le monde naturel comme dans l'histoire des hommes, que tout sur cette terre relève du *more geometrico*. Sans m'en apercevoir, je viens de légitimer en sous-main quelque chose comme l'existence du point de vue de Dieu ou, à tout le moins, pour parler comme Hegel, de l'identité parfaite entre le réel et le rationnel.

La notion de mystère de l'Être me semblera alors aussi absurde que celle de surnaturel, comme me paraît aberrante l'idée qu'un événement pourrait ne pas avoir de cause, d'explication, de raison d'être, de sorte qu'en amoureux de la connaissance, mon intérêt rationaliste me pousse très naturellement, sans avoir même besoin d'y réfléchir, vers l'absolutisation de la science, vers le scientisme, c'est-à-dire vers une métaphysique dogmatique qui est en réalité le contraire de la science authentique. Pour donner un exemple qui a connu son heure de gloire, c'est en héritiers de Spinoza que Hegel et Marx ont prétendu pouvoir décréter la fin de l'histoire, le Savoir Absolu pour Hegel, l'avènement inévitable et nécessaire du communisme pour Marx. Poser que le réel est rationnel en soi, que tout est déterminé de toute éternité, est d'autant plus tentant pour un rationaliste, et j'en suis un, que cela permet au passage de résoudre un problème théologique aussi irritant que classique : où peuvent bien être les vérités quand nous, petits humains, ne les avons pas encore trouvées ? La réponse est maintenant toute simple : elles sont déjà de toute éternité en Dieu, dans l'entendement divin, ou si l'on préfère le dire de manière moins théologique, mais cela revient au fond au même, elles sont déjà là, inscrites dans le réel, dans la nature (*Deus sive natura*) et dans l'histoire à venir, comme le communisme est inscrit en toute nécessité dans les contradictions du capitalisme. Elles attendent seulement que quelqu'un, un scientifique ou un leader charismatique, vienne les dévoiler à la tête d'un mouvement social ou d'un laboratoire de recherche.

C'est ce rationalisme-là qu'André Comte-Sponville admire encore chez Spinoza, et ce malgré les distances si justes et si considérables qu'il a prises par ailleurs avec le spinozisme sur le plan spirituel. Le passage qui suit, extrait d'une de ses conférences sur Spinoza, mérite à cet égard d'être examiné fort attentivement car on peut y lire de manière limpide la différence précise entre rationalisme dogmatique et rationalisme critique :

« Un matérialiste trouvera chez Spinoza un rationalisme peut-être le plus radical qui fut jamais. Ni mystère, ni irrationnel. Ni miracles, ni providence. Tout s'explique, tout a une cause (y compris la nature elle-même puisqu'elle est cause de soi), quand bien même nous ne pouvons, nous, pas tout expliquer, tant s'en faut, ni tout comprendre, ni bien sûr connaître les causes, ordinairement innombrables, de chaque chose singulière ou de chaque événement, lesquels sont tous contingents du point de vue de la connaissance inadéquate que nous en avons (puisque leur essence n'enveloppe pas l'existence et que nous ne connaissons jamais la série complète de leurs causes : *Éthique*, II, corollaire

de la proposition 31, et IV, définitions 3 et 4), sans cesser pour cela d'être tous nécessaires en vérité ou du point de vue de Dieu (*Éthique*, I, proposition 29, et scolie I de la proposition 33). Ce rationalisme absolu laisse évidemment sa part au possible dans la conduite de nos vies (puisque nous ignorons presque tout de l'enchaînement des causes) [*Traité théologico-politique*, IV, 1 : « Nous ignorons totalement la connexion et l'enchaînement même des causes [...] donc, pour l'usage de la vie, il vaut mieux, bien plus : c'est indispensable, considérer les choses comme possibles »], comme ce qu'il y a de déraisonnable chez l'être humain (puisque c'est le désir, non la raison, qui est l'essence même de l'homme : *Éthique*, III, démonstration de la proposition 56 et définition 1 des affects), mais cela même est rationnel (il serait irrationnel, étant donné ce que nous sommes, que nous connaissions tout ou soyons toujours raisonnables). Bref, être spinoziste, c'est penser – avant Hegel et de façon plus radicale que lui – que ce qui est réel [et pas seulement effectif ou « *wirklich* »] est rationnel et que ce qui est rationnel est réel. »

« Le rationalisme absolu laisse évidemment sa part au possible », écrit l'ami André. Je dirai « évidemment » l'inverse. Ce n'est pas parce que nous ignorons les causes qui déterminent nos actions comme nous ignorons celles qui engendrent les événements extérieurs de manière pourtant implacable, nécessaire, et ce jusque dans les moindres détails, que cette ignorance redonne la moindre place réelle au possible. On ne voit « évidemment » pas pourquoi les possibles se mettraient à exister juste parce que nous ignorerions les causes qui font que croire en eux est illusoire ! On ne voit pas non plus pourquoi nous aurions tout à coup une espèce de droit au délire, une faveur accordée à nos désirs d'illusion. Bien « évidemment », cette part du possible, toute présente qu'elle soit hélas chez l'ignorant, n'est qu'un fantasme lié à la bêtise humaine. En toute rigueur, André devrait donc écrire : « **Le rationalisme absolu laisse une certaine part au possible, mais c'est évidemment celle de l'illusion et du délire.** » Et comme une illusion, pour réelle et nécessaire qu'elle puisse être, ne fait pas une vérité, ni une ignorance une connaissance, il est parfaitement « évident » que le rationalisme absolu ne laisse en réalité aucune part au possible, strictement aucune, ou pour mieux dire, aucune part autre que celle des illusions délirantes qui habitent l'âme des ignorants et des fous. Le sage, lui, s'en émancipe, et c'est en quoi, justement, il parvient à la sagesse et à la sérénité. CQFD !

Sans doute, et cela, on peut l'admettre aisément, on ne peut empêcher la persistance de l'illusion comme celle des vocables fallacieux de la morale commune et des passions tristes qui l'accompagnent. Quoiqu'elle soit funeste, maîtresse d'erreur et de fausseté, puisqu'elle réintroduit subrepticement l'idée de libre arbitre et avec elle les passions tristes, l'illusion des possibles est inévitable en ce sens qu'aucun humain, même le plus sage, n'est tout à fait Dieu. Il n'en reste pas moins que le sage qui se place, ne fût-ce qu'en pensée, du point de vue de la vérité et de Dieu, sait qu'il n'y a pas de possibles dans le réel et c'est cette connaissance, comme Spinoza se targue lui-même de la posséder, qui lui permet de parvenir à la sérénité, à la joie et à la sagesse véritables. Ce n'est donc pas parce qu'on ne peut pas empêcher la bêtise humaine d'avoir une place dans nos vies qu'elle doit l'emporter sur la vérité, que le point de vue de l'humain doit l'emporter sur celui du divin.

Selon le rationalisme critique, le scientifique travaille certes, lui aussi, à rationaliser le monde, et pour y parvenir, il n'abandonne jamais le principe de raison, mais en histoire comme en science, la fin des temps et le point de vue de Dieu n'existent nulle part, ni n'existeront jamais. Dans ces conditions, non seulement il y a du non-rationnel en soi et à l'infini, et pas seulement pour nous et provisoirement, mais si l'on accepte en outre l'hypothèse du libre arbitre à laquelle cette réserve laisse une place, si l'on pense que les êtres humains disposent d'une volonté libre, d'une capacité de choix, alors l'histoire redevient imprévisible, elle cesse d'être pensée comme un destin mécanique qu'un Dieu ou un Guide génial pourrait prévoir et organiser de A à Z. Cette hypothèse antidéterministe me semble à tous égards coller à la réalité historique, le caractère le plus évident de l'histoire étant son imprévisibilité. Du reste, pour un rationaliste authentique, c'est-à-dire critique, l'hypothèse du déterminisme, c'est-à-dire l'extension ontologique infinie du principe de raison, n'a évidemment rien de scientifique puisqu'elle est à la fois contradictoire et non falsifiable[1]. Mais il

1. Je me bornerai ici à rappeler l'essentiel de l'argumentation du rationalisme critique de Kant, puis de Popper. Elle consiste d'abord à montrer que, sous sa forme classique, celle du principe de causalité, le déterminisme est intrinsèquement contradictoire. Toute cause est en effet elle-même nécessairement l'effet d'une autre cause, située elle aussi dans la nature, qui, par conséquent, est à son tour l'effet d'une autre cause, et ainsi de suite à l'infini. Ce qui fait du déterminisme une hypothèse intenable : soit on arrête la chaîne des causalités en posant une cause première (Dieu, la matière ou ce que vous voudrez d'autre), mais au moment même où on croit enfin fonder le déterminisme, on le nie, puisque cette cause première, soit n'a pas de cause, soit est cause d'elle-même comme dans l'argument ontologique (la *natura naturans*, comme dit Spinoza, comprenant l'existence de la *natura naturata)*. Qui peut

y a plus. Non seulement le déterminisme n'est qu'un parti pris métaphysique, mais le matérialisme qui l'accompagne en toute rigueur n'a évidemment rien non plus de démontrable *more geometrico*, rien de plus démontrable à tout le moins que son contraire, l'idéalisme ou le spiritualisme. Le point mérite lui aussi d'être précisé.

---

encore aujourd'hui sérieusement croire à un sophisme aussi grossier que cet argument ontologique qui prétend déduire l'existence du concept de Dieu ou de la nature ? ; ou bien, devant la difficulté, on laisse ouverte la régression à l'infini, et dans ce cas l'effet n'est précisément jamais déterminé ni expliqué, puisqu'on ne peut pas considérer qu'une explication qui se perd dans les sables de l'infini soit vraiment une explication. Le déterminisme s'avère donc paradoxalement tout aussi indémontrable, tout aussi impensable que son contraire (l'hypothèse d'une liberté de choix permettant d'inaugurer des séries d'actions dans le monde à partir d'intentions volontaires). Mais il y a plus. À l'encontre d'une idée souvent reçue chez nombre de scientifiques, le déterminisme n'a rien d'une thèse scientifique. C'est en réalité une simple idéologie typiquement métaphysique dont les prétentions à la scientificité sont tout à fait aberrantes. Comme l'écrit fort intelligemment Popper dans les premières lignes de son ouvrage *Le Réalisme et la Science* : « **La théorie selon laquelle "toutes les actions sont égoïstes, motivées par l'intérêt" est très répandue : il en existe des versions dans le behaviorisme, la psychanalyse, la psychologie individuelle, l'utilitarisme, le marxisme vulgaire, la pensée religieuse et la sociologie de la connaissance. Or il est pourtant clair que cette théorie, et avec elle toutes ses variantes, n'est pas falsifiable : aucun exemple d'action altruiste ne peut réfuter l'idée selon laquelle il en existerait une motivation égoïste cachée.** » En d'autres termes, la proposition selon laquelle toutes nos actions seraient déterminées par des causes efficientes échappant le cas échéant à notre volonté consciente, par des intérêts avoués ou inavouables, est par définition « non falsifiable », impossible à tester puisque a priori impossible à contredire par quelque expérimentation que ce soit, et par conséquent non scientifique. C'est dire qu'il en va paradoxalement du prétendu rationalisme absolu de Spinoza comme de la religion : de même qu'il est rigoureusement impossible de prouver que Dieu n'existe pas, on pourra toujours, derrière toute action, même la plus désintéressée en apparence, postuler l'existence d'une motivation

Un intérêt moral et spirituel pour le bonheur et pour le salut qui commande le rejet de ces passions tristes qui viennent le gâter en troublant nos vies

À l'intérêt théorique pour le rationalisme absolu (pourtant dogmatique, illusoire et métaphysique) s'ajoute, aux yeux du spinoziste, un intérêt moral majeur. La vérité, c'est que ce second intérêt, comme chez les épicuriens ou les stoïciens[1], est souvent à l'origine du premier[2]. La critique des passions tristes, qui seule permet d'accéder à la sérénité et au bonheur

---

inconsciente, d'une causalité plus ou moins secrète. Il est donc, *stricto sensu*, impossible de contredire empiriquement le déterminisme ce qui paradoxalement est loin d'être un avantage pour lui. C'est en effet parce qu'il échappe à toute réfutation empirique imaginable qu'il manifeste son caractère de parti pris méta-physique. L'hypothèse du déterminisme, comme celle de l'existence de Dieu, se meut dans une sphère qui échappe à tout contrôle par les faits et c'est seulement à ce prix qu'elle parvient à échapper à toute mise en cause expérimentale. Si l'on veut être vraiment rationaliste, il faut donc maintenir le déterminisme sur le plan théorique – scientifique –, *non comme une vérité ontologique, mais comme un principe méthodologique indéfiniment applicable*, et conserver par ailleurs l'idée de liberté comme un postulat, certes lui aussi indémontrable et infalsifiable, mais dont il n'est ni nécessaire, ni souhaitable d'un point de vue éthique, de faire l'économie. La vérité c'est que les spinozistes croient encore à l'argument ontologique et au rationalisme absolu, ce qui les conduit à tout ignorer du véritable rationalisme, c'est-à-dire du rationalisme critique, leur prétendu « rationalisme absolu » n'étant hélas qu'un autre nom de la plus grande des naïvetés de la métaphysique dogmatique.

1. Ce que Pierre Hadot a parfaitement vu dans ses livres sur la pensée antique : c'est presque toujours une vision morale du monde qui pilote la théorie de la connaissance et non l'inverse.

2. Il peut arriver malgré tout que ce soit l'inverse, comme chez Comte-Sponville qui malgré sa distance prise sur le plan éthique et spirituel, conserve son intérêt pour le rationalisme dogmatique.

parfaits selon nos idéologues de la frénésie du bonheur qui tirent leur inspiration chez Spinoza, serait évidemment impossible si l'on ne postulait sur le plan théorique un déterminisme absolu. Réciproquement, si je pose, comme y invite le rationalisme critique, qu'il existe une place dans nos vies pour de la contingence, pour des possibles et une liberté de choix, si je postule que tout n'est pas déterminé a priori, que tout n'est pas joué d'avance dans l'histoire du point de vue de Dieu, mais que mes actions, orientées par des causes finales, des intentions volontaires, y ont au contraire une part à prendre, alors la responsabilité et le trouble qu'elle engendre inévitablement en nous se réintroduisent – ce qui à mes yeux n'a rien de « triste », contrairement à ce que prétend le spinozisme, mais est au contraire le signe le plus sûr de notre appartenance à l'humanité.

La liberté de choix, par définition même, brise d'un même mouvement l'*amor fati* et l'« innocence du devenir », de sorte qu'avec elle, la notion de bonheur, a fortiori celle d'une éternité de joie, devient hautement problématique, pour ne pas dire franchement utopiques : comme je l'ai déjà suggéré, nous avons fort heureusement dans nos vies des plaisirs, bien sûr, des moments de joie, voire des plages de sérénité qui évoquent en nous quelque chose comme le bonheur, mais l'idée que nous l'aurions atteint une fois pour toutes parce que nous pourrions enfin vivre comme des dieux est tout simplement risible.

Enfin, c'est un intérêt spirituel qui vient s'ajouter à ceux qui dominent l'éthique et la théorie : si le point de vue de Dieu est posé comme réel grâce à ce sophisme puéril qu'est l'argument ontologique sur lequel Spinoza fonde toute l'argumentation de l'*Éthique*, si celui de l'être humain est posé par contraste comme forcément erroné tant qu'il reste dans la connaissance inadéquate (et il y reste toujours plus ou moins), je peux essayer de me convaincre qu'en m'efforçant (supposons que le mot ait un sens) de parvenir à la « connaissance du troisième genre », à la sagesse authentique qui s'approche autant qu'il est possible du point de vue de Dieu, je comprendrais enfin que la mort n'est (presque) rien pour moi, que je ne meurs pas vraiment, que seule la partie la moins importante de moi va mourir, mais que l'essentiel, mon essence en Dieu, restera en lui pour l'éternité. En quoi l'intérêt de la raison pour le dogmatisme trouve son couronnement ultime dans une doctrine du salut.

Avantage dogmatique au spinozisme, avantage réflexif au rationalisme critique

Face à ces trois intérêts dogmatiques – l'intérêt théorique pour le rationalisme absolu, éthique pour le bonheur éternel et spirituel pour la promesse de ne (presque) pas mourir – le rationalisme critique est, si j'ose dire, dans les cordes : il n'a pour lui que la lucidité et la liberté, ce qui est bien peu au regard des bienfaits incomparables que font miroiter les mirages de la frénésie du bonheur. Il pose qu'il y a forcément et à jamais du non-rationnel dans l'histoire politique autant que dans celle des sciences, il nous gâche la vie en affirmant que nous avons des choix à faire, des responsabilités à assumer, que nous commettons des erreurs et des fautes et que les passions tristes font nécessairement partie de nos vies, à moins que nous ne soyons, non pas des sages comme le croit Spinoza, mais des pervers psychotiques incapables d'avoir le moindre sentiment de culpabilité. Pire encore, il nous laisse entendre que nous allons, sages ou non, vraiment mourir, que c'est irrémédiable, que rien de nous ne subsistera pour l'éternité...

En écrivant ce paragraphe, je me dis qu'il faudrait finalement peu de chose pour que l'envie me prenne moi aussi de devenir spinoziste, comme j'ai pu être tenté de devenir chrétien, de croire en un Dieu bon qui fera un jour en sorte que je retrouve mes aimés dans une autre vie. Le problème, hélas, comme le disait Fichte, le plus grand disciple de Kant, un penseur méconnu auquel j'ai consacré dans mes jeunes années ma thèse de doctorat, c'est que le dogmatisme, et tout particulièrement celui de Spinoza, « **a sans doute bien pensé, mais il n'a pas pensé sa propre pensée** ». Son système est une construction qui semble d'une cohérence en béton, impeccable, démontrée *more geometrico*... sauf que le dogmatique ignore l'autoréflexion. Il nie le libre arbitre, la liberté de choix, l'existence des possibles et la possibilité de choisir entre plusieurs options, mais celui qui dit dogmatiquement qu'il n'est pas libre, qu'il n'a pas le choix, pense évidemment qu'il le dit librement, non pas en vertu d'une nécessité de fer, d'une fatalité qui ne lui laisserait aucune marge de manœuvre, mais au contraire à partir d'une pensée et d'une argumentation mûrement réfléchies.

C'est du reste par ce biais que le spinoziste assume si volontiers le rôle de professeur de bonheur, de guide spirituel qui a réussi à passer de l'ombre à la lumière. La vérité, c'est que dans toute discussion, l'interlocuteur, fût-il spinoziste, ne cesse d'argumenter comme s'il parlait bel et bien en son nom, à partir de lui-même, en toute liberté, à partir de ses choix politiques ou philosophiques autonomes, et nullement comme s'il était comme cette fameuse pierre lâchée de la fronde qu'évoque Spinoza dans une fameuse lettre à Schuller. Il refuse d'être manipulé par qui que ce soit, y compris par je ne sais quel Dieu qui aurait tout agencé pour lui. Autrement dit, c'est en toute liberté qu'il prétend qu'il n'est pas libre. Il ne peut jamais s'empêcher de se croire responsable de ses choix au moment même où il déclare que l'idée de choix est absurde et délirante.

Il en va de même lorsque le spinoziste nous explique que le mal n'existe pas, qu'il n'y a que du bon et du mauvais au sens médical des termes, que le réel est parfait en soi, bien qu'il y ait en lui du mal pour nous, ce qui ne l'empêche nullement de conserver le langage de la morale commune et de continuer, comme tout un chacun, à juger tout le monde et son voisin, de penser qu'un salaud est un salaud et que Socrate et Jésus valent sûrement mieux que Staline et Hitler. Quel spinoziste aujourd'hui penserait sérieusement que le nazisme est tout à fait comparable à une catastrophe naturelle et que sans les antisémites et les terroristes fanatiques, le réel ne serait pas moins imparfait qu'il ne l'est avec eux ? Pour être franc, je n'ai jamais rencontré un seul spinoziste capable de penser que Beria et Mengele n'étaient pas des salauds, jamais vu un seul spinoziste qui parvenait à s'abstenir de tout jugement de valeur, de déclarer, comme Spinoza ne peut lui-même s'empêcher de le faire, que « **le rat n'est pas un ange** ».

Tout le problème des idéologies du bonheur inspirées par le spinozisme est finalement là : elles ne savent que faire de cette encombrante conscience commune qu'elles ne parviennent jamais à éradiquer tout à fait quand elles nous demandent d'aimer le réel en toute circonstance, avec ses hauts et ses bas, cette fichue conscience ordinaire inhérente à une finitude humaine qui ne cesse de résister au point de vue dogmatique. Le spinoziste doit bien concéder, comme le faisait Épictète pour le stoïcisme, non sans une remarquable honnêteté intellectuelle, qu'aucun homme ne vit jamais tout à fait dans la vérité et qu'il faut conserver dans la vie courante les vocables inadéquats des jugements de valeur. Mais là encore, loin que cette concession soit une force, elle n'est qu'une façon voilée d'avouer que le système ne parvient pas à se penser lui-même, à pratiquer l'autoréflexion, et c'est en cela que réside l'essence même du dogmatisme.

Conclusion

Une autre voie vers la sagesse : la spiritualité laïque

À l'opposé du narcissisme, la quête de l'excellence, le souci du bien commun, l'esprit de sacrifice, la révolution de l'amour et la spiritualité laïque

Les conclusions les plus courtes étant les meilleures, je serai bref pour évoquer deux questions que j'ai traitées dans mes deux derniers livres : l'apparition de l'écologie politique ne vient-elle pas contredire l'idée d'un effondrement du monde occidental dans le narcissisme de la frénésie du bonheur personnel ? L'écologie ne dessine-t-elle pas au contraire un grand dessein, voire une nouvelle cause sacrificielle qui nous invite à sortir de notre petit ego pour protéger les autres et le monde ? Deuxième question : quelle différence peut-on et doit-on faire entre bonheur et vie bonne ? En quoi la spiritualité laïque que je professe dessine-t-elle une nouvelle conception de la vie bonne, à l'écart des religions et du matérialisme, une troisième voie adossée à un nouveau visage de la transcendance, une transcendance de l'amour et de l'altérité humaine qui n'est plus celle de Dieu, de la patrie ou de la révolution ?

Reprenons.

Il est vrai que la naissance de l'écologie politique dans les années 1970 a pu donner le sentiment qu'on assistait à l'apparition d'une nouvelle religion qui pourrait se substituer en quelque façon aux anciennes. Ni Marx, ni Jésus, Greta ! Une partie de la jeunesse cherchait depuis la chute du Mur un moyen de redonner du sens à sa vie, la possibilité de sortir enfin des politiques de gestionnaires aux petits pieds. Elle était accompagnée dans cette voie par la cohorte de leurs aînés, une pléiade de soixante-huitards à cheveux gris, orphelins du maoïsme, de l'anarchisme ou du trotskysme de leur adolescence effervescente. Passant du rouge au vert, l'écologisme radical a donc pris la suite dans la lutte contre le capitalisme, et même, plus largement, contre toutes les formes de productivisme. Il a permis à ses militants de renouer avec ce que Nietzsche appelait une « perspective », un horizon assez profond pour donner à l'existence humaine un vernis d'idéal. Et de fait, la nouvelle religion verte repose sur des piliers assez solides pour fournir une telle perspective : la réouverture de l'avenir, le souci des générations futures, un souci que désignait à l'origine le principe de précaution qui invitait les adultes à laisser à leurs enfants un monde habitable ; la peur ensuite, au nom de laquelle décroissantistes et collapsologues tentent de mobiliser les foules ; la haine de ce libéralisme qu'on va pouvoir enfin combattre au nom d'une image bienveillante, celle de la nature ; le sentiment cosmique, qui tisse lui aussi, comme la psychologie positive, un lien avec les sagesses antiques ; et enfin, c'est l'essentiel, une quête frénétique du bonheur, une quête qui, elle aussi, préfère le qualitatif au quantitatif, l'être à l'avoir et qui, par conséquent, passe par des voies tout autres que celles de la consommation, par la frugalité, le retour au local et aux valeurs humaines, en quoi l'écologisme peut en effet prétendre remplacer les deux foyers de sens, la nation et la révolution, qui dominaient encore les années 1960-1970.

Il n'en est pas moins évident pour autant que, loin de s'opposer au narcissisme et à la quête frénétique du bonheur, le souci de l'environnement dissimule mal, à vrai dire très mal, un omniprésent souci de soi qui vient s'ajouter à celui de la santé qu'on a pu observer pendant les confinements. Qu'il passe par l'environnement et le rapport aux autres ne fait que l'enrichir, en aucun cas l'abolir – ce qui n'est pas une critique, bien au contraire, simplement un constat qui conduit à conclure tout simplement que l'écologie politique est parfaitement en phase avec l'air du temps. Du reste, à la différence des grandes idéologies sacrificielles qui dominaient encore le siècle dernier, les différents courants de l'écologie contemporaine sont profondément pacifistes, ils veulent protéger la vie, en aucun cas la sacrifier comme y invitaient les religions de salut terrestre ou céleste dont nous avons déjà parlé, en quoi il rejoint sans difficulté aucune la montée en puissance de l'exigence d'authenticité et du désir d'être soi.

Venons-en pour finir à la deuxième question. Afin d'éviter la confusion funeste et pourtant si fréquente dans l'atmosphère actuelle, entre vie bonne et bonheur, je me contenterai de rappeler l'anecdote suivante. Un jour qu'un magazine nous avait réunis tous les deux pour un débat, Boris Cyrulnik me raconta cette petite fable qu'il avait trouvée quelque part dans un livre de philosophie dont il avait, je crois, oublié le titre et l'auteur (à moins que l'oubli soit de mon fait…) : une voiture est stoppée sur la route par un chantier. Un ouvrier casse des cailloux à l'aide d'une lourde masse, la figure déformée par l'effort et la fatigue. Le chauffeur l'interroge : « Que faites-vous ? Je prépare du mortier, répond l'ouvrier, qu'il pleuve ou qu'il vente, et c'est un métier de chien ! » L'automobiliste reprend son chemin et tombe sur un second chantier, identique au premier. Un homme, là aussi, broie des pierres, mais il semble plus serein. À la même question, la réponse est différente : « Oui, le métier est dur, c'est vrai, mais il permet du moins de travailler au grand air et de nourrir la famille, ce qui n'est déjà pas si mal. » Notre conducteur repart et croise un troisième chantier. Même travail, même lourde masse, mais cette fois-ci, l'homme a l'air aux anges, le visage illuminé. Intrigué, le conducteur repose sa question : « Que faites-vous, vous m'avez l'air bien heureux ? – Moi ? répond l'infatigable travailleur, je construis une cathédrale. C'est épuisant, c'est sûr, mais vous savez, j'ai les yeux et la tête dans le ciel plus que sur la terre et ça me remplit de joie. »

Sa réponse, bien sûr, dévoile la signification de la fable : elle suggère que la quête de la vie bonne suppose qu'on prenne en compte la dimension du sens de la vie. Or ce dernier, quel qu'il soit, est l'élément essentiel, celui qui fait la différence entre des activités qui sont pourtant identiques sur un plan objectif. Qu'est-ce qui donne du sens à nos vies ? Telle est bien la question fondamentale de la philosophie. Or comme je l'ai montré dans mon dernier livre, je n'y reviens donc pas ici, du point de vue de la philosophie que je défends et que j'appelle « spiritualité laïque », la vie bonne implique un rapport au sacré, à l'altruisme, voire un esprit de sacrifice, un idéal de perfectibilité et par-dessus tout de liberté qui peuvent et doivent parfois, sinon souvent, l'emporter sur la préoccupation narcissique pour son petit bonheur personnel quel que soit la propension que nous avons tous très naturellement à pencher spontanément vers lui.

La vérité, c'est qu'à l'âge de l'individualisme démocratique, à l'ère d'une autonomie revendiquée par tous et de toute part, certaines valeurs fondamentales continuent, et c'est à mon sens la meilleure nouvelle du siècle, à nous sembler supérieures et extérieures à nous, comme au temps des religions, certes, mais alors même que nous refusons les dispositifs théologiques ou métaphysiques qui les enracinaient jadis dans un quelconque « fondement ultime » suprahumain. Non seulement la moindre vérité scientifique résiste à mon *ego* et s'impose à lui comme une donnée qu'il doit bien faire prévaloir sur sa subjectivité, mais dans la sphère même de l'esthétique, qu'on dit pourtant volontiers subjective, l'expérience de la transcendance du beau continue d'exister de manière aussi frappante que dans les temps anciens : je n'invente pas la beauté d'une suite de Bach, pas plus que celle d'un paysage, d'un corps ou d'un visage, je me contente humblement de les découvrir comme si, malgré les sentiments, en effets subjectifs qu'elles suscitent en moi, elles n'étaient pas pour autant créées par ma subjectivité. Ce sentiment de transcendance est encore plus évident et plus puissant dans le cas de l'expérience de l'amour, une expérience qui nous fait en quelque façon « sortir de nous-mêmes » pour nous soucier avant tout de l'autre dans sa différence irréductible d'avec nous.

C'est ainsi une transcendance d'un type nouveau qui apparaît, ce que j'ai désigné dans d'autres livres, en m'appropriant le vocabulaire de la phénoménologie, comme une « transcendance dans l'immanence » ou comme une transcendance « horizontale » seule susceptible de conférer une signification rigoureuse à l'expérience humaine que tente de décrire et de prendre en compte la spiritualité enfin laïque de ce que j'ai désigné comme le deuxième âge de l'humanisme : c'est bien « en moi », dans ma pensée ou dans ma sensibilité, que se dévoilent les valeurs, hors de toute référence à un argument d'autorité, à une hétéronomie dont l'origine coïnciderait avec un fondement réel (Dieu, la patrie ou la révolution). Et cependant, je n'invente ni les vérités mathématiques, ni la beauté d'une œuvre, ni les impératifs éthiques, ni la logique de l'amour : comme on dit si bien, on « tombe amoureux » plus qu'on ne le décide par choix délibéré. Contre le narcissisme et le bonheur érigé en but ultime et exclusif de l'existence humaine, la spiritualité laïque fait l'éloge de l'excellence et du travail bien fait, celui du don de soi et de l'esprit de sacrifice, de la sérénité et de la possibilité de la joie, plutôt que du bonheur, l'éloge, aussi, du bien commun et de l'intérêt général plutôt que du repli sur soi, et avant toute chose, celui de l'amour des autres et de l'altérité plus que de l'amour de soi. Au fond, je partage volontiers ces quelques mots que j'emprunte à mon vieil ami Emmanuel Carrère, des mots qui servent de conclusion très personnelle à son merveilleux livre *D'autres vies que la mienne* (POL, 2009), un livre dont j'ai pensé, aussitôt après en avoir achevé la lecture, qu'il disait en littérature la même chose que les miens en philosophie : « **J'ai longtemps été malheureux, et très conscient de l'être ; j'aime aujourd'hui ce qui est mon lot, je n'y ai pas grand mérite tant il est aimable, et ma philosophie tient tout entière dans le mot qu'aurait, le soir du sacre, murmuré madame Letizia, la mère de Napoléon : "Pourvou que ça doure..."** »

Table des matières

Chapitre I

Narcisse, modèle de vie et de sagesse ?

Chapitre II

Un bonheur qui ne dépendrait que de notre état d'être intérieur

Chapitre III

Déconstruction des grands récits et quête du bonheur

Chapitre IV

Une science du bonheur, sérieusement ?

Chapitre V

Pourquoi ça marche ?

CHAPITRE VI

Frénésie du bonheur et métamorphoses du rapport au travail

Chapitre VII

Frénésie du bonheur et métamorphoses du réel

Chapitre VIII

Les métamorphoses du tourisme

Chapitre IX

Les métamorphoses de l'éducation

Chapitre X

Les métamorphoses du rapport à soi. De l'universalisme au différentialisme

CHAPITRE XI

Pourquoi ça marche

Du même auteur

Philosophie politique I. Le Droit : la nouvelle querelle des Anciens et des Modernes, PUF, 1984.
Philosophie politique II. Le Système des philosophes de l'histoire, PUF, 1984.
Philosophie politique III. Des droits de l'homme à l'idée républicaine, PUF, 1985.
La Pensée 68. Essai sur l'anti-humanisme contemporain, Gallimard, 1985 (avec Alain Renaut).
Systèmes et critiques, Ousia, 1985.
68-86. Itinéraires de l'individu, Gallimard, 1987.
Heidegger et les Modernes, Grasset, 1988.
Homo aestheticus. L'invention du goût à l'âge démocratique, Grasset, 1990.
Pourquoi nous ne sommes pas nietzschéens, Grasset, 1991 (ouvrage collectif).
Le Nouvel Ordre écologique, Grasset, 1992.
Des animaux et des hommes. Une anthologie, Hachette, « Le Livre de Poche », 1994.
L'Homme-Dieu ou le Sens de la vie, Grasset, 1996.
La Sagesse des Modernes, Robert Laffont, 1998 (avec André Comte-Sponville).
Le Sens du beau, Cercle d'art, 1998.
Philosopher à dix-huit ans, Grasset, 1999.
Qu'est-ce que l'homme ?, Odile Jacob, 2000 (avec Jean-Didier Vincent).
Qu'est-ce qu'une vie réussie ?, Grasset, 2002 ; Hachette, « Le Livre de Poche », 2009.
Lettre à tous ceux qui aiment l'école, Odile Jacob, 2003.
La Naissance de l'esthétique moderne, Cercle d'art, 2004.
Le Religieux après la religion, Grasset, 2004 (avec Marcel Gauchet).
Comment peut-on être ministre ? Réflexions sur la gouvernabilité des démocraties, Plon, 2005.
Apprendre à vivre-1. Traité de philosophie à l'usage des jeunes générations, Plon, 2006.
Kant. Une lecture des trois « Critiques », Grasset, 2006.

Vaincre les peurs. La philosophie comme amour de la sagesse, Odile Jacob, 2006.

Familles, je vous aime. Politique et vie privée à l'âge de la mondialisation, XO, 2007.

Pour un service civique, Odile Jacob, 2008.

Apprendre à vivre-2. La sagesse des mythes, Plon, 2008.

La Tentation du christianisme, Grasset, 2009.

Combattre l'illettrisme, Odile Jacob, 2009.

Face à la crise, Odile Jacob, 2009.

Le Christianisme. La pensée philosophique expliquée, Frémeaux & Associés, 2009.

Philosophie du temps présent, Frémeaux & Associés, 2009.

Apprendre à vivre. Traité de philosophie à l'usage des jeunes générations, Flammarion, 2009 ; « Champs Essais », 2015.

Heidegger. L'œuvre philosophique expliquée, Frémeaux & Associés, 2010.

La Révolution de l'amour. Pour une spiritualité laïque, Plon, 2010 ; J'ai lu, « Essai », 2012.

Mythologie. L'héritage philosophique expliqué, Frémeaux & Associés, 2010.

Faut-il légaliser l'euthanasie ?, Odile Jacob, 2010 (avec Axel Kahn).

L'Anticonformiste. Une autobiographie intellectuelle (entretiens avec Alexandra Laignel-Lavastine), Denoël, 2011 ; Pocket, 2012.

Karl Marx. La pensée philosophique expliquée, Frémeaux & Associés, 2011.

Chroniques du temps présent. Le Figaro, 2009-2011, Plon, 2011.

Sigmund Freud, la pensée philosophique expliquée, Frémeaux & Associés, 2011.

La Politique de la jeunesse. Rapport au Premier ministre, Odile Jacob, « Penser la société », 2011 (avec Nicolas Bouzou).

De l'amour. Une philosophie pour le XXIe *siècle*, Odile Jacob, « Sciences humaines », 2012.

Schopenhauer. L'œuvre philosophique expliquée, Frémeaux & Associés, 2012.

L'Invention de la vie de bohème, 1830-1900, Cercle d'art, 2012.

Descartes, Spinoza, Leibniz. L'œuvre philosophique expliquée, Frémeaux & Associés, 2013.

Hegel. L'œuvre philosophique expliquée, Frémeaux & Associés, 2013.

Épicuriens et stoïciens. La quête d'une vie réussie, Le Figaro, « Sagesses d'hier et d'aujourd'hui », 2013.
Aristote. Le bonheur par la sagesse, Le Figaro, « Sagesses d'hier et d'aujourd'hui », 2013.
De Homère à Platon. La naissance de la philosophie, Le Figaro, « Sagesses d'hier et d'aujourd'hui », 2013.
Descartes. « Je pense donc je suis », Le Figaro, « Sagesses d'hier et d'aujourd'hui », 2013.
Pic de la Mirandole. La naissance de l'humanisme, Le Figaro, « Sagesses d'hier et d'aujourd'hui », 2013.
Gilgamesh et Bouddha, sagesses d'Orient. Accepter la mort, Le Figaro, « Sagesses d'hier et d'aujourd'hui », 2013.
Jésus et la révolution judéo-chrétienne : vaincre la mort par l'amour, Le Figaro, « Sagesses d'hier et d'aujourd'hui », 2013.
Spinoza et Leibniz. Le bonheur par la raison, Le Figaro, « Sagesses d'hier et d'aujourd'hui », 2013.
La Philosophie anglo-saxonne. La force de l'expérience, Le Figaro, « Sagesses d'hier et d'aujourd'hui », 2013.
Kant et les Lumières. La science et la morale, Le Figaro, « Sagesses d'hier et d'aujourd'hui », 2013.
Nietzsche. La mort de Dieu, Le Figaro, « Sagesses d'hier et d'aujourd'hui », 2013.
Hegel et l'idéalisme allemand. Penser la lumière, Le Figaro, « Sagesses d'hier et d'aujourd'hui », 2013.
Marx et l'hypothèse communiste. Transformer le monde, Le Figaro, « Sagesses d'hier et d'aujourd'hui », 2013.
Schopenhauer. Pessimisme et art du bonheur, Le Figaro, « Sagesses d'hier et d'aujourd'hui », 2013.
Le Cardinal et le Philosophe, Plon, 2013 ; J'ai lu, 2014.
Freud. Le sexe et l'inconscient, Le Figaro, « Sagesses d'hier et d'aujourd'hui », 2013.
Heidegger. Les illusions de la technique, Le Figaro, « Sagesses d'hier et d'aujourd'hui », 2013.
Sartre et l'existentialisme. Penser la liberté, Le Figaro, « Sagesses d'hier et d'aujourd'hui », 2013.
La Pensée 68 et l'ère du soupçon, Le Figaro, « Sagesses d'hier et d'aujourd'hui », 2013.
La Philosophie aujourd'hui. Où en est-on ?, Le Figaro, « Sagesses d'hier et d'aujourd'hui », 2014.

La Naissance de l'esthétique et la question des critères du beau, *Le Figaro*, « Sagesses d'hier et d'aujourd'hui », 2014.

La Plus Belle Histoire de la philosophie, Robert Laffont, 2014 ; Points, 2015.

Les Avant-Gardes et l'art moderne, *Le Figaro*, « Sagesses d'hier et d'aujourd'hui », 2014.

Entre le cœur et la raison. La querelle du classicisme, *Le Figaro*, « Sagesses d'hier et d'aujourd'hui », 2014.

Une brève histoire de l'éthique, *Le Figaro*, « Sagesses d'hier et d'aujourd'hui », 2014.

Karl Popper. Qu'est-ce que la science ?, *Le Figaro*, « Sagesses d'hier et d'aujourd'hui », 2014.

Philosophie de l'écologie. Croissance verte ou décroissance ?, *Le Figaro*, « Sagesses d'hier et d'aujourd'hui », 2014.

Philosophie du progrès. Le romantisme contre les Lumières, *Le Figaro*, « Sagesses d'hier et d'aujourd'hui », 2014.

L'Innovation destructrice, Plon, 2014.

Sagesses d'hier et d'aujourd'hui, Flammarion, 2014.

Chroniques du temps présent. Le Figaro, 2011-2014, vol. II, Plon, 2014.

L'Odyssée ou le « Miracle grec », Plon-*Le Figaro*, « Mythologie et Philosophie », n° 1, 2015.

L'Iliade et la guerre de Troie, Plon-*Le Figaro*, « Mythologie et Philosophie », n° 2, 2015.

La Naissance des dieux et du monde, Plon-*Le Figaro*, « Mythologie et Philosophie », n° 3, 2015.

Typhon et les Géants, Plon-*Le Figaro*, « Mythologie et Philosophie », n° 4, 2015.

Prométhée et la boîte de Pandore, Plon-*Le Figaro*, « Mythologie et Philosophie », n° 5, 2015.

Midas contre Apollon, Plon-*Le Figaro*, « Mythologie et Philosophie », n° 6, 2015.

Les Amours de Zeus, Plon-*Le Figaro*, « Mythologie et Philosophie », n° 7, 2015.

Mort et résurrection d'Héraclès, Plon-*Le Figaro*, « Mythologie et Philosophie », n° 8, 2015.

Thésée contre le Minotaure, Plon-*Le Figaro*, « Mythologie et Philosophie », n° 9, 2016.

Persée et la Gorgone Méduse, Plon-*Le Figaro*, « Mythologie et Philosophie », n° 10, 2016.

Jason et la Toison d'or, Plon-*Le Figaro*, « Mythologie et Philosophie », n° 11, 2016.
Dionysos dieu de la fête, Plon-*Le Figaro*, « Mythologie et Philosophie », n° 12, 2016.
Pyrrha, Deucalion, Noé et Gilgamesh, Plon-*Le Figaro*, « Mythologie et Philosophie », n° 13, 2016.
Œdipe et son complexe, Plon-*Le Figaro*, « Mythologie et Philosophie », n° 14, 2016.
Antigone, Plon-*Le Figaro*, « Mythologie et Philosophie », n° 15, 2016.
Sisyphe et Asclépios, Plon-*Le Figaro*, « Mythologie et Philosophie », n° 16, 2016.
Orphée, Eurydice, Éros, Psyché, Déméter, Plon-*Le Figaro*, « Mythologie et Philosophie », n° 17, 2016.
Tantale, Dédale, Lycaon, Icare, Phaéton, Plon-*Le Figaro*, « Mythologie et Philosophie », n° 18, 2016.
Les Grands Mythes de l'amour, Plon-*Le Figaro*, « Mythologie et Philosophie », n° 19, 2016.
Mythologie, religion et philosophie, Plon-*Le Figaro*, « Mythologie et Philosophie », n° 20, 2016.
7 façons d'être heureux, XO, 2016 ; J'ai lu, 2018.
Mythologie et philosophie. Le sens des grands mythes grecs, Plon-*Le Figaro*, 2016 ; J'ai lu, 2018.
La Révolution transhumaniste. Comment la technomédecine et l'uberisation de la société vont bouleverser nos vies, Plon, 2016.
La Plus Belle Histoire de l'école, Robert Laffont, 2017 (avec Alain Boissinot).
Chroniques du Figaro, 2014-2017, Plon, 2017.
La Boîte de la mythologie. 600 questions pour tout savoir sur la mythologie, Marabout, 2018.
Dictionnaire amoureux de la philosophie, Plon, 2018.
Sagesse et folie du monde qui vient. Comment s'y préparer, comment y préparer nos enfants ?, XO, 2019 (avec Nicolas Bouzou).
Sagesses d'hier et d'aujourd'hui, Flammarion, 2019.
Les Sept Écologies, Éditions de l'Observatoire, 2021 ; J'ai lu, 2022.
La Vie heureuse, Éditions de l'Observatoire, 2022 ; J'ai lu, 2023.

Composition et mise en pages
Nord Compo à Villeneuve-d'Ascq

Achevé d'imprimer en France
par CPI Firmin-Didot
en septembre 2023
N° d'impression : 176396